“十三五”国家重点图书出版规划项目

华侨华人与中国梦研究　总主编◎贾益民

ON THE
DEVELOPMENTS
OF OVERSEAS
CHINESE SOCIETY
FROM MULTIPLE
PERSPECTIVES

多元视角下的海外华侨华人社会发展

朱东芹　胡越云　孙达／著

社会科学文献出版社
SOCIAL SCIENCES ACADEMIC PRESS (CHINA)

总序 （一）
华侨华人与中国梦[*]

国务院侨务办公室主任　裘援平

　　党的十八大以来，以习近平同志为总书记的新一届中央领导集体提出了实现中华民族伟大复兴的中国梦奋斗目标，开辟了中国特色社会主义发展的新境界。实现中国梦，成为当代中国高昂的主旋律和精神旗帜，是包括华侨华人在内的炎黄子孙共同的愿景与追求，需要海内外中华儿女勠力同心、共创辉煌。

一　华侨华人为开辟中华民族伟大复兴的光明前景作出了重大贡献

　　近代以来，一代又一代华侨华人，秉承中华民族优秀传统，发扬爱国爱乡的赤子情怀，支持中国革命、建设和改革伟大事业，在中华民族史册上写下了光辉篇章。

　　华侨华人是中国革命事业的无私奉献者。从 19 世纪中叶开始，中国陷入半殖民地半封建社会的深渊。以孙中山为代表的民主革命先行者为"亟拯斯民于水火，切扶大厦之将倾"，以海外华侨为依靠力量创立了兴中会、同盟会，开启了中国近代民族民主革命，在黑暗中点燃了振兴中华的希望。在辛亥革命运动中，海外侨胞不惜倾家荡产，不畏流血牺牲，在建立革命组织和传播革命舆论中，在援助革命事业和参与武装斗争中，都发挥了极为重要的作用，孙中山先生盛赞华侨为"革命之母"。中国共产

---

　　* 此文发表于《求是》2014 年第 6 期，经作者允许，作为《华侨华人与中国梦研究》丛书总序（一）。

党的诞生，标志着中国革命进入新民主主义阶段。海外侨胞声援五四反帝爱国运动，参与北伐和抗日战争，投身国内解放战争，融入救国救民的统一战线，或捐款献物，或舆论宣传，或参军参战，甚至献出宝贵生命，其德其情感人至深。毛泽东同志为陈嘉庚先生题写的"华侨旗帜，民族光辉"，是对爱国华侨重大贡献的高度评价。历史证明，华侨华人是反帝反封建、争取民族独立解放的重要力量，为中华民族从屈辱走向复兴立下了不朽功勋。

华侨华人是中国建设和改革事业的积极参与者。新中国成立后，面对祖国百废待兴、百业待举，以李四光、严济慈、华罗庚、周培源、钱三强、钱学森、邓稼先等为代表的一大批海外华侨科学家毅然回国，在极其艰苦的条件下呕心沥血，创造出举世瞩目的科学成就。为帮助国家摆脱外汇严重短缺困境，海外侨胞投资兴业、捐款汇款，侨汇成为当时国家非贸易外汇收入的重要来源。改革开放初期，外界怀疑排斥，外资观望徘徊，是海外华侨华人和港澳同胞率先回国投资兴业，带来资金、技术、人才和先进的管理经验，有力推动了中国改革开放进程。时至今日，侨资仍然是我国引进外资的主体，侨港澳企业约占我国外资企业总数70%，投资约占我国实际利用外资总额60%以上。华侨华人专业人士始终是我国引进高端人才的主体，我国"千人计划"引进的人才中，94%以上是华侨华人。近几年来，华侨华人捐赠兴办公益事业和扶贫济困的善款达800多亿元人民币，惠及教育、医疗卫生、交通、文化体育、社会福利等多个领域。凡遇国家遭受大的自然灾害，他们也总是首先站出来慷慨解囊。历史证明，我国改革开放和现代化建设事业取得伟大成就，海外华侨华人功不可没。

华侨华人是中国和平统一大业的坚定支持者。长期以来，广大华侨华人以民族大义为重，在涉及国家主权、尊严和领土完整等重大问题面前，旗帜鲜明地支持中国政府的立场和主张。他们通过各种渠道，向住在国政要和主流媒体等宣传介绍我方针政策，争取国际社会理解和支持，积极营造有利于维护和促进祖国统一的国际环境。他们在80多个国家和地区成立170多个"反独促统"组织，在全球范围持续开展多层次"反独促统"运动，通过各种途径与台湾岛内民众联系，推动两岸各领域交流合作，促进巩固两岸关系的感情基础、民意基础和社会基础，为推动两岸关系和平发展作出了积极努力。他们以特有方式支持中国申办奥运会、世博会，为反对"台独""东突""藏独"等分裂势力干扰挺身而出，全力维护中国主权和民族尊严。历史证明，促进祖国统一、维护领土完整，是华侨华人的光荣传统。

二　华侨华人中蕴藏着实现中华民族伟大复兴的强大力量

习近平总书记指出，实现中国梦必须走中国道路，弘扬中国精神，凝聚中国力量。遍布世界各地的数千万华侨华人，具有赤忱的爱国情怀、雄厚的经济实力、丰富的智力资源、深厚的人脉资源，是实现中华民族伟大复兴的一支重要力量。

华侨华人是走好中国道路的重要支撑。走好中国道路，必须高举和平、发展、合作、共赢的旗帜，抓住和用好我国发展的重要战略机遇期。当前，经济全球化面临结构性调整，新一轮科技和产业革命孕育兴起，人才和科技作为第一生产力的作用愈发凸显。海外华侨华人中有数百万专业人才，涵盖当今世界大多数高新科技领域。海外华商总资产逾数万亿美元。随着经济全球化的发展和我国改革开放的深入，海外侨胞跨国流动发展事业的趋势日益增强，参与中国现代化建设的意愿十分强烈，与国内的联系、交流、合作更加紧密。按照互利共赢的原则，加强对侨资投向引导，吸引华侨华人高层次创新创业人才为国服务，对于我国加快转变经济发展方式、实施创新驱动发展战略、全面建成小康社会有着重要意义。

华侨华人是弘扬中国精神的重要载体。以爱国主义为核心的民族精神和以改革创新为核心的时代精神，是全体中华儿女的强大精神支柱。海外华侨华人是中华文明和民族精神的重要继承者、传播者和展示者。随着中国综合国力和国际地位的提升，华侨华人与祖（籍）国联系更加紧密，民族认同和文化认同显著增强，对展示中华文化魅力愿望强烈。遍布世界各地的 2 万所中文学校，数万个华侨华人社团，数百家华文媒体，独具特色的唐人街、中餐馆和中医诊所，红红火火的"春节"等民族节庆活动，都直观地向世界传递着中国文化气息，成为展示中华文化和中国形象的重要平台和窗口。鼓励海外华侨华人传承中华文化，积极支持他们开展人文交流，弘扬自强不息、厚德载物、诚实守信、吃苦耐劳的伟大民族精神，对增强中华文化的亲和力、感召力和影响力，具有十分重要的意义。

华侨华人是凝聚中国力量的重要源泉。中华民族是具有强大凝聚力的大家庭，炎黄子孙是血脉相连的命运共同体，团结海内外中华儿女同圆共享中国梦，能最大限度地引起广大侨胞的强烈共鸣，最大限度地调动广大侨胞的爱国热情，最大限度地汇集民族复兴的巨大能量。华侨华人不仅是中华民族的组成部分，也是沟通中国与世界的桥梁与纽带，是凝聚中国力量不可或缺的重要成员。他们既通晓中外语言文化，又熟悉中外政治社会环境，期盼各国与中国保持友好关系，并愿意为此不懈努力。通过他们向各国政府和民众介绍中国国情，宣传中国理念，讲述中国故事，对增进外部世界对华认知，积累实现中国梦的正能量有重要意义。

三　以实现中国梦为历史使命努力开创侨务工作新局面

党的十八大和十八届三中全会的召开，为侨务工作全面协调可持续发展提供了新的历史机遇。新时期侨务工作要以凝聚侨心侨力、同圆共享中国梦为主题，以推动国家侨务事业科学发展为主线，着力构建大侨务发展格局，着力健全大侨务工作体系，着力加强战略谋划、整体布局和统筹协调，努力培育好、保护好、调动好侨务资源，为实现中华民族伟大复兴作出应有的贡献。

以中国梦引领侨务工作，必须促进中国梦与侨胞梦有机结合。中国梦承载着海内外中华儿女的共同福祉和共同追求，是最能激起华侨华人强烈共鸣的精神旗帜。要把华侨华人振兴中华的强烈意愿与实现中国梦更好地对接起来，以中华民族波澜壮阔的奋斗史为主线，深入阐释中国梦丰富的时代内涵，最大限度地唤起华侨华人的爱国爱乡热忱，最大限度地增强华侨华人的文化自信和民族自豪感，最大限度地激励华侨华人为实现民族复兴贡献智慧和力量。要把华侨华人过上美好生活的个人愿望与实现中国梦更好地对接起来。积极引导华侨华人深刻认识中国梦与个人梦、国家梦、民族梦的内在关联。始终做到密切联系侨、真心对待侨、紧紧依靠侨、有效服务侨，为他们创造更多发展机遇与合作机会，帮助他们积极提升整体素质和社会地位，让他们共享祖（籍）国经济社会发展成果，实现自身事业的更大发展，培育永续绵延的侨务资源。要把华侨华人长期生存发展需要与实现中国梦更好地对接起来。中国坚持走和平发展道路，愿意同世界各国友好交流合作，与国际社会共同推动建设持久和平、共同繁荣的和谐世界，这是中国梦的应有之义，与世界各国人民的美好梦想是相通的。应当鼓励华侨华人积极融入各国主流社会，树立良好形象，积极开展中外友好交流活动，推动不同族群和睦相处、不同文明交融互鉴。

以中国梦引领侨务工作，必须努力促进海内外中华儿女大团结。要坚持联谊、服务、引导相结合，以共同的事业、共同的文化、共同的情感为纽带，促进海内外中华儿女大团结，促进华侨华人长期生存发展，促进我国同世界各国友好合作关系，促进我国现代化建设和祖国统一。要以华侨华人代表人士为重点，以骨干社团为依托，培育政治上有影响、社会上有地位、经济上有实力、专业上有造诣，能在各领域发挥积极作用的对华友好力量，鼓励他们促进中外友好合作，传扬中华优秀文化。

以中国梦引领侨务工作，必须加强和谐侨社建设。推动建设和睦相融、合作共赢、团结友好、充满活力的和谐侨社，是促进侨胞长期生存发展的需要，也是展示海外华侨华人和中国文明形象的需要。要围绕促进华侨华人与住在国民众和睦相融、实现华侨华人社会团结友爱两大主线，以多种形式增进与华侨华人和海外侨社的联系，加强和谐侨社理念的宣传，教育引导华侨华人自觉遵守住在国法律，尊重当地民族宗教习俗，坚持守法文明经商，参与当地公益事业，充分展现华侨华人"守法诚信、举止文明、关爱社会、团结和谐"新形象。鼓励和引导侨社加强团结协作，发挥骨干侨团和侨领带动作用，增强服务侨社功能，努力提升海外侨社的凝聚力和影响力。

以中国梦引领侨务工作，必须切实维护侨胞合法权益。要适应侨情发展变化，倾听华侨华人合理诉求，关心侨胞生存发展状况，研究广大华侨华人最关心最直接最现实的利益问题，着力解决涉侨突出问题，不断完善涉侨政策法规，维护侨胞正当合法权益，实现好发展好广大侨胞的根本利益，让广大华侨华人感受到日益强大的祖（籍）国给予的关爱。

总序（二）
华侨华人：实现中华民族伟大复兴的
重要力量

贾益民

  2010 年 7 月 25 日，时任中共中央政治局常委、国家副主席的习近平在北京人民大会堂出席海外华裔及港澳台地区青少年"中国寻根之旅"夏令营开营仪式并发表重要讲话，指出：团结统一的中华民族是海内外中华儿女共同的"根"，博大精深的中华文化是海内外中华儿女共同的"魂"，实现中华民族伟大复兴是海内外中华儿女共同的"梦"。2012 年11 月 29 日，中共中央总书记、中国国家主席习近平在国家博物馆参观"复兴之路"展览时，首次提出并阐释了"中国梦"的内涵。他指出，实现中华民族伟大复兴，就是中华民族近代以来最伟大的梦想。到中国共产党成立 100 年时全面建成小康社会的目标一定能实现，到新中国成立 100年时建成富强民主文明和谐的社会主义现代化国家的目标一定能实现，中华民族伟大复兴的梦想一定能实现。2014 年 6 月 6 日，中共中央总书记、国家主席习近平在北京会见第七届世界华侨华人社团联谊大会代表并发表重要讲话，再次强调："团结统一的中华民族是海内外中华儿女共同的根，博大精深的中华文化是海内外中华儿女共同的魂，实现中华民族伟大复兴是海内外中华儿女共同的梦。共同的根让我们情深意长，共同的魂让我们心心相印，共同的梦让我们同心同德，我们一定能够共同书写中华民族发展的时代新篇章。"习近平总书记的讲话充分说明，华侨华人是实现中华民族伟大复兴的不可缺少的重要力量。

同祖同根，血浓于水。华侨华人的命运与中华民族的兴衰息息相关。自鸦片战争之后一百多年里，追求中华民族的独立、富强、民主、文明，追赶和实现现代化，实现中华民族的伟大复兴，就成为中国人，以至全球华侨华人梦寐以求的理想，也是全球华侨华人情之所牵、魂之所系的乡愁与历史心结。在近现代以来追求与实现"中国梦"的历史进程中，华侨华人与中国人民从来就是齐心协力、同舟共济的命运共同体，做出了巨大的历史贡献。"中国梦"作为实现国家繁荣富强、民族团结和谐、人民幸福安康的民族复兴伟业，是一项艰巨复杂的历史任务，需要全中国人民、全世界华侨华人的共同努力。"中国梦"不仅是中国人的梦，也是全球华侨华人的梦。自习近平总书记提出"中国梦"以来，全球华侨华人反应强烈，兴奋不已。习近平总书记指出：我们不仅致力于中国自身发展，也强调对世界的责任和贡献；不仅造福中国人民，而且造福世界人民。"中国梦"的实现过程为世界华侨华人社会发展创造了历史性机遇，必将带动世界各国华侨华人社会的大发展，同时也必将为世界各国经济社会发展注入动力。正因为这样，所以在实现"中国梦"的历史进程中，世界各国华侨华人的力量与积极参与是显著、独特和不可替代的。同时，这也给我们提出了一系列新的重大研究课题。显而易见，研究华侨华人与"中国梦"的关系，揭示并阐释华侨华人在中华民族伟大复兴进程中的地位与作用，充分发挥华侨华人在实现"中国梦"的新的伟大历史进程中的作用，无疑是具有多重意义与重大学术价值的。有鉴于此，我们在国家有关部门的支持下，组织有关学术力量，开展"华侨华人与中国梦"专题研究，以此形成了这套丛书，并被评选列入"十三五"国家重点图书出版规划项目。

本套丛书包含 10 个专题，每个专题形成一本专著，聚合一体形成了关于"华侨华人与中国梦"的系统研究成果。这些研究专题及专著如下。

1.《华侨华人与中国现代化进程》

中国现代化建设进程中，华侨华人作为中国的独特优势和重要资源，是推进中国现代化建设的独有而不可替代的力量。本专题及专著主要研究华侨华人、中国人民与中国现代化建设进程是一个积极互动的整体，论述了鸦片战争后一个多世纪以来华侨华人在中国现代化进程中所做出的重大历史贡献及其非凡历程，研究其助推中国现代化建设的原因、目的、特点与条件。首先，回顾了鸦片战争后为了救亡图存，拯救黎民于水火之中，华侨华人中出现的远渡重洋寻求强国之理的先驱。从戊戌六君子到康有为梁启超到辛亥革命前东渡日本的中国知识分子乃至辛亥革命后赴西方寻求救国之方的华侨华人，他们不惜倾家荡产积极投身于祖国革故鼎新、兴利除弊的伟大革命洪流。辛亥革命与新民主主义革命的历史事实印证了孙中山先生"华侨是革命之母"的赞叹与评价。其次，分析并阐释了华侨华人在此革命进程中彰显的功能与价值。新中国成立后，华侨华人积极回国支援、参与祖国建设，从大批华侨华人知识分子到研制"两弹一星"科学家，从改革开放以来华侨华人投资大陆参与经济建设到捐资祖国教育事业造福桑梓培育新人，从为祖国树立积极正面形象、为中国改革开放发展营造良好的国际环境到在其他各领域的积极参与和广泛助力，全方位论述了华侨华人对中国现代化建设的支持与贡献。再次，论述了改革开放之后华侨华人进一步推动中国现代化进程、实现中华民族伟大复兴之巨大贡献。立足中国改革开放，看华侨华人在现代化进程中的价值功能，他们是建设与改革事业的积极参与者。其一，华侨华人为中国建设和改革事业播撒新的思想观念。其二，华侨华人为中国建设和改革事业提供先进技术。其三，华侨华人为中国建设和改革事业给予资金支持。其四，华侨华人为中国建设和改革事业赢得了新的良好的国际环境。其五，华侨华人不仅是爱国统一战线构建的重要力量，更是促进祖国和平统一大业的坚定支持者。他们真诚拥护"一国两制"，是坚决反对"台独、藏独、疆独"的有生力量。其六，华侨华人是走好中国道路的重要支撑之一，为开辟中国道路做出了巨大贡献。其七，从弘扬中国精神传播中华文化的向度看，华侨华人是弘扬中国精神的重要载体，是传播中国文化的重要载体，是联结中国与世界各国友谊的坚强纽带，是维护和发展中国与世界各国友好关系的重要力量。复次，阐释了国兴侨兴的现代化互动进程中，华侨华人助力"中国梦"之基本特质，其中包括华侨华人与祖籍国国民的同根同宗同魂的血肉联系，身在海外心系中华的历史情结，国兴侨兴、国强侨强的命运共同体特质，华侨华人参与"中国梦"的路径嬗变与多样化态势等内容。最后，论述了华侨华人作为推进中国现代化建设的重要力量，也是现代化成果独特的获益主体，已经并将持续受惠于现实与未来的中国现代化成就。中国政府对华侨华人参与现代化的多重优惠待遇与保护政策，反映了中国改革开放的成果多层面惠及了华侨华人终极价值关怀。总之，本专题形成的专著彰显了华侨华人在"中国梦"实现过程中的独特价值。他们推动中国现代化建设的原因、目的，以及在此进程中彰显的功能价值对当今社会进一步加强中国与华侨华人的双向互动，推动中国现代化进程，实现中华民族的伟大复兴具有重大意义。

2.《海外华商与中国经济发展》

海外华商是指拥有华人背景，同时由个人股份掌握工商企业的海外工商企业经营者。他们除了涉及传统的金融、商贸与制造业外，也积极开拓博彩、娱乐等新兴市场，他们在世界经济中占有举足轻重的地位，甚至有人将海外华商与阿拉伯人和犹太人并称为世界移民族群的三大金融力量。本专题及专著从华商的起源、发展、成熟，到融入中国经济发展，系统地展示了一幅恢弘庞大的海外华商发展历史画卷。首先铺开了一幅海外华商产生及发展的历史蓝图，并对发展过程中形成的商帮与商会组织进行了较细致的综述；其次论述了海外华商对促进中国民族工商业成长及推动近现代中国经济发展发挥的巨大作用；再次全面展示了海外华商在"一带一路"战略背景下的社会地位，体现其在"一带一路"建设中创造的价值。海外华商已经是中国经济发展的重要组成部分，"中国梦"的构筑与"世界华商"相辅相成，不可分割。海外华商以其自强不息的精神、融会东西方文化的魄力、进行企业管理理念变革创新的决心，同中国改革开放后经济发展及"一带一路"建设一同跨步向前，成为中国经济发展的有力推动者和见证者。《海外华商与中国经济发展》的研究范围包括了人们通常所说的"海外华商"和在大陆地区创办或者从事"三资企业"经营的港澳台以及海外地区的华侨华人，收集数据资料范围囊括了北宋时期到现代的华人华侨，涉及面广，行文逻辑明确，具有一定的深度和广度，其目的是打造一部"华商世界"的百科全书。

3.《华侨华人与中华民族精神》

本专题及专著以中华民族精神在华侨华人生活过程与中华民族实现"中国梦"的现代化进程中之传承与嬗变、整合与传播、创新与重构为基本线索，论述了中华民族精神的实质、内核、特质、价值与现代性展开。第一，反思了华侨华人在现实生活实践中对中华民族精神的依赖与守持、承接与再造的创新历程。第二，分析阐述了实现"中国梦"必须走中国道路、弘扬中国精神、凝聚中国力量的历史必然性。遍布世界各地的数千万华侨华人，其赤忱的爱国情怀、坚韧的民族精神沉淀在雄厚的经济实力、丰富的智力资源、深厚的人脉资源之中，从而成为实现中华民族伟大复兴的一支重要力量。第三，论述了华侨华人是弘扬中国精神的重要载体。以爱国主义为核心的民族精神和以改革创新为核心的时代精神，是全体中华儿女的强大精神支柱。第四，阐释了海外华侨华人是中华文明和民族精神的重要继承者、传播者和展示者。随着中国综合国力和国际地位的提升，华侨华人与祖（籍）国联系更加紧密，民族认同和文化认同显著增强，展示中华文化魅力愿望强烈。第五，阐释了在华侨华人现代化全球性生存实践中通过现实与精神的跨文化对话，凸显出中华民族精神的融通、变迁与创构。第六，以"精神反观"的思维方式，审视了华侨华人对中华民族精神的认同与反思和批判性扬弃，以及对中华民族精神的丰富与拓展。第七，论述了鼓励海外华侨华人传承中华文化，积极支持他们开展人文交流，弘扬自强不息、厚德载物、诚实守信、吃苦耐劳的伟大民族精神，对增强中华文化的亲和力、感召力和影响力，具有十分重要的意义；揭示了以华侨华人为人格化载体的中华民族精神，在实现"中国梦"伟大历史进程中的文化价值。

4.《华人社团与中华文化传播》

本专题及专著基于华侨华人在中华文化传播中的多重角色和双重定位，从宏观与微观、历史与现实结合的角度，对作为海外华人社会三大支柱之一的华人社团与中华文化传播的关联性和互动性进行了系统研究，探索了发挥海外华侨华人在扩大中华文化国际影响力、增强中国软实力、助力"中国梦"中的特殊作用的机制问题。第一，揭示了本专题的研究旨趣，凝炼问题意识，回顾学术史背景，对研究对象、方法与关键概念进行界定。第二，系统梳理华人社团历史发展脉络与学界的现实分类，指出迄今为止华人社团的历史发展脉络经历了华人社团的草创、本土化、再华化的三阶段，并在融会贯通所有研究成果的基础上提出自己对于华人社团的分类系统。第三，在运用传播学的方法理论，对地缘性华人社团、血缘性华人社团、业缘性华人社团、宗教慈善类华人社团、文化类华人社团、华人新移民社团六类华人社团传播中华文化的具体机制进行实证研究的基础上，揭示各类华人社团传播中华文化的特点及其"和而不同"的整体风格。第四，在对各类华人社团传播中华文化机制研究的基础上，进一步探讨各类华人社团传播中华文化的共同旨趣，指出在20世纪50年代海外华人本土化的历史过程中，海外华人认同产生了重大转变。海外华人在建立起对居留国的国籍认同的同时，依然保留并传承了对中华文化的认同，尤其建构起各国"华族"认同。因此，从海外华人跨国主义的角度审视海外华人各类社团传播中华文化活动的社会功能，可以说，建构跨国华族，是其共同旨趣。在此基础上，第五，深入讨论具有上述共同目的性的海外华人社会传播中华文化活动，对于助力"中国梦"的价值意义。海外华人社团通过传播中华文化的方式建构跨国华族，实际也就是中华文化价值观共建与共享的世界性文化工程，而根据中华文化价值观的"差序格局"，我们可以推演出中华文化价值观的同心圆推展模式。换言之，中华文化传播的核心目标在于中华文化价值观推展与中华文化软实力的提升，而中华文化软实力的提升将有助于中华民族伟大复兴的"中国梦"的实现。因此，华人社团传播中华文化的社会活动，对开展侨务公共外交、实现中华民族伟大复兴，具有不容忽视的助力作用。

5.《华文教育与中华文化传承》

本专题及专著主要研究海外华文教育与中华文化的传承关系，主要立足于海外华文教育自身理论建设和海外华文教育实践的需要，运用教育学、历史学、语言学和文化学等学科理论，并结合实证分析方法，对海外华文教育诸环节过程与中华文化传承之间的内在联系与运行机制进行深入探讨，并揭示不同时空下中华文化传承的形态和发展趋向。在学科知识建构层面，厘清华文教育的性质、内容、功能与目标，探索中华文化的学理内涵和基本精神，初步确立了中华文化传承框架下的华文教育学基础。在理论层面，概括华文教育中华文化传承实践的内在规律，凸显华文教育的中华性、文化性和教化性，提炼了华文教师培育、华文教育组织机构建设、华语教学和体验性培训等领域的理论问题，为华文教育的文化传承提供理论借鉴。在华文教育史及华文教育思想层面，梳理华文教育与中华文化传承传播之间的历史脉络，着重分析不同时空背景下华文教育与中华文化传承传播之间的逻辑与历史关系，揭示把握华文教育之中华文化传承传播的现代性、当下性与创新性。在实践操作层面，探讨华文教育传承中华文化的方法和途径，深入剖析华文教育组织机构、教师、教材、学生在文化传承过程中所发挥的功能和作用，总结华文教育中华文化传承传播实践的历史经验。本专题及专著的显著特色是采用"动态和静态结合、历史与现实兼顾"的方法，全方位、多角度地探析了海外华文教育与中华文化传承传播的关系，在理论上厘清了基本内涵，并做出新的价值阐释，同时结合汉语国际传播与华文教育的历史与现实，着力探索和总结海外华文教育与中华文化传承传播方面的经验，以作为海外华文教育文化传承传播建设的参考。

6. 《华文教育与华侨华人发展》

本专题及专著从教育的继承与传播功能对族群形成与发展的作用出发，围绕海外华文教育与华侨华人生存发展之间的互动伴生关系，探讨华文教育在助力华侨华人实现"中国梦"过程中的核心功能；概括了华文教育中语言教学的时代性特征与地域性特征，分析了华文教学对华侨华人民族气质养成与民族意识培养的核心作用；以共同文化特征为切入点，描写了华文教育文化教学的内容变迁，分析了华侨华人的文化共性，共同文化特征的建构特性，以及在不同地域的文化教学中华侨华人形象的共通性与差异性；探讨了海外华侨华人的从业特征，分析了华文教育中职业技能教学的内容、特点和趋势，以及从古代到现代，职业技能教学助力华侨华人在所在国就业与生存所起的重要作用；以各国华文教育政策的变迁与动态发展为视点，分析了在争取华文教育这一公民权利的努力与抗争中，华侨华人身份不断强化，华侨华人族群意识在一定程度上日益加强的现象；以"中国寻根之旅""中华文化大赛""中华文化大乐园"等已经成为华文教育重要平台的品牌活动为对象，分析了此类活动对华侨华人形成共同心理素质、提升民族身份认同的特殊作用。华文学校是华文教育的核心载体。本专题及专著从华文学校创办及管理、华文师资队伍建设、华裔子弟培养的角度，分析了华侨华人对海外华文学校薪火相传、生生不息的重大贡献和不懈努力。在此基础上，同时分析了华文教育对促进华侨华人社会与主流社会和谐相处的特殊作用，并提出基于"中国梦"的海外华文教育新使命，全面分析华文教育对华侨华人共同实现"中国梦"的不可替代的功能，对全面实现"中国梦"这一中华民族的宏伟事业具有的重要意义。

7.《全球化视野下的侨务公共外交——构建情感共同体，实践"中国梦"》

作为一项立足于中国侨务资源、依托于侨务工作的国家公共外交工程，我国侨务公共外交尚处于探索期。本专题及专著以全球化为切入视角，探索中国侨务公共外交的实践路径：侨务公共外交虽然是"中国特色"的公共外交路径，却置身于全球化的大背景之下，需要融合中国特色与世界趋势两者，否则难以真正践行和实现公共外交的沟通交流目的。在此基础上，本专题及专著以情感共同体的营造出发，从宗教、地方政府、海上丝绸之路三个层面探索了中国侨务公共外交在今后实践过程中可以切入的具体领域。首先，从全球化的视角切入研究主题，认为在全球化的大浪潮中实现"中国梦"是中华民族的奋斗目标，也是中国发展侨务公共外交的前提基础和必要逻辑。其次，对侨务公共外交问题的缘起和基本概念及其内涵进行了探讨，对现有的研究成果进行了回顾和分析。再次，分别从文化全球化、人口全球化和情感全球化的三个层面对公共外交和侨务公共外交的深层影响进行论述：文化全球化是公共外交得以全面兴起的世界现象，是公共外交所代表的"软力量"愈发重要的现实基础；人口全球化（国际移民）则是侨务公共外交得以发挥力量的世界趋势，是侨务公共外交可以实践的基本；情感全球化是本专题研究所提出的新观点和新视角，要解决的是侨务公共外交实践的切入路径。"情感共同体"概念的提出，不仅仅是为侨务公共外交的实践在全球化大趋势下寻找一个可行的切入点，也不单单是把海外华侨华人纳入大中华的"情感共同体"，而且是要借助侨务公共外交，以海外华侨华人为辐射圈，营造"亲"中国的全球情感共同体。最后，分别从宗教情感、地方"乡情"和21世纪海上丝绸之路来论述侨务公共外交的情感运用策略。实际上，这三个层次之间没有明显的逻辑联系，但在侨务公共外交实践中形成了独特的互助逻辑。宗教认同与国家认同之间的张力是海外华侨华人所面临的一大身份冲突（或互融），对具象化的故乡的情怀与思念是对虚拟的国家意境的真实呈现。因此地方政府在侨务公共外交实践中无疑具备了发挥能动性的基础。"一带一路"是中国政府在21世纪提出的国家发展大战略的重要内容，这条走出去的道路的先驱和实践主体往往就是广大的海外华侨华人群体，他们在经济利益上的追求很明确，在情感上与中国的认同需要我们的经营，而研究以海外华侨华人主要聚集地即21世纪海上丝绸之路沿线国家为主要讨论对象，对侨务公共外交可以在实现"一路"倡议上做出的贡献做出初步探讨，也为今后更为全面地思考侨务公共外交在"一带一路"整体战略中的实践意义奠定基础。

8.《华侨华人：中国与周边国家的桥梁》

党的十八大以来，党中央积极运筹外交全局，突出周边在我国发展大局和外交全局中的重要作用，开展了一系列重大外交活动。2013年10月，国家主席习近平在周边外交工作座谈会上强调：要更加奋发有为地推进周边外交，为我国发展争取良好的周边环境，使我国发展更多惠及周边国家，实现共同发展，让命运共同体意识在周边国家落地生根。周边地区是华侨华人的主要聚居地，仅东南亚地区的华侨华人就占全球华侨华人总数七成左右，华侨华人在当地经营日久，根基稳固，拥有丰富政治、经济、文化资源，是我国开展周边外交、推进周边合作的重要战略依托。在政治交往领域，华侨华人是中国改善同周边国家关系的重要管道和动力；在经贸合作领域，周边国家的华商是中国外商投资的先驱，也是住在国开展对华贸易的主要力量；在文化与人员往来领域，华侨华人具有融通中外的优势，是两国人文交流的重要实践者、促进者、资助者。当前，"一带一路"倡议正处在建设的关键期，周边国家是"一带一路"建设的重要方向，当地华侨华人具有与中国合作的历史经验和主观意愿，必将在推动中国与周边国家政策沟通、贸易畅通、设施联通、资金融通、民心相通方面发挥独特作用。本专题及专著以中国和平崛起时代下周边国家华侨华人与中国联系不断增强为背景，基于当前我国致力于周边外交和公共外交的基本判断，综合应用多学科理论与方法，在详细评估周边国家华侨华人生存环境、资源及文化认同的基础上，深入论证和分析华侨华人在中国同东盟、日本、韩国、俄罗斯、中亚关系中的角色，探讨其独特优势及行为作用，总结华侨华人在中国与周边国家关系中的重要地位与重大意义。

9.《多元视角下的海外华侨华人社会发展》

作为生活在海外的中国人及其后裔，华侨华人与祖（籍）国血脉、心灵乃至利益相通，是我国的一种独特资源。近代以来，华侨华人为我国的社会发展和建设做出了重要贡献。新中国成立以后，华侨华人为我国的社会主义建设贡献良多；尤其是改革开放以来，海外华侨华人成为我国经济成长的重要推动力量；除助力我国的经济腾飞之外，海外华侨华人同样也在政治上给予我们积极的呼应，目前已成为支持祖（籍）国和平统一、反分裂的一支独特力量，是实现中华民族伟大复兴的"中国梦"的重要助力。本专题及专著在对海外华侨华人社会发展与祖（籍）国实现"中国梦"之间的逻辑关系进行分析的基础上，围绕近些年有关华侨华人较受关注的重点或热点问题展开了较为系统的专题研究，分别涉及政治参与、族群关系、认同、新移民、华裔新生代、跨国网络、和谐侨社等问题，论述了海外华侨华人社会发展与"中国梦"的关系。一是对海外华侨华人社会发展历史进行了简单梳理，概述了各个历史时期我国对外交往、移民的特点以及海外华侨华人社会形成的基本情况；二是对近代以来华侨华人对祖（籍）国"中国梦"的参与实践展开了分析，探讨了华侨华人与"中国梦"之间的逻辑关系，从"1840～1949"、"1949～20 世纪末"以及"新世纪以来"三个时期展开探讨，认为近代以来中国从"半殖民地"走向民族解放、从积贫积弱走向自立自强、从领土分离走向和平回归，百余年"中国梦"的变迁集中体现为三个主题：独立、富强和统一，而在各个时期，华侨华人也以各种方式积极投入到祖（籍）国"中国梦"的实践中。目前，在新世纪追求"统一"和"自信"的中国梦的过程中，华侨华人仍将发挥积极而独特的作用。本专题及专著的突出特色在于将历史研究与现实考察相结合，理论探讨与实证分析相结合。无论是对华侨华人与"中国梦"逻辑关系的分析，还是分专题问题的探讨，都注重将历史背景与现实发展、理论探讨与实证分析相结合，文中不少资料依托田野调查而来，如对华人认同现状、新移民现状、华裔新生代现状的分析等内容都包含许多依靠实地调研得到的新的资料，一方面极大地充实了研究内容，另一方面也突出了研究的实践性意义。尤其除理论探讨之外，还有涉侨问题的思考及对策建议，如如何做新移民工作、争取华裔新生代、构建和谐侨社等，相关内容对政府涉侨部门决策有一定参考意义。

10. 《华侨华人与侨乡发展》

中华民族有着热爱祖国、眷恋故土的文化传统，一代又一代的华侨华人在海外奋斗的同时也不忘回报乡梓、建设家乡。"中国梦"以一种精神动力和凝聚力，将推动海内外中华儿女为实现中华民族的复兴、国家强盛而不断奋斗。"中国梦"将华侨华人的恋乡之情升华成为更为纯粹的爱国主义精神，将华侨华人的爱国主义与侨乡的发展建设相结合。本专题及专著秉持实证研究与思辨研究相结合的原则，采取实地研究、文献研究、调查研究等研究方式，通过探究华侨华人与侨乡经济、社会、文化等各项事业发展的内在关联，归纳华侨华人对侨乡发展的作用，进一步分析在华侨华人影响下侨乡发展的地域差异和重点侨乡发展模式的异同，探讨华侨华人在侨乡实现"中国梦"的途径，并就侨乡发展的政策保障提出具体的建议。第一是对华侨华人引导侨乡发展的多元分析。其一，华侨华人与侨乡经济发展。在梳理华侨华人海外移民历程及其与侨乡的形成和演变关系、回顾华侨华人与侨乡历史关联的基础上，重点考察新中国成立后，特别是改革开放以来，华侨华人通过资本、技术对侨乡经济建设、管理水平和技术进步、消费经济的形成和壮大、产业结构的演变和优化所做出的巨大贡献。其二，华侨华人与侨乡社会发展。探究华侨华人在侨乡社会结构的演化，诸如人口结构、家庭结构、社会组织结构等方面演化所起的影响，华侨华人在侨乡社会管理的变革，侨乡教育、慈善，以及医疗、基础设施建设等社会公共事务方面所发挥的作用。其三，华侨华人与侨乡文化发展。探究华侨华人对侨乡建筑风貌、民俗、艺术、语言、社会心理等方面产生的影响，华侨华人对侨乡旅游业发展、侨乡独具特色旅游资源的形成，以及侨乡旅游消费、旅游形象推广的助益等问题，考察华侨华人对侨乡文化资源保护所做出的贡献。第二是对华侨华人影响下的侨乡引领发展的地域差异分析。主要是建构侨乡发展差异性评价指标体系，比较分析在华侨华人影响下，侨乡发展的地域差异的特征及其原因，考察这种地域发展差异与华侨华人的相关性。第三是对典型侨乡发展模式的比较。通过文献阅读和侨乡访谈调研，结合所选择 12 个侨乡的发展实践，将重点侨乡发展模式归结为晋江模式（沿海老侨乡的转型模式）、开平模式（旅游转向发展模式）、青田模式（沿海发达地区山区侨乡发展模式）、瑞丽模式（边境侨乡发展模式）和容县模式（资源向产业联动转型发展模式）。第四是分析"中国梦"背景下侨乡差异性发展模式，主要是"一带一路"国家发展战略视角下侨乡发展的机遇与挑战分析，即如何借"中国梦"之势发挥侨乡先导作用，借华侨华人之力拓侨乡振兴之路，借社会转型机遇促侨乡繁荣发展，借侨乡乐土共筑华侨华人"中国梦"，并提出传统侨乡和新侨乡发展的新思路。第五是研究并提出"中国梦"背景下侨乡发展的保障措施，主要从政治、经济、文化方面等探究华侨华人在侨乡实现"中国梦"的途径及保障措施，并就如何发挥华侨华人优势，实现侨乡可持续发展提出具体建议。

　　以上专题研究还只是初步的，其中难免存在某些理论缺陷和不足，还有许多重大理论与实践问题需要做更深入的研究和探讨。我们期待大家一起参与研究和讨论，助推华侨华人积极参与"中国梦"的伟大实践，为实现中华民族伟大复兴的"中国梦"做出积极贡献！

　　本课题的完成及丛书的出版得到了国务院侨务办公室裘援平主任的大力支持与指导，并应允将她发表在 2014 年《求是》杂志第 6 期上的《华侨华人与中国梦》一文作为本丛书的总序言。在此，我谨代表课题组所有成员并以我本人的名义向裘援平主任表示衷心感谢！同时，衷心感谢为本课题的完成及丛书的出版给予支持和帮助的所有专家学者、各级领导和我的同事们，尤其特别感谢社会科学文献出版社谢寿光社长和他的同事们给予的具体指导和帮助！

　　是为序。

2017 年 6 月 9 日于华侨大学

前　言

　　华侨华人研究是一门以特定人群为研究对象的学问，在我国，华侨华人研究起步于 20 世纪初。1905 年以后，梁启超先生发表了《中国殖民八大伟人传》等一系列有关中国海外移民的著述，从此拉开了我国华侨华人研究的序幕。20 世纪二三十年代，包括刘士木、李长傅、温雄飞、张相时、刘继宣、束世澂、陈达等在内的一批热衷南洋问题研究的学者发表了许多有关华侨华人的著作，掀起了华侨华人研究的一股热潮。抗日战争及解放战争时期，受战事纷扰及时局动荡影响，华侨华人研究陷入低迷。新中国成立之后，加强了对国际问题的研究，东南亚周边国家也成为关注的重点，一批专门的研究机构应运而生：1956 年，厦门大学成立南洋研究所；1958 年，暨南大学成立东南亚研究所；1959 年，中山大学历史系成立东南亚历史研究室。东南亚华侨作为中国人在海外最大的移民群体，成为东南亚研究中不可回避的话题，在此背景下，我国的华侨华人研究逐步复苏，在当时，围绕华侨历史展开的基础性研究仍是主流，参与的学者也以历史学背景居多。"文革"开始后，受极左思潮影响，华侨华人和海外关系成为被批判和攻击的对象，高校及科研机构也陷于瘫痪，华侨华人研究因而陷入停顿。1978 年改革开放以后，伴随教育及侨务工作的拨乱反正，华侨华人研究再度复苏。可以说，直到 20 世纪 80 年代之前，我国的华侨华人研究还只是一门不成规模的边缘学科，而在 20 世纪 80 年代以后，受东南亚华人经济起飞及中国改革开放等热点问题影响，华侨华人再度聚焦了研究者的目光，华侨华人研究因而形成一股新的研究热潮，延续至今。与早期华侨华人研究话题及研究者背景相对单一、主要集中在历史学领域不同，20 世纪 80 年代之后的华侨华人研究已突破历史学领域而向经济、政治、国际关系、文化、教育、民族、宗教等诸多学科扩展，日益凸显出多元化、交叉性的特点，成为一门新的"显学"。

在海外华侨华人研究中，有关华侨华人社会的研究是一个重点。在我国古籍中，"社"是指祭神的地方，"会"就是集会，"社会"就是指人们以祭神为中心而进行的集会，后来逐渐发展出"志趣相投者的集合体"的意思。在西方，"社会"的英文"society"和法文"societe"均源自拉丁文"socius"，原意为"伙伴"，在此基础上，人们对"社会"的理解也多种多样且历经改变。如法国社会心理学家让·加布里埃尔·塔尔德（Jean Gabriel Tarde）就认为"社会是有共同心理人们的集合"；法国社会学家埃米尔·迪尔凯姆（Emile Durkheim）认为"社会就是集合意识，是建立在个人意识之上的实体"；也有社会学家提出"社会就是人与人之间关系的总体"；德国社会学家卡尔·马克思（Karl Marx）则认为"生产关系总和起来就构成为所谓'社会关系'，构成所谓'社会'，并且构成为一个处于一定历史发展阶段上的社会、具有独特特征的社会"。如今，人们对"社会"的认知已有了基本的共识，如认为"社会是由人组成的、庞大的、复杂的、相互联系的有机社会关系网"；"社会是人们相互交往的，以物质的社会关系为基础的，有着一定行为规范、社会意识、组织结构和文化程度的人类共同生活的群体"；"社会是以共同的物质生产活动为基础而相互联系和运动发展的人类生活共同体"。① 海外华侨华人社会便是由华侨华人这一特殊人群所构成的独特的集合体，共同的种族、文化背景以及较为密切的经济、社会关系造就了其相近的价值观念及行为方式，体现出区别于其他人群集合体的同质性。

围绕海外华侨华人社会展开的研究实际上也涉及这一"人群共同体"的各个方面，从以往的研究来看，以专题研究为主，集中在历史、政治、经济、社会组织（社团）、文化、教育、宗教信仰等方面问题的探讨。本书限于篇幅及著者的能力和精力，也以专题形式呈现，选择了一些近些年有关华侨华人较受关注的重点或热点问题——政治参与、族群关系、认

---

① 有关"社会"概念的起源及定义参见马云亭主编《社会学基础》，河南人民出版社，1989，第56～57页；风笑天、陈万柏主编《社会学》，华中师范大学出版社，1994，第77～78页。

同、新移民、华裔新生代、跨国网络、和谐侨社等问题展开论述，目的一方面在于与学界同人分享我们的研究心得，另一方面也希望把华侨华人的相关信息传达给学界之外更广泛的读者，让他们走近并认知华侨华人这一群体。华侨华人是我国的一种独特资源，近代迄今，在我国的建设与发展中做出了重要贡献，学界中人对此了然于心自不待言，然而，学界之外普通中国人可能对此并没有多少认知，这不能不说是一个遗憾。目前，各行各业的我们正在努力中，追寻着民族复兴的"中国梦"，而这个梦的实现，缺不了海外华侨华人的一臂之力，如何准确地认知、评价他们并激发他们的认同和热情而愿与我们一同"追梦"，正是我们展开此课题研究并写作此书的意义所在。

朱东芹

2017 年 5 月 1 日

摘　要

作为生活在海外的中国人及其后裔，华侨华人与祖（籍）国血脉、心灵乃至利益相通，是我国的一种独特资源。近代以来，华侨华人为我国的社会发展和建设做出了重要贡献。新中国成立以后，华侨华人为我国的社会主义建设贡献良多；尤其是改革开放以来，海外华侨华人成为我国经济成长的重要推动力量。除助力我国经济腾飞之外，海外华侨华人同样也在政治上给予我们积极的呼应，目前已成为支持祖（籍）国和平统一、反分裂的一支独特力量，是助推实现中华民族伟大复兴的中国梦的重要外力。

本书在对海外华侨华人社会发展与祖（籍）国"中国梦"实现之间的逻辑关系进行分析的基础上，围绕近些年有关华侨华人较受关注的重点或热点问题展开较为系统的专题研究，目的一方面在于与学界同人分享我们的研究心得，另一方面也希望把华侨华人的相关信息传达给学界之外更广泛的读者，让他们走近并认知华侨华人这一群体。

全书共分8章，第1章为概论，第2～8章为专题研究。

第1章《海外华侨华人社会的发展与"中国梦"》主要包括两方面内容：一是对海外华侨华人社会发展历史进行了简单梳理，概述各个历史时期我国对外交往、移民的特点以及海外华侨华人社会形成的基本情况；二是分"1840～1949"，"1949～20世纪末"以及"新世纪以来"三个时期，对近代以来华侨华人对祖（籍）国中国梦的参与实践展开了分析，认为近代以来中国从"半殖民地"走向民族解放、从积贫积弱走向自立自强、从领土分离走向和平回归，百余年中国梦的变迁集中体现为三个主题：独立、富强和统一，而在各个时期，华侨华人也以各种方式积极投入祖（籍）国"中国梦"的实践。目前，在新世纪追求"统一"和"自信"的中国梦的过程中，华侨华人仍将发挥积极而独特的作用。第2~8章则分别围绕政治参与、族群关系、认同、新移民、华裔新生代、跨国网络、和谐侨社等问题展开探讨，各章基本结构一般为：第一部分为理论探讨或历史背景概述，第二部分为相关问题现状及特点分析，第三部分为问题思考或对策建议。

本书的突出特色在于以下几点。（1）历史研究与现实考察相结合，理论探讨与实证分析相结合。无论是对华侨华人与中国梦逻辑关系的分析，还是分专题问题的探讨，都注重将历史背景与现实发展、理论探讨与实证分析相结合，因而，就结构及内容而言，较为系统和完整。（2）部分论证为初次涉及，观点较有新意，值得注意。如第一章第二部分有关华侨华人与中国梦逻辑关系的论证，是学界首次就这一问题展开的系统探讨，所提出的"三个阶段、（中国梦）不同主题"的观点也颇具新意，在国内应属首创。（3）书中不少资料依托田野调查而来。如对华人认同现状、新移民现状、华裔新生代现状等内容都包含许多依靠实地调研得到的新资料，一方面极大地充实了研究的内容，另一方面也突出了研究的实践性意义。

Abstract

As Chinese living abroad and their descendants, overseas Chinese share same bloodlines, common spirits and interests with their motherland—China, which is a unique resource for us. Ever since the end of 19th century, overseas Chinese have made great contributions to the construction and development of our country. After the establishment of People's Republic of China, overseas Chinese contributed a lot to the development of our socialism, and it became one of the most key roles which pushed the economical growth of our country ever since the implement of the Opening-up policy. Besides helping our economy's rapid development, overseas Chinese also give us positive responses on political issues, and they have become a unique force in supporting the peaceful reunification of our ancestral countries and opposing separatism. As an important external force in realizing Chinese Dream, overseas Chinese helped to realize the great rejuvenation of the Chinese nation.

Based on analyzing the logical relations between the development of overseas Chinese community and the realization of Chinese Dream, this book carries out specific-subject studies on some key or hot issues on overseas Chinese in recent years. There are two purposes: one is to share our research results with more scholars; the other is to convey the information related to overseas Chinese to more readers beyond academic circles, and let them know more and get an in-depth understanding of overseas Chinese.

The book is divided into 8 chapters: Chapter 1 is a brief historical overview, and Chapter 2 – 8 are several thematic studies.

Chapter 1 mainly includes two aspects. Firstly, it makes a brief survey of the developmental history of overseas Chinese community, generally summarizing the characteristics of China's foreign exchanges, immigration and the basic situation of the formation of overseas Chinese community in various historical periods. Secondly, on the basis of a 3 - stage periodization of "1840 - 1949", "1949—the end of 20th century" and "the new century", it discusses the practice with which overseas Chinese participates into helping to realize Chinese Dream. The study indicates that in the past over 100 years China has developed from "semi colony" to national liberation, from poverty to self - reliance, from separation to peaceful reunion. The 100 - year Chinese dream mainly reflects the changes of three themes: independence, prosperity and unity, and in each period, overseas Chinese are all actively involved in a variety of ways to practice to promote "China dream". At present, to pursue the "unity" and "confidence" of Chinese dream in the new century, overseas Chinese will continue to play a positive and unique role. Chapter 2—8 focus on specific subjects including political participation, ethnic relations, identity, new immigrant, new generation, transnational network, harmonious overseas Chinese community. The basic structure of each chapter is generally as follows: the first part is a theoretical discussion or the historical background summary, the second part is an analysis of the current situation and characteristics of the related problems, the third part is problem thinking or the countermeasure suggestion.

The outstanding features of this book are as follows. (1) It is a combination of historical research and realistic investigation, also a combination of theoretical study and empirical analysis. Whether it is an analysis on the logical relationship between overseas Chinese and Chinese Dream, or thematic discussions on specific issues, both pay attention to the historical background and the development of reality, theoretical discussion and empirical analysis. Therefore, in terms of structure and content, the study is systematic and complete. (2) It is worth paying attention that it's the first time some arguments have been involved, and the point of view is innovative. For example, the argument about the logical relationship between overseas Chinese and Chinese Dream in the second part of chapter 1 is the first systematic discussion on this issue in academic circles, which puts forward the views of "three stages". " (Chinese Dream) different themes" are also quite creative, and should be the first to mention on this issue. (3) A lot of materials have been collected by field work, especially for the contents on the status quo of identity, new immigrant, new generation, and most materials are based on field investigations. These materials not only enriches the content of the research, but also highlights the practical significance of this study.

Keywords: Overseas Chinese; Social Development; China Dream

目 录

Contents

第一章　海外华侨华人社会的
发展与"中国梦"

　　华侨华人是一个特殊的群体，历史上，伴随着我国的对外交往尤其是海外贸易往来而出现和发展。近代以来，作为生活在海外的中国人和中国人后裔，华侨华人为我国的社会发展和建设做出了独特而重要的贡献：虽然身处海外，华侨华人却心系祖国，积极支持祖国的反殖民主义、反封建主义的斗争；新中国成立以后，华侨华人为我国的社会主义建设贡献良多，尤其是改革开放以来，海外华侨华人成为我国经济成长的重要推动力量；近些年，除助力我国的经济起飞之外，海外华侨华人在政治上同样也给予政府积极的呼应，目前，已成为反对分裂、支持我国和平统一以及改善我国国家形象、提升软实力的一支重要外力。斗转星移，人事变迁，从半殖民到独立，从贫弱到富强，从分裂到统一，百年"中国梦"不论主题如何变迁，总少不了海外华侨华人的参与，总牵动着海外华侨华人的心弦，而今天，要实现中华民族伟大复兴的中国梦，仍离不开海外华侨华人的贡献。

第一节　海外华侨华人社会发展简史

　　说到"华侨华人"，很多人都听说过这么一句话——"有海水的地方，就有华侨华人！"这句话从共时性的空间角度道出了华侨华人在世界范围内的分布之广，而从历时性的时间角度而言，华侨华人形成与发展的历史也相当长久。最早的华侨出现于何时，并无定论，但可以肯定的是，华侨的出现与古代中国的对外交往尤其是海上贸易往来密切相关。

一 唐宋之前中国的对外交往与华侨的出现

古代中国与周边地区的往来可追溯到先秦之际，历史上传说的"箕子入朝"就是商周易代之际中国往朝鲜的一次移民活动。史载商末时，商纣王囚禁了与其政见不合的叔父箕子（另一说为庶兄），周武王灭商纣之后，释箕子之囚并有意延揽，但箕子不愿做亡国之臣，于是率五千人外逃"东夷"，"走之朝鲜"，这就是先秦史上著名的"箕子入朝"，为朝鲜开国的一种说法。另一种说法则为颇具神话色彩的"檀君开国"，说的是天神桓因窥透了其子桓雄向往人间的心思，于是允其率众三千降身太白山坡一棵神檀树边的神城（"神市"），桓雄将神城治理得井井有条，后与化身人形、一心求孕的熊女结合生子王俭，称"檀君"。檀君建都平壤，称"朝鲜"，在位 1500 多年，活了 1908 岁。显然，与充满传奇色彩的"檀君开国"说相比，"箕子入朝"说更为可信，箕子带去的这批人可算是中国最早的对外移民。之后，秦时的"徐福东渡"也可算一次较大规模的移民，在历史上也更为有名。徐福为齐地方士，在秦始皇统一六国的两年后（公元前 219 年）上书请求入海寻神山求仙丹，获准"发童男女数千人，入海求仙人"。第一次东渡无果而归，九年后徐福再次获准率"童男童女三千人"和"百工"并携"五谷子种"再次东渡，此番东渡，徐福等未归，据信是到了日本。如今，在日本尚存几十处有关徐福的遗迹，日本学者也认为正是秦汉之际来自中国大陆的"渡来人"为日本带去了稻米种子及耕作技术，而使日本从渔猎文化的绳文时代进入了农耕文化的弥生时代。

到了汉代，中国的对外交流通道更多，也延伸到更为遥远的地方。陆上的通道除向东往朝鲜外，另外主要包括向西和向西南的两条。向西的一条便是著名的西北"丝绸之路"，即张骞开辟的、由西安（长安）出发经西域至中亚西亚的一条通道。汉武帝建元二年（公元前 138 年），张骞受命往西域说服大月氏共同抵御匈奴，不意途中为匈奴所获，十年后方获机逃脱，之后张骞继续西行寻找大月氏，最远到达中亚今土库曼斯坦的东部。张骞找到了大月氏人，但时事变迁，大月氏人已失去了向匈奴复仇的欲望，张骞失望而归，回程虽改变路线却仍被匈奴擒获，又延宕一年多始归。张骞此行虽未能实现联合大月氏夹击匈奴的使命，却打通了中国联络中亚的道路，沿着这条道路，中国的丝绸流向西域及西域之外的"胡地"，"胡地"的物产也流进中国，这条路因此被称为"丝绸之路"。汉元狩四年（公元前119年）至元鼎二年（公元前115年），张骞再次出使西域，联络丝绸之路沿线国家，使沿线国家与中国的物产、人员及文化交流进一步加强。向西南的一条是西南"丝绸之路"，由成都出发，经大理、保山，由腾冲出境至缅北再至印度的一条通道，与西北的通道不同，这条道路上商旅交易的大宗货物为茶叶，运输依赖马帮，因此，这条路也以"茶马古道"而闻名。《汉书·张骞传》载，张骞第一次出使归来向汉武帝提及："臣在大夏①时见邛竹杖、蜀布。问安得此？大夏人曰：'吾贾人往市之身毒②'。"这说明在张骞打通西北的丝路前已有另一条将中国蜀地的特产运往印度的商道存在，这就是由四川成都出发，经云南，越缅甸至印度的商路，汉时称"蜀—身毒道"的西南丝路，而印度学者研究认为，这条道路早在公元前4世纪时便已开通，如今，这条"茶马古道"遗迹犹存。

除了陆上的通道之外，汉代时中国海上贸易的通道也已开辟。《汉书·地理志》粤地条二八下有这样一段文字，被视为有关海上丝绸之路的最早记载。"自日南障塞徐闻合浦，船行可五月，有都元国；又船行可四月，有邑卢没国；又船行可二十余日，有谌离国；步行可十余日，有夫甘都卢国。自夫甘都卢国船行可二月余，有黄支国，民俗略与珠崖相类。其州广大，户口多，多异物，自武帝以来皆献见。有译长，属黄门，与应募者俱入海，市明珠、璧流离、奇石异物，赍黄金杂缯而往。所至国皆禀食为耦，蛮夷贾舶，转送致之。亦利交易，剽杀人。又苦逢风波溺死。不者数年来还。大珠至围二寸以下。平帝元始中，王莽辅政，欲耀威德，厚遣黄支王，令遣使献生犀牛。自黄支船行可八月，到皮宗；船行可二月，

---

① 公元前3世纪中期至公元前2世纪，希腊人在中亚地区建立的国家，也称"希腊-巴特克里亚"（Graeco-Bactria），主要位于今阿富汗北部。——编者注

② 古时中国人对印度的称呼。——编者注

到日南、象林界云。黄支之南，有已程不国。汉之译使自此还矣。"① 由
这则史料可见：早在汉代，便业已存在一条从雷州半岛出发，沿中南半岛
海岸南行，越马来半岛，至印度东南部的海上贸易航线。现代史上诸多关
注中西交通的中外史家参与到这条史料的考证中，对于航路沿线的地名为
今之何地有不少争论，言人人殊，但对于起点、中点及终点则有较一致的
看法，起点"徐闻合浦"即为今雷州半岛上的徐闻县，汉时属合浦郡，
中点"都元国"位于马来半岛境内，终点"黄支国"则为今印度东南部
城市康契普腊姆（Conjevaram）。这就是汉时的海上丝绸之路，起于中国
大陆南端的雷州半岛，终于印度的东南部。那时，受航海技术所限，加之
贸易需要，不能远离海岸，只能沿岸航行；受技术限制，不能直达，需搭
乘"蛮夷贾舶"分程转送，其间还需步行"接驳"，因而，航程周期也就
相当长，去程一年有余，回程也有约十个月，因风涛险阻，有人甚至
"数年来还"。

　　两晋南北朝之际，伴随佛教在中国的传播，僧侣前往印度研习佛法蔚
然成风，他们或走陆路或经海上前往西天求取真经，这个时代也被称为
"朝香礼佛"的时代，佛教徒的加入也使中国对外的通道尤其是海上航路
更加通畅。到了唐朝，盛世之际，心态及政策也大不一样，开放的政策吸
引四方来朝，经由海路的贸易盛极一时，海上丝绸之路的起点也由雷州半
岛的徐闻转移到广州，贞观年间（627～649 年），由广州出发、经海路西
至印度乃至西亚各地的航路业已形成，广州成为万樯林立、千帆竞发的繁
华口岸，为了管理海外贸易，政府于开元年间（713～741 年）设立"市
舶使"之官职。到了宋朝，北宋北部边境的不靖与南宋的被迫南渡使得
政府更加倚重海外贸易，政策的宽松也使东南沿海的民间海外贸易日益兴
盛，市舶收入成为国家财政的一个重要来源。北宋开宝四年（971 年），
广州"市舶使"被改为常设机构"市舶司"，之后又设置于杭州、明州
（今之宁波）、泉州三地。元袭宋制，海外贸易持续繁荣。宋元之际，泉
州取代广州成为海上丝绸之路新的起点，元时曾到访泉州的意大利旅行家
马可·波罗对其"大批商人云集于此，货物堆积如山"的盛况印象深刻，

---

① （汉）班固：《汉书》地理志卷二八下，中华书局，1962，第 1671 页。

称其为"世界最大的港口之一"。① 泉州港之兴盛，可见一斑。

唐宋之际，政策的宽松促进了海外贸易的繁荣，加之唐宋之后造船及航海技术的进步，东南沿海一带越来越多的百姓投入到海外贸易行业中，逐渐适应了浮舟海上、附舶异域、与蕃交换这样一种"靠海吃海"的生计模式。当时，受造船及航海技术局限，商人出行全靠帆船，帆船航行全靠季风，冬季船舶趁10月中旬至12月中旬刮起的东北风南下东南亚，夏季船舶趁5月下旬至9月中旬刮起的西南风回程，南宋时曾为泉州太守的王十朋的诗作便记录了这样的情形——"北风航海南风回，远物来输商贾乐。"去国或还乡都需借力季风，而错过了当年的季风不得回国者，只能在蕃国过"冬"，是为"压冬""住冬"，也称"住蕃"，亦即宋人朱彧在笔记《萍洲可谈》里记载的"北人过海外，是岁不还者，谓之住蕃"。② 住蕃多年者便成了早期的华侨。可见，至少在宋之前，便已出现了"住蕃"的华侨。清代晋江东石人蔡永蒹所著《西山杂志》中也有唐代晋江人赴东南亚贸易和定居的记载。"唐开元八年（720 年）……（东石人）林銮试舟至渤泥③，往来有利，沿海畲家人俱从之去，引来番丹。蛮人喜彩绣，武陵多女红，故以香料易彩衣。晋海商人竞相率航海。""涂公文轩与东石林銮航海至渤泥……涯之北，有陈厝、戴厝，俱从涂之操舟人。"④

可见，伴随古代海外贸易的发展，在唐代，东南亚便已出现了"住蕃"的华侨。

二　明清海外贸易政策的变化与华侨社会的形成

较之前朝，明朝的海外贸易政策有较大调整，总体来说较为保守。明

---

① 〔意〕马可·波罗：《马可·波罗游记》，梁生智译，中国文史出版社，1998，第217页。在《马可·波罗游记》中记载了在福州城东南约五日行程的地方有一个名为"Zai-tun"的美丽城市，Zai-tun城沿海有一个港口，商船来往如织。据考证，"Zai-tun"即为"刺桐"之对音，而"刺桐"正是泉州城古时的别称。唐及五代时，泉州城遍植刺桐，故得"刺桐城"之雅号，时人诗中便有"帝京须早入，莫被刺桐迷"（（唐）曹松《送陈樵校书归泉州》），"唯有夜来蝴蝶梦，翩翩飞入刺桐花"（（五代）刘昌言《下第诗》）的句子。——编者注

② （宋）朱彧：《萍洲可谈》卷二，中华书局，1985，第19页。

③ 即"婆罗洲"，今之加里曼丹岛。——编者注

④ （清）蔡永蒹：《西山杂志》，转引自吴凤斌主编《东南亚华侨通史》，福建人民出版社，1993，第11页。

朝共存在 276 年（1368～1644 年），海外贸易政策可以隆庆元年（1567年）为界，大致划分为两个时期。前一段以"禁"为特点，太祖朱元璋执政时期实施严厉的"海禁"，"寸板不许入海"[①]，成祖朱棣时期有所缓和，虽大力推进以郑和下西洋为代表的朝贡贸易，但对民间贸易仍然严禁；后一段以"部分的开放"为特点，隆庆帝朱载垕登基后决定实施"开海"，"准贩东、西二洋"，仍禁日本。从前期的严禁到后期的开放，明朝海外贸易政策的调整极大地影响了沿海居民的生计模式和移民行为，并促成了东南亚华侨社会的形成，"隆庆开海"在华侨史上有着里程碑式的意义。

宋朝以后的海外贸易蕴含着丰富的利益，政权南渡之后，财政困窘，海外贸易收入占全国岁入比重剧增，南宋绍兴二十九年（1159 年），闽浙广三地市舶收入即占全国岁入 20%。[②] 明太祖朱元璋精于谋算，在立国之初也曾想分享市舶之利，因此，在前朝所设的广州、明州、泉州等市舶司之外，于洪武元年（1368 年）又在江苏太仓黄渡（今属上海）增设了一处市舶司。此外，洪武二年、三年间也多次遣使往东南亚各地，招徕诸国来朝及贸易。然而，洪武三年（1370 年）之后，政策陡变。当年，即罢黄渡市舶司；洪武七年（1374 年），又撤销泉州、明州、广州三个市舶司。之后，又相继颁布禁止下海通番贸易、禁止买卖及使用番香和番货、禁止私造海船等法令，违者轻则发边充军，重则处斩。"海禁"于洪武十九年（1386 年）达到顶峰，当年，废舟山岛上的昌国县，次年，又实施"迁海"，将舟山岛及其他 46 岛的居民迁往内陆。朱元璋的海外贸易政策由松变紧，主要是出于政治及安全的考虑。元末，日本国内政局动荡，滋生大量流民，其中一些为谋生觊觎中国东南沿海，遂成倭患。刚刚登上皇位的朱元璋担心若百姓出海，有可能与倭寇勾结，危及海防安全；他尤其害怕出海的百姓会与自己曾经的竞争对手、流落海外的方国珍残部勾结，对其政权造成威胁。权衡再三，最终还是决定放弃市舶之利，实施严厉的海禁。海禁之后，民间海外贸易迅速衰落，成祖朱棣执政后，虽调整政

---

① （清）张廷玉等撰《明史》卷二〇五《朱纨传》，中华书局，1974，第 5403 页。
② （宋）李心传：《建炎以来系年要录》卷一八三《绍兴二十九年七月—十二月》，上海古籍出版社，1992，第 3588～3610 页。

策，积极鼓励官方主导的朝贡贸易，但仍不改严禁民间贸易的主旨，这一政策一直延续到明中后期。

海禁旨在使海疆肃清，不料不仅未能达此目的，反而激化了官民矛盾，使得以海为生且已有海上贸易经验的沿海居民被迫冒险犯禁。因而，海禁直接造成了两个后果：一是百姓赴海外，走私贸易盛行；二是百姓大量逃亡，泛舟海上沦为海盗。"严交通外藩之禁"，堵绝了沿海地区人民的正常谋生之路，诚如明末大儒顾炎武所言："海者，闽人之田。海滨民众，生理无路，兼以饥馑荐臻，穷民往往入海从盗，啸集亡命。海禁一严，无所得食，则转掠海滨。"① 至明中期，东南沿海走私贸易愈演愈烈，海盗成患，成为困扰中央及东南沿海地方政府的难题，这便是明朝历史上有名的"倭患"，尤以嘉靖年间（1522～1567 年）为烈。"倭寇"原指日本海盗，然而，当时众人皆知，顶着"倭寇"名号的海盗其实绝大部分为国人。明人郑若曾被时任浙江巡抚的胡宗宪招至麾下，参与了平倭行动，在其所著之《筹海图编》中便这样描述"倭寇"："今之海寇，动计数万，皆托言倭奴，而其实出于日本者不下数千，其余皆中国之赤子无赖者，入而附之耳。大略福（建）之漳（州）郡，居其大半；而宁（波）绍（兴）往往亦间而有之，夫岂尽倭也。"② 因此，当时的抗倭战争也可看作是一场中国内部的海禁与反海禁的斗争。

严厉的海禁不仅未能肃清海疆，反而使沿海百姓生计难以为继，被迫犯禁，造成了海盗丛生、走私猖獗的局面。该如何应对这一乱局，海还要不要"禁"？嘉靖末年，围绕这一问题，朝廷内外展开了激烈争论，一些较有见识的地方官也上书直言自己的看法，其中，最具代表的就是时任福建巡抚谭纶的建议。1564 年，谭纶在《条陈善后未尽事宜以备远略以图治安疏》中指出："世人滨海而居者，不知其凡几也，大抵非为生于海，则不得食。海上之国方千里者，不知其凡几也，无中国续绵丝帛之物，则不可以为国。御之愈严，则其值愈厚，而趋之愈众。私通不得，即掳夺随

---

① （明）顾炎武：《四部丛刊三编·史部·天下郡国利病书（第七册）》（影印本），上海书店出版社，1935 年，第 33 页。

② （明）郑若曾：《筹海图编》卷一一《叙寇源》，李致忠点校，中华书局，2007，第 232 页。

之。昔人谓：弊源如鼠穴，也须留一个。若还都塞了，处处俱穿破。[①] 意正如此。"在此，谭纶以老鼠和鼠洞为例，打了一个通俗的比喻：对老鼠，也需留条活路；若把鼠洞全堵住，结果只能是被老鼠咬得千疮百孔。因此，对待沿海百姓"靠海吃海"，想与蕃交通和贸易的想法，官方也应当改变策略，以"疏"代"堵"，方可解决海寇与海盗丛生的问题。

1567 年 2 月 4 日，朱载垕即帝位，是为穆宗，号隆庆。初即帝位，欲振作朝纲，隆庆帝便诏告群臣："先朝政令有不便者，可奏言予以修改。"不久，继谭纶之后任福建巡抚的涂泽民便奏请开放漳州月港，准许中国商民由此出海贸易。此议迅速得到穆宗的认可，批准开放月港为对外的口岸，"准贩东、西洋"，这便是历史上所谓的"隆庆开海，月港开放"，"隆庆开海"标志着明朝的海外贸易政策发生了根本性转折。受此影响，东南沿海一带百姓相率赴海外经商或谋生，东南亚以地理之便，成为移民的主要目的地。大量中国东南沿海百姓的到来，在东南亚各口岸地区形成了华侨聚居的居民点或村落，在菲律宾的马尼拉，印度尼西亚的泗水（苏鲁马益），万丹和巨港，泰国的北大年，马来亚的吉兰丹，越南的顺化和会安等地，都已形成了华侨聚居区。据学者估计，明末东南亚华侨约 10 万人，职业以商贩为主，约占 60% 以上，其次为各类工匠；籍贯以闽人为主，占 70% ~ 80%，次为粤籍，以人口来看，亦初具规模。因此，在华侨史上，一般认为在明末时，东南亚华侨社会初步形成。

1644 年，清军入关，明清易代，开启了清朝 268 年（1644 ~ 1911）的统治。清朝的海外贸易政策与明朝有着相似之处：早期都实施"海禁"，严厉禁止民间海外贸易；中后期之后迫于形势才有所放松。而实施海禁的动机也大致相似，主要是出于巩固政权即政治安全方面的考虑。对朱元璋而言，是怕放松管制会导致沿海百姓与倭寇和自己的反对派相勾结，威胁自己的政权；对顺治帝和康熙帝而言，也是怕沿海百姓会与高举着"反清复明"大旗的郑氏家族（郑芝龙、郑成功家族）同声同气，形成强大的离心

---

① 谭纶的说法应来自唐人王梵志。宋人陈岩肖的《庚溪诗话》中载王梵志诗："幸门如鼠穴，也须留一个。若都还塞了，好处却穿破。"梵志诗虽言辞俗俚，但蕴含较强的道德观念及宗教色彩，因此，亦为古诗中一个流派，对后世也有相当的影响。参见施蛰存《唐诗百话》之《王梵志诗》，华东师范大学出版社，2001，第 43 ~ 50 页。

力，危及自己的统治。因此，顺治帝于顺治四年（1647 年）开始实施"禁海"之策，顺治十二年（1655 年）全面推行，至康熙二十二年（1683 年），施琅收复台湾，郑氏家族对东南沿海的威胁彻底消失后才解除。"禁海"之外，顺治帝还于顺治十七年（1660 年）下令实施"迁界"之策，顺治十八年（1661 年）在福建开始执行，康熙元年（1662 年）在广东开始推行。"迁界"，又称"迁海"，即将沿海边界向内地迁移 30～50 公里，目的在于形成一片沿海无人区，使游弋在东南沿海地区的郑氏武装失去根据地，无所依托，也得不到补给，最终不战自败。"迁界"之界并非一成不变，而视清军与郑氏等反对力量的战况而不停变动，因此，康熙元年（1662 年）至康熙十九年（1680 年）之间，福建、广东沿海曾反复迁界、展界，直到康熙二十二年（1683 年）收复台湾后，才全面展界，次年，正式开放海禁。

　　海禁开放后，清政府对百姓出海仍加以种种限制，为便于管控，逐渐形成了一整套严密的管理制度，包括对出洋的船只、人员都严加限制和查验。对于私自出洋之人，《大清律》也以严刑峻法处之，轻则枷号，重则杀头。因此，在清中期之前，国人出洋仍受诸多限制。

　　与此同时，后发的资本主义国家英国和法国，伴随工业革命的发展，实力大增，在 18 世纪中后期重返东南亚后，掀起了殖民地开发的高潮。对劳动力的需求，使他们把目光瞄准了华侨。在他们眼中，较之当地人，中国移民是极好的劳动力：中国人吃苦耐劳，有技能技巧，且对工作、生活条件及待遇都不会要求过高，因此，对中国劳工的需要在 18 世纪中后期就促成了"契约华工"的形成。英法等殖民者在中国东南沿海城市的代理者洋行，往往以利诱、拐骗，甚至绑架的手法使沿海的青年人前往东南亚务工，工资待遇、生活条件极差，受虐待的情况也时有发生，这便是华侨史上著名的"猪仔"①华工。不过，由于那时根据《大清律》，出国

---

①　即"猪崽"。目前所知有关"猪仔"贩卖的最早记载出自林则徐。林则徐在道光十九年（1839 年）上奏的《查明外国船只骗带华民出洋情形折》中即提到了闽粤沿海一带有"买猪崽"出洋现象。"臣到粤之初……闻有'买猪崽'之土语，诧为怪异，以为必系贩卖人口，故隐其词。"林命熟悉地方者改装查访，得知夷船拐带穷民出洋谋生之大致情形。至于"猪仔"说法的由来，是因为"当其在船之时，皆以木盆盛饭，呼此等搭船华民一同就食，其呼声与内地唤猪相似，故人目此船为'买猪崽'。"参见吴凤斌《契约华工史》，江西人民出版社，1988，第 24～25 页。

仍为非法，因此，直至第二次鸦片战争结束，"猪仔"华工总数并不多。1860年，清政府在第二次鸦片战争中失败，被迫与英、法签订《北京条约》，其中，第五款即规定："凡有华民情甘出口，或在英\法国所属各处，或在外洋别地承工，俱准与英\法民立约为凭，无论单身，或愿携家眷，一并赴通商各口，下英\法国船只，毫无禁阻。"显然，此条款即为满足英、法开发殖民地对劳工的需要所设，此款一出，实际上已变相承认了国人出国的合法性，随即便引发了大规模出洋的华工潮，延续至20世纪上半期。这一波"华工"潮，移民数量相当庞大，据估计，从18世纪到20世纪30年代，"前后二百多年出国的华工约有一千万人次。"① 流向目的地首为东南亚，次为北美。

　　早期流往海外的中国人大都为沿海地区社会底层的百姓。有学者认为，明中期至清初，不少侨乡人出洋是为搏"中人之富"，但清中期以后，随着侨乡地狭民稠矛盾日益严峻，绝大多数人移民海外只为求安生活命。② 所以，早期的华侨除了为搏"中人之富"的商人外，绝大多数为农民和失地的流民。由于多为贫苦农民，大都未受教育，加之本身就一无所有，有的就是一身力气和谋生的信念，因此，老一辈华侨的职业选择多为低端行业，大都以出卖劳动力为生，多为小商贩、手艺人、劳工（矿工及种植园工人）、农民等。比较形象的说法就是以"三把刀"（菜刀、剪刀、剃刀）为主要职业，即从事餐馆、缝纫、理发等低端的服务性行业居多，这点在北美表现明显：早期赴美的华侨多为开金矿、修铁路的华工，之后多以开餐馆、洗衣店谋生。而在东南亚各地，华侨多从小本生意起步，因为投资少、见效快，加之当地人不经商，市场条件好，所以，中小商人在华侨中占有较大比例，在东南亚各国，华侨开的杂货店遍及各地，在印度尼西亚被称作"亚弄"（Warung）店，在菲律宾被称作"菜籽"（Sari-sari，为泰加诺语，意即"多种多样"）店，华侨"商人"的形象也深入人心。

---

① 彭家礼：《十九世纪开发西方殖民地的华工》，《世界历史》1980年第1期。
② 吴凤斌主编《东南亚华侨通史》，福建人民出版社，1994，第234页。

三　20 世纪后海外华侨华人社会的发展

在东南亚，19 世纪 60 年代以后大量华工的加入使华侨社会的人口急剧膨胀，加之明末以来三百多年的积累，到 19 世纪末 20 世纪初，东南亚华侨社会已基本定型，并具有一定的经济实力。一战期间，利用殖民宗主国忙于战争以及战争对资源及物资大量需求的有利时机，东南亚华侨积极拓展事业，华侨经济进入了快速成长期。二战后，东南亚各国实现独立，并相继实施民族主义的政策，尤以经济领域的民族化亦即"排华"政策最为典型。受"排华"影响，加之冷战时期与祖（籍）国隔离，华侨开始走上了当地化之路，"落叶归根"的观念逐渐为"落地生根"所取代，加之入籍后法律身份发生变化，成为住在国公民。由于东南亚各国情况各异，这一变化发生的时间也前后不一，但基本上，到 20 世纪 70 年代中期，伴随中国和大多数东南亚国家建交以后，东南亚各国的"华侨社会"基本都转变为"华人社会"。战后，在华侨社会转型的同时，华侨经济也经历重大挫折并实现转型。战后初期至 50 年代，民族主义思潮在刚独立的东南亚各国风行一时，经济民族化的各项"排华"法案纷纷出台，作为外侨的华侨被从诸多行业和领域排挤，经济面临绝境，被迫寻找多元化发展的新路径。而在 20 世纪 50 年代以后，东南亚各国大都启动了工业化发展的战略，为华侨经济转型提供了有利条件，借此机遇，华侨经济也开始了多元化发展，从传统的商业领域拓展到工业、金融业、服务业等诸多领域。到 20 世纪 70 年代，在东南亚各国调整产业结构的大背景下，东南亚华人经济实现起飞，出现一大批极具经济实力的大型企业集团，华人因此成为世界瞩目的焦点。进入 20 世纪八九十年代，随着代际更替，新生代成为华社的主体，与老一辈心系祖（籍）国不同，新生代出生和成长于当地，认同自然也倾向于当地。华裔新生代对祖（籍）国的认知和情感渐趋弱化，是目前值得关注的问题。

在美洲，华侨社会是伴随 19 世纪中期美国西部地区的开发而形成的。1848 年，加利福尼亚州发现金矿，招来大量的华工前来开矿；金矿开采完之后，美国与加拿大境内横贯东西的太平洋铁路又吸收和招来了大量劳工，后来，这些人成为早期定居美洲的华侨。1882 年，第一部限制华工入境的排华法案出台，国人移民美洲的势头受到遏制，这种情形直到二战期间才有所改变：1943 年，在作为盟国的中国政府的要求下，富兰克林·罗斯福（Franklin D. Roosevelt）总统废除了排华法案，但根本性的变化发生在战争结束的 20 年之后。1964 年，林登·约翰逊（Lyndon B. Johnson）总统推动通过《民权法案》，消除了因种族、肤色、宗教和国籍背景所产生的一切歧视；随之在 1965 年，又颁布了新的《移民法》，取消了对非欧洲裔移民的歧视性限制，结束了近一个世纪对亚洲移民的法律排斥和歧视。1965 年《移民法》颁布时，正处于冷战时两大阵营激烈对抗的时期，美国给予中国的两万多移民配额大陆人无法使用，当时被台湾人或自称来自大陆的香港人所用。直到 1979 年中美建交，美国 1965 年的《移民法》才对中国大陆公民有了意义，为之后大量的中国新移民流向美国提供了可能。1978 年改革开放之后，我国的出入境政策也逐步宽松，随之引发了持续至今的新移民潮流，新移民中除了少数家庭团聚类型的移民，绝大多数为留学、技术、投资甚至非法偷渡类型的移民。由于移民的根本原因在于经济差距，西方发达国家成为我国新移民的主要目的地，尤其是美国，作为世界上最发达的国家，美国不仅吸引了半数以上的中国留学生，也吸引了大量的非法移民前往"淘金"。最近十多年，伴随我国经济的迅速发展，对外新移民也有一些新的变化：留学移民、投资移民仍在持续增长之中；经济投入及安全风险较大的非法移民却明显减少，取而代之的是拥有一定资本外出"求发展"的移民明显增多，而且呈现在全世界范围"遍地开花"的现象。

在欧洲，华侨社会形成时间稍晚，是在 20 世纪之后，规模也相对较小。欧洲由于路途遥远、风涛险阻，不如东南亚有地利之便，国人赴欧是在 19 世纪的下半叶。主要包括以下几个方面。（1）浙江青田、温州人。青田的地貌为"九山半水半分田"，在清人徐上成的笔下，此地"无平田衍土以耕，无柔桑良葛以织，无鱼盐商贾之利，无畜牧贩卖之饶，东南之硗壤也"。[①] 山区地瘠民贫，民谚也有"青田三件宝：火笼当棉袄，火蔑

---

① （清）徐上成：《益灾记》，转引自李明欢《欧洲华侨华人史》，中国华侨出版社，2002，第 92 页。

当灯草，番薯丝吃到老"①的说法。虽诸物皆无，青田却有他地所无之特产——叶蜡石矿，成就了有名的"青田石雕"，而近代以来，青田人就是携石雕走上了异域谋生的移民之路，主要的终点就是欧洲。19世纪下半叶起，在欧洲都市街头，就出现了许多青田人，以贩卖青田石雕为生。（2）远洋船员。18世纪70年代起，英国东印度公司的商船频繁进入中国，从事鸦片贸易，开始雇佣中国船员；到1865年，两家英国公司开辟了由英国直达中国的航线，其他公司跟进，均雇佣不少中国船员，其中，许多为烧蒸汽锅炉的"烧火工"。到1918年，在英国远洋船上工作的25万名船员中，中国水手已增至3~4万人，大批在战后被遣返，留下者则转变为华侨。（3）一战华工。一战中，英、法、俄等国均曾招募大量华工，总数近30万人。战争结束后，从1919年秋天起，华工被陆续遣返，但实际上只有11万人回国。在未能回国的3万人中，约2万人已葬身于法国北方和比利时，1万多人失踪或流散在法、比各地，流落者也多转换为华侨。（4）留学生。中国首批赴欧留学生为1875年福州船政学堂派遣的五位留学生，之后，清政府又继续派遣留学生赴欧，但总体数量零星，且基本回归了。出现留学生滞留欧洲是在一战前后赴法勤工俭学运动时期。1912年，李石曾、吴稚晖、吴玉章等人提出了"勤以做工，俭以求学"的概念，并成立"留法勤工俭学会"，推动了赴法勤工俭学运动。1919~1920年，勤工俭学达到高潮，1920年赴法求学人数达1600人，形成全国性潮流。然而，由于战争结束后，需求锐减导致就业岗位减少，加之军人复员后也有就业要求，导致留学生很难找到"勤工"的岗位，更妄谈"俭学"了，因此，1921年之后赴法"勤工俭学"运动迅速低落随后终止。而这批留学生，大部分回国，留在欧洲者有些留在法国，有些转到其他国家学习，最终留欧者也成了华侨。②到20世纪30年代初，欧洲华侨的数量也不过4万多人③而已，总体规模较小；所从事的行业也以传统的服务业为主，尤以中餐业为主。战后，欧洲的移民政策几经调整，对

---

① 《青田华侨史》编撰委员会：《青田华侨史》，浙江人民出版社，2011，第1页。
② 欧洲华侨的来源参见李明欢《欧洲华侨华人史》，中国华侨出版社，2002，第53~156页。
③ 陈里特：《欧洲华侨生活》，海外月刊社，1933，第29~31页。

华人移民也有一定影响。战后初期至 20 世纪 70 年代初，为复兴经济，欧洲实行开放、宽松的移民政策，欢迎劳工移民，在此期间，有不少香港新界人移民英国。20 世纪 70 年代初至 80 年代末，由于基本饱和，欧洲移民政策有所收紧，开始有条件地接受移民。这一时期，欧洲除了接纳了大量来自印支地区的排华难民外，还迎来了中国改革开放和赴欧家庭团聚和经商的新移民。20 世纪 90 年代初以后的后冷战时期，欧洲实施限制移民的政策，仅接纳高素质移民，在这种情况下，出现了一大批以非法方式入境的中国新移民。许多人在"大赦"后获得合法的居留身份，在欧经商和务工，这些人主要来自浙江的温州地区、福建的福清、三明、南平等地，主要居留于南欧的意大利、西班牙；西欧的法国、英国；中欧的奥地利、匈牙利等国。新移民以经营中国产品的进出口、批发、零售生意为主，还有不少进入欧洲人的传统产业如皮革加工（制鞋业、皮包业）、成衣加工业等行业，中国产品由于劳动力价格低在市场上极具竞争优势，因而，对当地产业造成冲击，引起当地人的不满甚至暴力反击，激化了新移民与当地居民的族群冲突。除以低价打价格战之外，一些新移民以超时工作（加班）、非法手段（偷税漏税）等方法来发展的模式也遭遇质疑和挫折。目前，新移民的海外事业正面临过渡期，如何摆脱过去那些急功近利、不可持续发展的做法，实现发展模式的转型，是新移民面对的首要问题。

第二节　华侨华人与百年"中国梦"

在我国几千年的历史长河中，百余年委实短暂，然而，近百年却是中国历史上最为令人心思郁结而又心潮激荡的一段，短短百余年，中国从"半殖民地"走向民族解放、从积贫积弱走向自立自强、从领土分离走向和平回归，简言之，百余年中国梦的变迁体现为三个主题：独立、富强和统一。华侨华人作为生活在海外的中国人及其后裔，他们与祖（籍）国血脉、心灵乃至利益相通，近百年，他们不仅关注着"中国梦"，也积极参与并助力着"中国梦"的实现。

一 1840~1949 年：华侨华人与追求"独立"的中国梦

中国是传统的农业大国，中华文明也是典型的农业文明，土里求食的生存方式也决定了中国人骨子里安土重迁、"父母在，不远游"的意识。而封建统治者为了治理的便利，也不鼓励国民的迁徙，遑论海外移民了。尤其在明清"海禁"之际，下海通蕃滞留更是犯国法之大忌，华侨被视为数典忘祖的"天朝弃民"、私通海外的罪人，依律应处枷号、流放或枭首之重刑。受此影响，民间一般也将华侨视为抛弃祖宗庐墓的不孝之徒，看法颇为负面。经历两次鸦片战争之后，清政府对海外华侨的认知逐渐改观。尤其是第二次鸦片战争之后，一些接受新思想的知识分子和手握实权的重臣积极鼓吹和推动以"求强""求富"为目的的"洋务运动"，在此过程中，他们开始认识到海外华侨的实力和作用，对其认知也随之转变。当时，首先是闽、粤、浙的地方官员在海外视察中发现华侨中"多富商巨贾"，对华侨实力的认知恰逢其时：一方面，办洋务急需资金投资军事工业，增强国力；另一方面，也希望华侨捐资建舰队，巩固国防。除了经济价值之外，在清末急遽变幻的政治风云中，华侨的政治价值也体现出来。19 世纪末 20 世纪初是清末政局最为动荡不安的时期，各种政治势力的角力也异常激烈：以慈禧太后为代表的保守派（后派）、以光绪皇帝为代表的改良派（帝派）以及以孙中山先生为代表的革命派不仅在国内政坛对抗，同样也在海外侨社展开了较量，都想将华侨纳入自己阵营。曾被视为"弃民""边蠹""不肖子孙"的华侨第一次认识到自身的价值，国民意识随之觉醒，从此开始深深卷入国内政治事务，并积极投入到国内的建设和发展中来。

（一）1840~1911 年：国民意识觉醒与第一次民族主义高潮

由于身处海外，较早接触新生事物、思想较为开通，因而，不少华侨认同孙中山先生反帝反封建的革命主张，也积极参与到孙中山先生领导的资产阶级革命的实践中。19 世纪 90 年代中期之后孙中山先生的历次革命活动，都得到了海外华侨的大力援助：帮助宣传革命思想、筹集革命经费、组建革命组织、参与革命活动，华侨以财力、物力、人力进行支持。正是因为华侨的大力支持，辛亥革命取得了成功。有感于此，1916 年孙中山在《致海外革命同志书》中提出了华侨乃"革命之母"的说法，这是对华侨的至高评价。华侨参与辛亥革命也被视为近代华侨史上的第一次爱国主义高潮，助力祖国完成了反封建的任务。

（二）1911～1949 年：抗日救亡与第二次爱国主义高潮

辛亥革命之后，国内政局动荡，地方兵匪横行，沿海一带百姓又大量移民海外，东南亚华侨社会得到新的人口补充，规模进一步扩大，实力进一步增强，侨社"中国化"日趋明显，以往移民较少时"滴水入海"，易于融入主流社会的现象不见了，一种强调传承中华文化、认同祖国、参与祖国事务的观念进一步强化。1931 年日本侵华战争的爆发激发了华侨的爱国热情，华侨积极投入到抗日救亡之中：抵制日货、组织抗日团体、捐款捐物，尤其是 1937 年抗日战争全面爆发以后，华侨捐资成为国民政府抗战的主要财源之一。此外，还有大量华侨回国参战，其中，仅回国参战的广东籍华侨就有 40000 多人，国民党远征军中的翻译和情报人员、滇缅公路上的 3000 余名司机和技工等都是华侨。华侨参与抗日战争被称为华侨史上的第二次爱国主义高潮，在华侨的积极参与和帮助下，抗日战争取得了胜利。

1840～1949 年：从鸦片战争到新中国成立，华侨和国内人民一起赶走了封建统治者和帝国主义殖民者，迎来了民族独立的新中国，可以说，华侨是实现"独立"的"中国梦"的一支重要力量。

二 1949～20 世纪末：华侨华人与追求"富强"的中国梦

二战后，华侨分布最多的东南亚国家实现民族独立，之后，各国掀起民族主义思潮，体现在经济领域，各项排斥外侨的法案相继出台，经济"排华"风行一时，华侨经济面临困境，被迫转型。此外，1947 年冷战开始后，世界分裂为两大阵营，东南亚多数国家追随美国，新中国成立后不予承认，导致华侨断绝了与祖国的联系，开始做"落地生根"的考虑。在经济及政治双重压力之下，华侨走上当地化之路，华侨经济的转型及之后经济的起飞为华侨助力"富强"的"中国梦"的实现创造了有利条件。

（一）1949～1978 年：积极回归，投身祖国建设

冷战开始后，许多东南亚国家追随美国，"反共反华"，受此影响，华侨社会中的左翼人士备感压力，"白色恐怖"的氛围也让他们在当地的生存和发展遇到阻力，1949 年新中国成立对他们是很大的鼓励，许多人抱着追求光明、参与祖国建设的心理而回归，为此他们付出了青春乃至一生，这就是我们熟知的"海外赤子"。他们带来的不仅有理想和信念，更有知识和才华，为新中国的建设做出了重要贡献。与此同时，华侨也通过投资、捐资等方式积极支持祖国建设，企盼祖国富强。然而，20 世纪 50 年代后期国家政策的失误以及"文化大革命"中极左政策的实施，不仅阻滞了国家的发展，也给华侨带来极大伤害，"海外关系"被当作"反动关系"，华侨被视为"资产阶级"敌人、"特务"、反动分子加以打击，"富强"的"中国梦"也化为泡影。

（二）1978 年至 20 世纪末：大力投资，助推祖（籍）国崛起

二战后东南亚各国的排华政策给华侨关上了一扇门，使华侨经济面临困境，开启了当地化；而工业化战略的实施则为华侨打开了一扇窗，使华侨经济得以顺利转型，开始多元化发展。到 20 世纪 70 年代，东南亚华人经济蓄势而发，一大批华人企业集团相继涌现，体现了华人经济的强大实力，这被视为华人经济的起飞，也是世人瞩目的"奇迹"。① 华人经济的起飞为中国吸引海外华人资本创造了有利条件。改革开放以后，我国积极吸引外资，华人资本成为我国外资的重要来源之一。据统计，到 20 世纪 90 年代中期，已有近 1/3 的东南亚华人企业集团在我国有直接投资；截至 2009 年 8 月，我国共吸引外资达 8700 亿美元，其中，华人资本占了半壁江山。福建省海外乡亲众多，吸引的华人资本更多，据统计，改革开放

① 东南亚华人企业集团早在战前殖民地时期业已出现，但其数量极少，规模也很有限。20 世纪 70～80 年代，随着东南亚国家经济的迅速发展，东南亚华人企业集团的规模随之迅速扩大，同时涌现出许多新兴的华人企业集团，在某些国家形成了华人企业集团群，他们在华侨住在国经济发展和区域经济合作中都占有十分重要的地位。例如，印度尼西亚自 20 世纪 80 年代来，华人企业集团迅速发展，1991 年印度尼西亚最大的 200 家私人企业集团中华人企业集团有 167 家，其中前 11 家最大的企业集团均为华人企业集团。最大的华人企业集团三林集团即林绍良家族集团，1991 年营业额达 90 亿美元，它们生产的面粉和水泥分别占国内产量的 85% 和 44%，同时控制着国内最大的私人银行中亚银行。马来西亚现在有资本 2 亿美元以上的华人企业集团 40 家，郭鹤年的郭氏兄弟集团是其中最大的企业集团，1991 年资产额约 10 亿美元，营业额达 15 亿美元，该集团生产的食糖和面粉占国内产量的 80% 和 45%，可见华人企业集团的实力之强大，地位之重要。见郭梁《改革开放以来华侨华人经济研究评介》，《福建学刊》1995 年第 2 期。

以来，福建共吸收华侨华人资金 473.3 亿美元，占全省引进外资总额的 67%。①

可见，海外华人的资本成为助推改革开放的一大动力，华人帮助了"富强"的"中国梦"的实现。

三　21 世纪以来：华侨华人与 追求"统一""自信"的中国梦

目前，两岸和平统一、反对分裂是我国面临的重要问题。在后冷战时期，国际局势依然复杂，在中国崛起又引起西方国家警惕的情况下，这些议题往往被放大，成为影响国际关系甚至国家发展的争议性话题。而无论是老一辈华侨华人，还是甫离国门的新移民，在两岸统一及反对分裂的问题上，都是我们坚定的支持者，因此，要解决反分裂、求"统一"的问题，海外华侨华人是堪为同盟的主要外力。

2012 年 11 月，党的十八大以习近平同志为核心的新一届中央领导集体提出实现中华民族的伟大复兴的"中国梦"，新时期"中国梦"的主要内涵为追求"自信"，即如何在"独立""富强""统一"的基础上，重新建立国人对自身民族、文化的自信，以实现中华民族的和平崛起与伟大复兴。而这同样也是海外华人关注的议题，长远来看，中国的崛起和复兴对于华侨华人在海外的生存发展是个利好因素，因为就世界范围内的华侨华人来看，除了新加坡和马来西亚，华侨华人在其他国家均为少数族裔，乃缺乏话语权的边缘群体，中国的崛起和复兴至少能在唤醒华侨华人共同的文化认同与激发族群自信心及凝聚力方面发挥积极作用，因此，中国崛起和复兴与海外华人的发展是有着利益交会点的，在促成"自信"的"中国梦"的实现中，华侨华人应能发挥独特作用。

---

① 李国梁：《东南亚华人企业集团的发展道路》，《闽商文化研究》2011 年第 1 期。

第二章 海外华人的政治参与研究

在海外华侨华人社会，政治参与是一个重要而敏感的话题。说它重要，是因为它不仅关乎住在国社会的发展与进步，更关乎华人自身的利益与福祉；说它敏感，是因为就历史和现实来看，由于华人在绝大多数国家为少数族裔、边缘群体，受历史上的排华问题、现实中犹存的种族歧视和族际冲突，以及华人自身文化背景及价值观影响，多数华人仍刻意与政治保持着谨慎的距离。然而，参政不可回避，不参政，不能自己发声或没有代言人，权利便得不到保障。近年来，伴随社会的民主化、华裔新生代的成长、新移民实力的增强，海外华人出现了参政热潮，尤其在美欧的西方国家，华人参政取得了可喜成绩。但总体而言，海外华人的参政水平并不高，仍有许多问题亟待解决。

第一节 "政治参与"概念及相关问题探讨

参政，亦称政治参与或民主参与。近代，伴随着民主政治的发展，西方学者首先开始了对政治参与的研究，并在第二次世界大战后形成热潮。

一 "政治参与"概念的界定

对政治参与的探索始于 18 世纪法国著名启蒙思想家让·雅克·卢梭（Jean - Jacques Rousseau），他主要从理论角度对政治参与展开探讨：从主权在民的政治理念出发，探讨了人民作为主权者参与社会政治过程的重要性及其途径。① 稍处于其后的法国思想家亚历克西斯·德·托克威尔

---

① 沙代提·阿不都外力：《论社会主义政治文明视域中有序民主的政治参与》，《中国水运》（理论版）2008 年第 1 期。

（Alexis De Tocqueville）则主要从实践的角度对政治参与展开研究，托克威尔在《论美国的民主》一书中"严肃地思考公民政治参与的实践意义和理论意义"，"强调公民政治参与的重要性"①，首创了对公民参与的历史和经验的研究。总之，早期的政治参与研究视角还比较狭窄，主要集中于对选举学和选举行为的分析。② 政治参与真正成为政治学的一个研究领域是在 20 世纪五六十年代，之后，伴随社会发展、民主进步，在西方国家，政治参与日益普及，有关政治参与的研究也日臻兴盛，成为政治学研究中的一个热门领域。

有关"政治参与"概念的界定，由于研究方法和学术定位的不同，国内外学者们对于政治参与的界定也有所差异，强调也有所不同，较具有代表性的有以下几种：帕特里克·J. 孔奇认为政治参与是"全国或地方、个人或集体支持或反对国家结构、权威和（或）有关公益分配决策的行动"。③ 在他看来，这种行动既可是口头的也可是书面的，既可是暴力的也可是非暴力的，既可是剧烈的也可是非剧烈的。维巴赫尼则认为：政治参与是一般公民或多或少地直接以影响政府认识甄选和政策目标，从而采取的各种行动。④ 诺曼·尼和西德尼·伏巴强调参与者的"平民"性及行为的"合法"性，认为政治参与是"平民或多或少以影响政府人员的选择及（或）他们采取的行动为直接目的而进行的合法活动"。⑤ 凯斯和巴恩斯在其著作《政治行为：五个西方国家的群众参与》中认为：政治参与是在政治的各个层次中意图影响政府抉择的公民的一切自愿活动，包括抗议和暴力行为。格林斯坦和波尔斯比则着重提出"影响力"的问题，认为："政治参与，即旨在影响政府决策的行为。"⑥ 此外，也有些学者将

---

① 〔美〕安东尼·M. 奥勒姆：《政治社会学导论——对政治实体的社会剖析》，董云虎、李云龙译，浙江人民出版社，1989，第 234～235 页。

② 万晓宏：《当代美国华人政治参与研究（1965～2012）》，暨南大学出版社，2013，第 13 页。

③ 〔美〕帕特里克·J. 孔奇：《政治参与概念如何形成定义》，王胜明、范云萍译，《国外政治学》1989 年第 4 期。

④ 张利军：《国内外关于政治参与内涵的辨析》，《国外理论动态》2014 年第 2 期。

⑤ 〔美〕诺曼·H. 尼、西德尼·伏巴：《政治参与》，载格林斯坦、波尔斯比《政治学手册精选》，商务印书馆，1996，第 290 页。

⑥ 〔美〕格林斯坦、波尔斯比主编《政治学手册精选》（下卷），储复耘译，商务印书馆，1996，第 290 页。

政治意识等非政治行为和政治不作为也当作政治参与的内涵包括在政治参与之中加以讨论。如威廉·F. 斯通就在把政治参与划分为直接参与和间接参与的同时，将"追踪报纸和电视报道"列为"间接参与"的主要形式。① 可见，在对政治参与的概念进行界定时，学者们各有侧重，也存在因强调某些特点并将其外延任意扩展而将另一些政治参与行为排除在外的做法。

二战后，对政治参与研究产生较大影响当属美国学者塞缪尔·亨廷顿（Samuel Huntington）和琼·纳尔逊（Joan Nelson）。1969 年之后，亨廷顿和纳尔逊等学者在对多国的参与模式进行了研究之后，对政治参与进行了重新思考，认为必须将动员性的参与包含在内。他们提出："政治参与是平民试图影响政府决策的活动，"② 并对此进行了解释："（1）政治参与包括活动而不包括态度；（2）政治参与是指平民的政治活动，或者更确切地说，是指充当平民角色的那些人的活动；（3）政治参与只是指试图影响政府决策的活动；（4）政治参与包括试图影响政府的所有活动，而不管这些活动是否产生实际效果。"③ 其中，将政治参与主体限定为"平民"，就意味着排除了职业政治人士，包括政府官员、政党骨干、政治候选人和职业院外活动分子的活动都不包括在内。这种说法也获得了一定的认同，即认为政治参与只是"普通公民的活动"。④

我国学者周平在继承亨廷顿和纳尔逊理论的基础上，从民族学视角对政治参与有关理论进行了探索。他指出，民族政治参与不是民族共同体为单位的政治参与，而是民族成员对政治过程的参与，是民族成员的一种普遍的政治行为，其主要目的是影响政府的决策行为。⑤ 厦门大学陈振民教授结合众多国内外学者的观点且结合我国政治实践的实际，将政治参与定义为：公民试图影响政府决策的非职业行为。这一定义强调"政治参与"概念的以下内涵：（1）政治参与的主体是全体公民；（2）不区分动员参

---

① 〔美〕威廉·F. 斯通：《政治心理学》，胡杰译，黑龙江人民出版社，1987，第 212 页。
② 〔美〕塞缪尔·P. 亨廷顿、琼·纳尔逊：《难以抉择——发展中国家的政治参与》，汪晓寿、吴志华、项继权译，华夏出版社，1989，第 5 页。
③ 张利军：《国内外关于政治参与内涵的辨析》，《国外理论动态》2014 年第 2 期。
④ 〔日〕蒲岛郁夫：《政治参与》，解莉莉译，经济日报出版社，1989，第 4 页。
⑤ 周平：《民族政治学导论》，中国社会科学出版社，2001，第 272～274 页。

与和自动参与两种类型，而是将它们都涵盖在政治参与范畴之内；（3）政治参与包括合法的和非法的行为，或者说包括制度内和制度外的参与途径；（4）政治参与研究应该关注实际行为，而不包括政治心理、态度、认知和知识等主观因素。[①]

二　"华人参政"概念及相关问题讨论

"华人参政"即"华人政治参与"。近些年，国内有关华人参政的研究不少，其中，万晓宏博士对美国华人参政的研究较为突出，本文参考其成果，认为"华人参政"就是华人、华人群体或团体[②]运用各种形式、方式参与住在国和地区的社会事务和政治事务以便影响该国政府决策和利益分配，维护华人公民权利和政治权利的行为。定义涵盖以下要点：（1）华人的政治参与仅指影响政府决策和社区公益分配的活动，不包括知识和态度等心理因素；（2）与有关"政治参与"的一般界定有所不同，华人的政治参与不仅指普通华人公民的政治活动，也包括那些与华人政府官员、政党骨干、政治候选人的角色化政治行为（不包括公务员）；（3）华人的政治参与只是他们影响政府决策和社区公益分配的活动，不论成功或失败；（4）根据合法与否，华人政治参与可分为合法参与和非法参与，本文仅限对华人合法政治参与讨论；（5）根据是否有组织介入可分为个人参与和团体参与；（6）根据是否有中介可分为直接参与和间接参与；（7）根据参与的方式不同，可分为参与选举政治和非选举政治[③]；（8）根据是否自觉，华人的政治参与可分为主动参与和动员参与。[④]

---

① 有关"政治参与"相关内容，主要参考：陈振民、李东云：《"政治参与"概念辨析》，《东南学术》2008 年第 4 期；张利军：《国内外关于政治参与内涵的辨析》，《国外理论动态》2014 年第 2 期；周平：《论政治参与》，《云南大学学报》（人文社科版）1999 年第 4 期。

② "华侨"与"华人"可简单地以是否拥有国籍做区分。华侨是指侨居在海外的中国公民，华人是指已经加入住在国国籍的中国移民及其后裔。——编者注

③ 具体而言，参与选举政治的方式包括参加选举登记和投票、加入参政团体或政党、参加竞选、争取政治委任、助选或政治捐款等；非选举政治参与方式包括个人接触（游说）、通过大众媒体进行政治表达、加入政治团体、游行示威、静坐、抵制、诉讼等合法的政治参与活动，不包括暴力等非法参与方式。

④ 万晓宏：《当代美国华人政治参与研究（1965～2012）》，暨南大学出版社，2013，第 12～16 页。

华人的政治参与是在华人住在国的国体、政体的政治框架中进行，虽有所差异，但具有普遍性。它们都具有两个不同但又相互关联的层面。其一是族群的层面，华人通过政治参与表达作为少数族群的政治诉求；它的基础主要是华人自身的文化、种族和政治特征。其二是国家的层面，华人通过政治参与表达自身作为民族国家一分子的权力与义务，并进而推动国家的政治进程；它的主要基础是华人作为公民的身份认同，华人性（Chineseness）可能被有意无意地弱化。[①] 但是，不论何种层面，华人要享有平等公正的权利，最佳途径是通过政治参与的方式去争取。

在历史上即殖民地时代，东南亚华侨就曾参与到当地的政治活动中，但由于那时的东南亚各地还处于被殖民的"前独立"时期，不具备民族国家的主体资格，华侨也还不具备公民的身份，因此，华侨对殖民地的政治参与并未视为一般意义上"华人政治参与"的一部分，只能视为"前史"。近代，随着地理大发现热潮兴起，欧洲国家开始了海外的殖民拓展，进入16世纪，欧洲人进入东南亚，之后，许多国家相继沦为其殖民地，也开启了这一地区的近代化进程，期间，许多国家丧失了独立主权，也改变了社会性质。伴随殖民政权的建立，东南亚社会呈现出一种复合型社会的模式。弗尔宁瓦尔（J. S. Furninwall）在其著作《荷属东印度：复合经济研究》（1939年）中首次提出"复合社会"的概念，指东南亚殖民地社会中，有殖民者的白人社会和当地的原住民社会，而两者中间存在着华侨社会，而这样的复合结构，不仅存在于荷属东印度，也存在于东南亚其他国家和地区。[②] 简言之，白人、华侨和原住民，因彼此迥异的思想、文化，彼此相互独立，且具有强烈的等级分层色彩，构成了殖民者、华侨、原住民的金字塔形的社会结构。荷兰殖民者把巴达维亚（即雅加达）的居民划分为三个等级：第一等级包括公司职员、荷籍及欧籍自由公民、欧亚混血种人以及被释放的奴隶（基督教徒）；第二等级包括华侨和其他亚洲侨民；印度尼西亚土著居民则为第三等级。[③] 华侨在其中充当

---

① 刘宏、侯佳奇：《当代英国华人社会与政治参与：以2010年大选为中心》，《南洋问题研究》2010年第4期。

② 〔日〕河部利夫：《东南亚华侨社会研究》，《东南亚研究》1980年第2期。

③ 李学民、黄昆章：《印尼华侨史》，广东高等教育出版社，1987，第126页。

了二者之间的社会桥梁，不可避免地参与到殖民者的治理体系之中，参与的方式即为"甲必丹制度"。甲必丹制度其实是一种委任统治制度。在殖民社会中，欧人东来伊始，虽是坚船利炮，但毕竟远离本土，人力物力不济，在获得殖民政权之后，需将有限的人力物力用于争夺殖民地、发展贸易网络等方面，遂对已在殖民地具有一定规模的华侨群体采取分而治之和间接统治相结合的手法，即将华侨社会和原住民社会相对分离，委任华侨社会有一定实力及影响力的头面人物（又称甲必丹、帮长或亭长等）和土著苏丹或土王来管理各自地区的事务。"甲必丹"即"Captain"之音译，意即"头领""头人"，战时需维持地方秩序之责，平时则处理华侨社会的日常事务，他们要定期向殖民当局报告各自侨区的情况，尤其是监视侨区社会的一举一动。甲必丹实际上是殖民者统治华侨的工具，是其分而治之和间接统治的工具。[①] 16 世纪东来以后，葡萄牙在马六甲、西班牙在菲律宾、荷兰在印度尼西亚等地都相继实施了甲必丹制度。其中，在印度尼西亚即荷属东印度，华人甲必丹制度体制最为完备，甲必丹所拥有的权限相对于其他地区的更大，更具特色，历时也最长，直到 20 世纪 40 年代初才被废除。

但如前所言，二战之前的东南亚各国普遍未获独立，还不是独立的民族国家，华侨的法律身份还是中国公民而非住在国公民，因此，也不具备现代参政意义上的主体资格，因此，在目前有关"华人参政"的讨论中，一般不将华侨在殖民地时期的政治参与包括在内。

第二节　海外华人政治参与现状

由于历史和现实等各方面原因，世界各国和地区存在着差异，各国华人的政治参与也都有各自特点。

一　分区域国别华人参政概况

（一）东南亚

东南亚华人参政一般可归纳为两种类型：一是华人政党或社团代表华

---

① 吴凤斌主编《东南亚华侨通史》，福建人民出版社，1994，第 61 ~ 68 页。

族群体参与，如新加坡、马来西亚和印度尼西亚，但唯有新加坡华族能平等参与社会政治；二是以公民身份参政，不凸显华族身份，不代表华族群体，如泰国、菲律宾和越南；还有一些国家的华人基本上埋头经济活动，不参与或不公开参与政治活动，如柬埔寨、老挝、缅甸等。① 在东南亚，新加坡华人占主导地位，有充分的政治权利并主导政治；在泰国和菲律宾，华人与当地民族关系比较融洽，华人参政空间较大；在印度尼西亚，伴随着本国的政治民主化、现代化进程，华人参政环境逐步好转。近年来，随着东南亚各国实行较为宽容温和的华人政策，华人在住在国生存环境进一步改善，华人政治地位有所提高，参政意识也随之增强，取得了一些成绩。

1. 马来西亚

马来西亚华人参政始于 1957 年 8 月 31 日马来亚联合邦成立。独立后拥有公民权的马来西亚华人在政治上日趋活跃，其参政方式和参政活动主要体现在三个方面：（1）建立代表自身利益的华人政党参政议政；（2）通过华人社团来表达华人的政治诉求，维护华人的正当利益；（3）直接投票参加政治选举。② 随着时局的变迁和马来西亚华人自身的发展变化，马来西亚华人参政的方式日益呈现多样性、多层化的特点。由于种族歧视、排华浪潮等原因，独立之初华人在马来西亚的政治地位一直较低，一定程度上限制了华人参政，但是马来西亚华人的政治参与意识和政治地位相对而言依然优于东南亚其他国家的华人。如由马来人（巫统）、华人（马华公会）和印度人（国大党）三大族群为主的各族群政党联盟联合执政，这一特有的执政框架使华人的政治生存空间变得更加宽广，华人不仅成立了自己的反对党，而且还有自己的执政党和内阁成员，对于华人政治参与意识和参与程度以及政治地位的提高都有重要作用。

1969 年"5·13"事件（族群冲突）彻底改变了马来西亚华人的政治环境，马来人政治地位空前提高，从占有政治优势过渡到拥有绝对的主导权，华人参政空间被压缩。1974 年，国民阵线成立，其成员除原来的

① 庄国土：《东南亚华人参政的特点和前景》，《当代亚太》2003 年第 9 期。
② 许梅：《独立后马来西亚华人的政治选择与政治参与》，《东南亚研究》2004 年第 1 期。

联盟三党外，还包括了民政党、沙捞越人联党、人民进步党等党派，最多时拥有 14 个政党。国民阵线进一步加强了巫统在政党联盟的主导地位，它实现了巫统最大限度地压制反对派的生存空间和扩大政治基础的目的，巫统一党独大的局面由此形成。① 而华人政党马华公会从以前的三党联盟的第二大党变为多党联盟的第二党之一，地位明显削弱，同时，"5·13"事件之后，华人政党自身发生了分化，政党本身对自身定位与华人社会发生冲突，其影响已不能和过去同日而语，华人参政进入低谷期。进入 20世纪 90 年代，马来西亚政局发生重大变化并对华人社会造成重大影响。1998 年的"安华事件"导致马来人族群发生分裂，马来人反对党——回教党支持率持续增高，巫统独霸政坛的地位受到挑战。在 1999 年的大选中，由于华人全力支持国民阵线和巫统候选人，巫统才得以胜选，由此华人政治重获新生。华人政党几乎成为左右执政党命运的关键少数，与巫统协商华人政治权利的资本也相应增加。20 世纪 90 年代以来，马来西亚民族政治明显淡化，民族关系呈现新的局面。②

如今，马来西亚华人在政治上已经获得相当大的发展空间，华人成为政府不可忽视的一股政治力量。在马来西亚，华人组织社团政党比较自由，华人政党和华人社团都非常活跃，华人社团如马来西亚中华大会堂总会、马来西亚中华工商联合会、马来西亚华校董事会联合总会等，它们在维护华人权益和利益上发挥着重要作用。马华公会、民政党、民主行动党和人联党是主要的华人政党，在马来西亚政治发展中一直发挥着积极的作用。③

马来西亚的华人政策也随着时局的变化而不断发展变化，华人的参政空间正在逐步拓展。在 2008 年的大选中，华人选民一边倒地支持反对党，使国民阵线遭受重大挫折。在 2013 年 5 月的大选中，由于 80% 以上的华人转向反对党联盟——人民联盟，使得"国民阵线"仅以半数获胜。可

---

① 张应龙：《马来西亚国民阵线的组成与华人政党的分化》，《华侨华人历史研究》2002 年第 2 期。
② 韦红：《20 世纪 90 年代以来马来西亚民族政治的变化》，《世界民族》2002 年第 1 期。
③ 《世界侨情报告》编委会：《世界侨情报告 2011~2012》，暨南大学出版社，2012，第 44~47 页。

见，华人选民深刻改变了马来西亚的政治版图，"国民阵线"的领导人称之为"华人政治海啸"。① 马来西亚总理兼巫统主席纳吉布（Najib T. Razak）强调"巫统需要华人票的支持，才能在大选中胜出"的言论。② 此后，为争取华人选民的支持，政府对华人的政策进行了一系列的调整，实行较为温和宽容的华人政策，华人生存环境进一步改善。

正如马来西亚中华大会堂总会副会长陈有信强调，马来西亚华人在参政方面已经发展得相当全面。21世纪以来，马来西亚华裔公务员人数也在逐年攀升，但这并不代表马来西亚华人参政议政方面完全没有遇到问题，只是说华人参政的整体趋势和进步是显著的③。马来西亚存在明显的族群政治分层或政治上的族群结构性上的差异，即政治制度和政治组织原则基本上都贯穿了"马来人优先"的政策，民族不平等依然存在，华人参政空间虽然较以前有较大提升，但是依然有限。

2. 印度尼西亚

早在二战之前，就已经有一些华人活跃在印度尼西亚的政坛。苏加诺（Bung Sukarno）执政期间（1945～1965），华人仍有相当的政治地位。印度尼西亚国会中有不少华人议员，在内阁中也有少数内阁部长。1965年，苏哈托（Haji Mohammad Suharto）执政后，华人政治参与遭遇重大挫折。大量华人被指控支持印度尼西亚共产党而成为政变的牺牲品。在整个苏哈托时代，印度尼西亚华人基本上无政治权利可言。全国只有三个政党：一是执政的专业集团；二是代表伊斯兰教势力的团结建设党；三是代表小市民及其他宗教的民主党。④ 苏哈托政府担心华人组织的参政议政会侵犯原住民的既得政治利益，全面禁止华人政党的存在，也不允许任何性质的华人社团的存在，华人组织也不被允许参加当地的政治活动，华人若要参加政治活动则必须依附于原住民政党或社团进行。可以说，苏哈托政府虽然给予华人一定的经济发展空间，但是在政治领域仍然采取高压态势，导致

① 梅政、许开轶：《当代马来西亚华人的政治参与》，《长江论坛》2014年第2期。
② 杨飞：《海外华人维权需要积极参政》，国际在线，2014年12月2日，http://intl.ce.cn/qqss/201412/02/t20141202_4029015.shtml。
③ 《列席全国政协海外侨胞：华人参政是重要的新发展》，新浪，2010年3月12日，http://news.sina.com.cn/c/2010-03-12/154717208145s.shtml。
④ 庄国土等：《二战以后东南亚华族社会地位的变化》，厦门大学出版社，2003，第208页。

许多华人开始质疑参政是否明智，加之一些华人上层人物关注重心仍是经济利益，不愿意参与任何政治活动和政党。因此，总体而言，苏哈托时代，华人参政意识依然淡薄。

1998年"五月暴乱"后，苏哈托政府垮台，印度尼西亚开始了全面的民主政治化改革，进入后民主转型期，以往针对华人的强制的全面同化政策逐步取消，这是印度尼西亚华人政治地位发生变化的重要转折点。进入21世纪，印度尼西亚华人出现积极参政势头：华人通过组织华人政党和社团、参加其他党派、积极参加大选，创办多种华人媒体，与印度尼西亚媒体以报道国政时事及讨论华人政治参与等问题积极参政，并取得了一定成绩。① 后苏加诺时期的印度尼西亚统治集团致力于改变华人的诸多压制和非民主政策所营造的宽松的社会环境，使印度尼西亚华人参政不断取得突破。

印度尼西亚华人以华人族群的身份参与社会公共事务和政治活动，华人政党如雨后春笋般涌现，如大同党、融合党、佛教民主党、中华改革党、斗争民主党等。② 华人也组建各种泛华裔社团，如印尼华裔总会、印尼百家姓协会、国家团结联合会、印尼华裔青年正义联合会、印度尼西亚华裔公民联合会等。③ 在1999年和2004年的两次全国大选中，都有近700万的华裔公民参与投票，甚至出现了"数以千计的华裔青年走上街头，为以华人为核心的大同党拉票"的情况。④ 众多华人精英也走上了政治舞台。在2014年国会选举中，根据印度尼西亚普选委员会发布的2014～2019年度国会议员的当选名单，在560个国会议席中，至少有13人确定是华人议员（另一说可能有15人，其他两人的华裔身份无法确定），当选的华人国会议员，占国会全国总议席的2.3%。⑤ 由此可见，印度尼西亚华人参政成绩相当不错。

---

① 曹云华、许梅、邓仕超：《东南亚华人的政治参与》，中国华侨出版社，2004，第232～240页。
② 贾益民主编《华侨华人研究报告（2014）》，社会科学文献出版社，2014，第15页。
③ 庄国土等：《二战以后东南亚华族社会地位的变化》，厦门大学出版社，2003，第59～67页。
④ 曹云华、许梅、邓仕超：《东南亚华人的政治参与》，中国华侨出版社，2004，第238页。
⑤ 廖建裕：《印尼大选与华人参政》，（新加坡）《联合早报》，2014年6月2日。

印度尼西亚民主化改革为印度尼西亚华人参政打开了方便之门，但是由于有来自印度尼西亚族裔方面的反对和阻力，排华氛围依然笼罩在印度尼西亚的上空。2010 年，华人陈金扬进入棉兰市长竞选的第二轮，但因政客操纵种族议题、华人畏惧而不愿投票而落败。对手玩弄"华人当市长肯定要发生动乱"等种族恐吓手段，致使华裔选民不愿出来投票。① 实际上表明了原住民仍没有完全接纳华人的现实，他们对华人是否效忠印度尼西亚仍存在一定的质疑。正如 2012 年 5 月，"印尼调查圈"（LSI）做出的快速民意调查显示，印度尼西亚国民对华族的接纳程度不高，只有21.4% 的受访者表示接受华人担任地方首长，同意华人出任总统的仅17.03%。② 印度尼西亚长期以来的排华历史所遗留的歧视"顽疾"很难在短期内消除，印尼华侨华人的生存和发展风险依然存在。

3. 菲律宾

1975 年中菲建交，华侨成批大量入籍，这不仅实现了菲律宾"华侨社会"向"华人社会"的"质"的转变，也是菲律宾华人政治认同的重要转折点。入籍之后的华人拥有与当地居民同等的权利，为华人参政创造了条件，加之菲律宾华人经济地位和受教育程度较高，使得华人在参与政治活动中表现出更大的优势。

从 20 世纪 80 年代开始，关注并参政议政成为菲律宾华人重要的社会活动。1982 年，巴朗盖（Barangay Cabayugan）选举，菲律宾华人提出自己的候选人。1986 年，因政治危机菲律宾提前举行总统大选，在这次大选中，菲律宾华人首次参加国会议员的选举。同年，阿基诺政府就有不少华人被任命为政府部长、驻外使节和各省市的地方官员。③ 许多华人企业家纷纷参加国会和地方议会的议员选举。这是华人社会首次积极地从华人族群立场来支持华裔候选人的政治活动，意义深远。在 1992 年的大选中，华人参政有进一步的发展。首先参加各类选举的华人选民增加，参加各级议会选举

① 林友顺：《原住民存戒心政客操弄种族议题，印尼华人参政受阻》，中国新闻网，2010 年 7 月 29 日，http://www.chinanews.com/hr/2010/07 – 29/2433886.shtml。

② 《虽比新秩序时期更受保护，国民仍不太接纳华族》，〔印尼〕《星洲日报》，厦门大学南洋研究院网站，2012 年 5 月 30 日，http://ny.xmu.edu.cn/Article/ShowArticle.asp? ArticleID = 9924。

③ 庄国土：《东南亚华人参政的特点和前景》，《当代亚太》2003 年第 9 期。

的华人华裔增多；其次，在此次选举中华人首次公开表明对总统候选人的态度，不像以往华人社会虽有所选择，但只是暗中支持；再次，不少菲律宾政界人士刻意表现出对华人的善意，重视华人选票，也激发了华人的参政热情。

进入21世纪，华人参政比比皆是。2001年中期选举，5名华裔当选为众议员，2名当选为省长，1人当选为市长，约有20人当选为省市议员和市长。这些人当中很多都会讲闽南话，甚至是汉语普通话，较之以前华裔更加的"纯正"。2006年大选后，14名参议员中有3名华裔，200名众议员中有8名华裔，71位省长中有3位华裔，1557位市长中有102位华裔。2007年第14届国会中的240名众议员中，至少24人为华裔，81名省长华裔占了11名。2010年7月，菲律宾中吕宋蜂雅丝兰省拉古坂市华人社会创下华裔精英参政议政的辉煌成绩：华人林国民先生当选为拉古坂市的市长，林瑛瑛女士蝉联拉古坂市副市长，黄书达先生荣膺蜂雅丝兰省省议员。① 近几年，华裔担任菲律宾政府高级职位者也很多。如在阿罗约内阁里，农业部长黄严辉是纯华人血统的部长。② 前任总统阿基洛三世的总统发言人陈显达、科技部长蒙特约、税务局长洪钦钦等都是华人。③

如今，菲律宾年青一代华人政治家的成长，华人群体正在努力摘掉过去"经济动物"、对政治领域冷漠的公众形象的帽子，以积极的姿态加入国家政治生活当中。

4. 泰国

泰国华人参政步入正轨是在二战以后。1956年，泰国政府修改了《国籍法》，入籍限制进一步放宽。同时，与放宽入籍限制相配合，泰国政府于同年颁布《公民权法令》。泰国国籍政策变化的结果是大量华人加入泰籍，成为泰国合法公民。华人获得泰国合法公民身份后，享有的公民权利进一步扩大，可以担任公职、议员，甚至出任部长等要职，其政治参

---

① 丘进主编《华侨华人研究报告（2013）》，社会科学文献出版社，2013，第51页。
② （新加坡）《联合早报》2008年12月14日。
③ 《世界侨情报告》编委会：《世界侨情报告2011～2012》，暨南大学出版社，2012，第24页。

与的空间和热情是同一时期他国华人不可比拟的。他们中有一部分人直接参与到当地的政治生活中，如先后出任国务院财经与政治顾问的林日光（庵雷·威拉旺），在 1952 年连任 5 届北柳府人民代表及 1958 年担任合作部助理部长的许敦茂（巴实·干乍那越），云逢松（颂迈·云达军）曾于 1972 年担任他侬（Thanom）政府的财政部副部长……除了个人参与政治的方式之外，战后泰国华人还以"政商联盟"的方式间接、非正式的方式参与。这种"政商关系"主要有两种表现形式：一是华商为泰国的国营企业提供资金、管理技术和人才；二是华人企业邀请政界和军警界人士参加董事会。① 华商和政客双方都可以从各自利益集团得到益处。政客被华商拉进自己的生意圈，担任董事或名誉主席等职务，分给他们红利，华商由此获得了经济上的一定特权和政治的庇护，双方结成了命运的共同体。"政商关系"模式的出现，与当时泰国政治环境及华人社会状况相关。从战后至 1973 年，泰国长期是军人专制统治的政治格局。先后由銮披汶（Plaek Phibunsongkhram）、沙立（Sarit Thanarat）和他侬（Thanom Kittikachorn）三人进行独裁统治，人民政治活动和政党活动时常遭到禁止，这就决定了当时华人参与政治的空间和渠道较为狭窄。华人以自身的经济优势来保护自己的经济利益，所以不得不与泰政府高官建立某种密切联系。同时，在冷战的大背景之下，泰国追随美国实行严厉的反共政策，华人的忠诚度受到质疑，处于尴尬境地，如 20 世纪四五十年代也出现了排华、反华的小插曲。华人为保障自身的安全，部分华商不得不采取依附于政治权力集团寻求保护，这也在客观上为华商参与政治提供了一条渠道。

　　1973 年在泰国政治发展史上具有其特殊的意义，军人独裁政权的垮台，开启了泰国政治自由化与民主化的进程。② 1973 年，泰国制宪委员会通过一项决议，让出生在泰国而父母都是外侨的后裔享受与泰人完全一样的政治权利，可以参加竞选议员和投票选举，不需要像以前一样受教育程度或兵役的限制。③ 1975 年，中泰建交，泰国政府又进一步放宽华人入籍

---

① 丘立本：《从世界看华人》，（香港）南岛出版社，2000，第 123 页。
② 阿南：《泰国的民主化：从抗议示威到新宪法》，《二十一世纪》2000 年 8 月号。
③ 崔贵强、古鸿廷合编《东南亚华人问题之研究》，新加坡教育出版社，1978，第 97 页。

条件。1983 年，泰国议会修改选举法，规定凡合法的泰籍公民，包括加入泰籍的华侨，都拥有选举权和被选举权，享有与当地泰族公民一样的政治权利。① 几次修改之后，泰国选举法赋予了华人与泰人完全同等的政治地位。

1973 年后，新的政治风气致使华人政治生活越来越活跃，参政意识和政治力量也随之提升，使得华人和华人社会成为泰国政坛上不可忽视的力量。20 世纪 80 年代中后期，华人在泰国政府官员中一度曾占 70% 的比例；在高级军官中，华裔也占了 80% 以上。② 1991 年，泰国人民代表共357 人，其中华裔近百人；内阁阁员 44 人，有一半以上具有中国血统，包括总理、副总理、部长等，担任内阁总理顾问或各部部长顾问的华人人数更多。③ 1996 年大选获胜的新希望党创立者和主席差瓦立·永猜裕（Chavalit Yongchaiyudh）是祖籍潮汕的华裔。2001 年成立的他信（Thaksin）内阁，据称有华人血统者占五成以上。④ 2007 年大选之后成为众议院第一大党的人民力量党主席沙马·顺达卫（Samak Sundaravej）也是泰国华裔。据估计，从 80 年代至今，泰国历届内阁中的华裔成员约占一半左右。可见，泰国华人在政治上融入主流社会程度较高，已成为泰国政坛上一支主力军。

（二）北美洲

近年来，北美华人积极参政和政治意识的觉醒，表明了海外华人政治参与的成熟。由于北美国家和地区的特殊历史背景和华人社会的独特社会结构，华人参与住在国的国家政治活动也呈现一些特点。华人经过奋斗所取得的政治成就是值得欣喜的，然而，华人参政道路也是艰辛而坎坷的。

1. 美国

20 世纪 60 年代以来，美国华人人口结构和社会政治地位发生巨大变

---

① 王望波：《东南亚华人社会政治地位的现状和发展趋势》，《南洋问题研究》2000 年第3 期。

② 王虎：《东南亚华人的政治社会化——泰国和马来西亚的对比分析》，《八桂侨刊》2007年第 2 期。

③ 江白潮：《对泰国华侨华人现状的探讨》，《东南亚》1991 年第 2 期。

④ 潘少红：《二战后泰国华人参政历程及原因分析》，《东南亚纵横》2004 年第 3 期。

化。1965 年，美国颁布《移民与国籍法》和《投票权法》，这两个法律的实施不但使华人新移民大量涌入美国，致使在美华人激增，增加了华人的政治资源，而且使华人在美国取得实质性的政治参与权利，激发了华人政治参与的积极性。① 根据美国人口普查数据，至 2009 年，全美华人总数为 3，638，582 人，占美国总人口的 1.2%，是美国最大的亚裔群体。② 可以说，经过战后几十年的发展，华人在经济、文化、科技领域获得重大成就，美国社会对华人的认可度大大提升，再加上 20 世纪 60 年代以来民权运动的兴起以及"多元文化"政策的实施等诸多有利因素的影响，美国华人参政空间在不断拓展，成绩也较为显著。

与其他国家相比，美国华人参政亮点频出，主要表现为以下四点。（1）在华人精英个人竞选方面成绩斐然。从 1999 年到 2009 年，美华人新当选的州议员就达 14 人，另有 8 位华人连任。2009 年后，参选市议员和市长的华人更多，在华裔或亚裔人口集中的城市，华裔都有当选。③ 值得惊喜的是，在 2012 年 11 月举行的美国大选中，历史性地诞生了 3 名华裔女国会众议员，国会席位的亚裔人数达 30 人，创下历史新高。在华人精英政治委任方面，如里根总统时期所任命的亚裔公职人员达 200 位，其中华人占了 60% 左右。④ 奥巴马第一任政府内阁中就有 5 位华裔部长级高官，有商务部长骆家辉、能源部长朱棣文、白宫内阁秘书卢沛宁等。据统计，在小布什 2001～2004 执政时期，约有 75 名华裔华人被政治委任；在地方委任上，众多华人出任州各级政府的关键职务，如法官、警察局长、厅长等。（2）广泛动员华人参与政治，直接而普遍的表达政治权利的实施无外乎参加投票。近年来，美国华人参与选举登记和投票的热情十分高涨。华人参与投票，一方面华人获得了直接参与政治的机会；另一方面也履行了美国公民政治义务，有利于改善华人历来的"经济动物"的形象。

---

① 万晓宏：《当代美国华人政治参与研究（1965～2012）》，暨南大学出版社，2013，第 1 页。
② 暨南大学图书馆彭磷基华侨华人文献信息中心：《侨情综览 2011》，暨南大学出版社，2011，第 298 页。
③ 王双红：《华人参政，风雨兼程现晴空》，《人民日报》（海外版）2014 年 5 月 16 日，第 12 版。
④ 李其荣、傅义朝：《从旁观者到参与者——美国华人政治角色的变化》，《中南民族学院学报》（哲学社会科学版）1998 年第 2 期。

根据盖洛普 2009 年的一项民调显示，华人投票选举有两个突出特点：一是全美华人没有明显的政党认同取向，超过 46% 的选民认为自己是"中间派"，高于全美平均的 36% ；[①] 二是华人更加注重候选人的背景，多数华人更倾向于支持亚裔或华裔[②]。华人根据自己的利益诉求和意愿来行使自己的选举权，更多体现了华人政治权利意识和作为美国公民主人翁意识的增强。（3）在政治团体方面，华裔中早已开始出现选民团体，如 1973 年组建的"美国华人协会"、1974 年组建的"旧金山华裔政治协会"、1983 年组建的"华人参政促进会"、1987 年组建的"华裔政治委员会"、1990 年组建的"百人会"、1998 年组建的"80～20 促进会"和"美国华人参政促进会"等，这些华人政治团体是华人精英们整合华人团体的各种政治潜能，发挥华人政治力量的产物。不断出现的新的华人团体在对华人进行美国政治知识的普及、引导华人参与政治、组织华人实现规模化参政等方面起到了重要作用。（4）政治捐款也是美国华人参政经常利用的方式。尤其在地方选举中，华人利用自身的经济实力对地方政治发挥相当大的影响。早在 20 世纪 80 年代，就有新闻报道指出，虽然加州亚裔人口不到总人口的 10% ，可他们的政治捐款数额却占到 20% 甚至 30% 。如果候选人是亚裔，捐款数额可能会更大。美籍日裔学者额立花称，加州前州务卿余江月桂竞选资金的 75% 和特拉华州副州长吴仙标竞选资金的 70% 都来自亚裔捐款。[③]

近年来，美国华人参政方式除了通过政治竞选、政治委任、选举投票等传统方式之外，还有一些重要的、新型的参政方式，如游说、抵制、法律诉讼、请愿、不合作、参加民权组织或参与参政团体、抗议游行示威、利用大众媒体（网络）等新的参政手段表达诉求，展现影响。当代美国华人参政的意识、"多元化"、能力、水平及所取得的重大政治成就，表明了当代美国华人政治参与已走过漫长的"婴儿期"，正快速步向"少年

①　暨南大学图书馆彭磷基华侨华人文献信息中心：《侨情综览 2012》，暨南大学出版社，2012，第 490 页。

②　Pei - teLien, Behind the numbers: Studying the Political Attitudes and Behavior of Chinese A-mericans (lecture represented at Peking University, Beijing, China, March 2004), p. 17.

③　万晓宏：《当代美国华人政治参与研究（1965～2012）》，暨南大学出版社，2013，第 118 页。

期"和"青春期",具有十分美好的发展前景。①

2. 加拿大

加拿大华人参政的历史可上溯到第二次世界大战之后。1947 年,加拿大政府废除了长达 25 年的"排华法案",华人终于获得了联邦选举的投票权。② 但是,直到 20 世纪 50 年代,华人才开始参与政治。郑天华被誉为加拿大华人参政第一人,于 1957 当选为国会议员,成为加拿大历史上第一位华裔议员,他的当选,在华人参政史上具有开创性的意义,在他之后,华人参政浪潮逐渐高涨。据统计,自 1957~2011 年,有 140 多位加拿大华人精英当选或被委任为各级政府的公职人员。③ 通过竞选联邦国会议员而参政的华人有 14 人,他们当中有很多人多次当选。如郑天华(1957)、李侨栋(1974)、陈卓瑜(1993、1997、2004、2006)、梁陈明任(1997、2000)、麦鼎鸿(1997、2000、2004、2006、2008~2010),庄文浩(1997、2000、2004、2006、2008、2011),邹至慧(2006、2008、2011),黄美丽(2004、2006、2008、2011),黄陈小萍(2008、2011),杨萧慧仪(2011)、梁中心(2011)、徐正陶(2011)、柳劳林(2011)、梅佑璜(2011)。同时,当选为省市议员的也不在少数,如 1993 年,土生华裔马建威当选为阿尔伯塔省议员并成功连任 14 年之久,堪称政坛常青树。1996 年,在华人人口较集中的不列颠哥伦比亚省有两位华人女性率先当选省议员,她们是关慧贞和张杏芳,并且均四连任。但直到 2001 年,该省才有华人男性当选省议员,他们是李灿明和黄耀华。2005 年,叶志明当选,使该省华人省议员增加到 5 人。2009 年,关慧贞、张杏芳、李灿明和叶志明在该省再次取得连任。④ 2008 年,香港移民鲍胡莹仪和中国大陆新移民肖辉当选为阿尔伯塔省议员。值得注意的是,鲍胡莹仪是该省首位华裔女省议员,而肖辉则是加拿大省议员中的首位中国大陆新移民。之后,在 2012 年该省议员的选举中,除上面两位华裔连任外,大陆

① 万晓宏:《当代美国华人政治参与研究(1965~2012)》,暨南大学出版社,2013,第292 页。

② 万晓宏:《当代加拿大华人精英参政模型分析》,《华侨华人历史研究》2012 年第 3 期。

③ 万晓宏:《当代加拿大华人精英参政模型分析》,《华侨华人历史研究》2012 年第 3 期。

④ 《加卑诗省选四华裔老将全部连任,五新人铩羽而归》,中国侨网,2009 年 5 月 14 日,http://www.chinaqw.com/hqhr/hrdt/200905/14/163121.shtml。

新移民栾晋生成为加拿大省议员的第二位中国大陆新移民。2011 年，在不列颠哥伦比亚省地方市级选举中，有 43 位华裔候选人参选，16 人成功当选，包括 8 位市议员和 8 位学务委员，其中大温哥华地区有 38 人参选，15 人竞选成功，成功率高达 40%。① 2013 年，加拿大温哥华警察局长朱小荪获选为加拿大警察局长联会主席，为出任该职务的首位华裔。② 2014 年，随着安大略省省选的结束，华裔候选人成为"大赢家"，3 位华裔候选人董晗鹏、陈国治、黄素梅全部当选，其中陈国治更是第 3 次获任移民厅长；在安大略省市选中，60 余名华裔参选，最终 16 人当选，成绩亦是历届最好。虽然通过委任方式担任加拿大各级政府公职的华人还不是很多，但是成绩也很显著。较为引人注目的有，联邦政府：1999 年，华裔伍冰枝在渥太华国会山正式就任加拿大第 26 任总督，是加拿大有史以来首位少数族裔背景的人担任国家首脑，意义非凡。庄文浩，2006 年曾被时任加拿大总理哈珀任命为枢密院主席和联邦政府事务兼体育部长，是内阁中最年轻的华人阁员。2011 年，新当选的国会议员梁中心被委任为多元文化国会秘书。③ 自 2004 年以来，每届联邦内阁中至少有一位华裔部长，现已成惯例，这是加拿大华人社会政治地位提升的重要标志。④

近年来，加拿大华人政治参与呈现多样化特征，除了通过竞选、委任等传统方式外，华人组党也成为华人参政的一种新方式。2007 年，由华人筹建及主导的首个政党"民族联盟党"正式宣告成立，民族联盟党的成立使加拿大华人深受鼓舞，改变了华人长期依附主流政党参政的局面。⑤ 在此之前，加拿大华人社会也参加一些参政团体，如全加华人协进会（平权会），该会致力于争取华人人权和民权，支持华人参政。20 世纪 80 年代，加拿大保守党华人党部成立。1986 年，安大略省"安省华人自

---

① 〔加〕周夏：《为大温华裔参政佳绩击掌》，《环球华报》2011 年 11 月 23 日。
② 《加拿大首位华裔当选警察局长联会主席》，中国新闻网，2012 年 9 月 8 日，http://www.chinanews.com/hr/2012/09‐08/4168738.shtml。
③ 《加拿大华裔国会议员获委续任多元文化国会秘书》，中国新闻网，2013 年 9 月 22 日，http://www.chinanews.com/hr/2013/09‐22/5305894.shtml。
④ 万晓宏：《当代加拿大华人精英参政模型分析》，《华侨华人历史研究》2012 年第 3 期。
⑤ 宋全成：《论 21 世纪欧美国家华人的政治参与——以美国和英国的华人政治参与为例》，《厦门大学学报》（哲学社会科学版）2015 年第 3 期。

由党"建立。这些团体在一定时期对华人参政意识的提高,凝聚华人政治力量起到了很大的作用。①

（三）欧洲

相比其他地区,欧洲华人参政规模较小、参政程度较浅,但是,进入21世纪以后,以英、法等国为代表的欧洲华人开始积极参与所在国的政治活动,并取得了不少开创性成果。

1. 英国

英国华人参政走在欧洲前列。在20世纪80年,英国内政部曾就华人在英生活情况进行了调查,得出华人是一个"自给自足""沉默"的社群的结论,而进入21世纪,随着英国华人经济地位的提升及第二代移民的增多,华人的参政意识开始提升。据2001年英国人口普查显示,在英华人总数为247000人,至2012年,华人总人口已达到60多万,成为英国第三大少数族裔,华人在零售、餐饮、服务等多行业中均有不俗成绩,英国华人每年便为国库创造逾15亿英镑的收入。② 随着华人融入英国主流社会步伐的加快,要求维护自身权利、争取更大的政治发展空间的呼声日趋强烈。

近年来,英国华人参政取得了一些成绩,尤其是在基层参政中。自1986年华人吴美莲成功竞选为伦敦路易斯汉姆区议员后,英国先后有约20多位华人担任过地方议员。③ 2007年,华人卢曼华当选为北爱尔兰联盟党在南贝尔法斯特区议会议员,成为欧洲首位华裔地区议会议员。④ 2009年5月,华人移民陈德樑当选为伦敦红桥区市长,成为英国历史上首位华人市长⑤;19岁的华人厨师之子张敬龙,作为独立候选人,竞逐

---

① 有关加拿大华人参政内容主要参考万晓宏:《当代加拿大华人精英参政模型分析》,《华侨华人历史研究》2012年第3期。

② 暨南大学图书馆彭磷基华侨华人文献信息中心:《侨情综览2010》,暨南大学出版社,2010,第357页。

③ 李明欢:《欧洲华人社会剖析:人口、经济、地位和分化》,《世界民族》2009年第5期。

④ 《卢曼华当选北爱议员成为英首位华人议员》,网易新闻网,2007年3月10日,http://news.163.com/07/0310/21/398K7R8I000120GU.html。

⑤ 《英国首位华人市长:关心弱势群体是我的责任》,中国新闻网,2009年8月22日,http://www.chinanews.com/hr/hr-ozhrxw/news/2009/08-22/1830041.shtml。

2009 年欧洲议会议员之位，虽然最终失利，但已创造了历史。① 2010 年英国大选，共有 8 位华裔候选人参加下议院议员的竞选，分别有保守党候选人李泽文、吴克刚（大陆出生），自由民主党候选人杜淑真、凌家辉、谢晓明、李佩腾，北爱尔兰联盟党候选人卢曼华以及独立候选人成世雄，这是英国历史上华人参加下议院选举候选人数最多的一次，在华人社会和英国社会引起了极大反响。② 2011 年 5 月的英国地方议会选举中共有 9 名华人竞选，6 人成功当选，而以高票当选的就有 5 人。③ 在 2013 年英国举行的地方议会选举中，无党派华裔候选人成世雄成功当选获得连任。在 2014 年地方议会选举中，又有 9 位华裔候选人参与其中。更值得关注的迹象是，与以往少数华人以竞选区议员等方式，实现自己政治理想的个人化行为相比，近年来华人参政的背后，已有更多华人社团、媒体的群体性支持，与主流社会政治竞选相类似的竞选团队雏形已形成，这一迹象的意义恐怕远在某一竞选的成败之上。④

目前，英国华人参政积极，但也面临诸多困难，包括：英国选举制度和操作规则造成华人胜选概率较低；华人候选人的政治背景及参选经验的缺乏；华人社区对华人参政作用有限。再加上语言障碍和文化隔阂，华人自身的"客人"心理和华人群体的团结等问题，均不利于英国华人参政的发展。

2. 法国

近年来，随着华人社会融入法国主流社会的进程加快，华人利益也与之密切相关。如何通过参政议政的形式来主动捍卫自己的权利，为华人移民取得更大的利益，也日益成为旅法华人关心的重要话题。如 2005 年 10 月，巴黎主管融入事务的副市长布尔卡夫人首次在巴黎召开了专门针对华

---

① 《19 岁华裔张敬龙巡游伦敦为选欧洲议员拉票》，中国新闻网，2009 年 6 月 5 日，http://www.chinanews.com/hr/hr - ozhrxw/news/2009/06 - 05/1721167.shtml。

② 刘宏、侯佳奇：《当代英国华人社会与政治参与——以 2010 年大选为中心》，《南洋问题研究》2010 年第 4 期。

③ 林入：《英全民公投提高华人参政意识，地方选举华裔获高票》，搜狐网，2011 年 5 月 16 日，http://roll.sohu.com/20110516/n307592179.shtml。

④ 魏群：《2009——英国华人参政元年》，《人民日报》（海外版）2009 年 12 月 17 日，第 1 版。

裔族群融入法国社会的研讨会。市政府官员在研讨会上向当地华人介绍了由巴黎市政府发起的"欧洲中国人及其融入"计划，得到法国华人的广泛认可。① 近几年，法国华侨华人在政治参与上，发生了从"不差我这一票"到"选了再说"的转变。

2010 年 6 月，一名华人枪击正在抢劫的劫匪后，被以非法持枪和故意伤害罪等罪名逮捕，从而引发了当地华人大游行的导火索，6 月 20 日，30000 多旅法华侨华人、中国留学生走上巴黎街头，声援见义勇为的华人，向法国社会传递"反暴力，要安全"的呼声。② 2014 年 2 月 25 日，法国巴黎的各华侨华人社会团代表来到巴黎律师公会，联名签署致法国总统奥朗德的公开信，要求废除禁止周日营业的法令。③ 华人群体在切身利益受到损害的情况下，通过游行示威，商会组织或社团与当地政府协商等方式，以谋求自身的权益，也不失为一种华人参与政治生活的渠道。此外，法国华人积极主动参政的事例近年来也频繁出现。2008 年，法国市镇选举中，巴黎 20 个选区中就有多达 7 位华人竞选者，同时，在巴黎以外的其他省市还有 6 名华人被列入当地市镇选举候选人名单，如陈文雄、朱晓阳、吴天赐、蔡锤彪、田玲、颜如玉等。其中，陈文雄成功当选巴黎 13 区副区长；颜如玉所在的竞选团队在首轮选举中获胜，她也连任巴黎艾斯波利市市议员和副市长。④ 2011 年，法籍华人吴振华就任法国执政党——法国人民运动联盟政治局委员，成为法国历史上第一位登上如此重要职位的华人；翌年，在法国国会议员竞选当中，吴振华也代表华人首次竞选国会议员席位，意义重大。⑤ 在 2014 年法国市镇选举中，在巴黎华埠 13 区履职副区长长达 6 年的社会党候选人华裔陈文雄，成功当选为巴黎市议员，开创了首位华裔入驻巴黎市议会的历史，另有两位中国出生的

① 杨保筠：《从"叶落归根"到"落地生根"》，《人民论坛》2007 年第 4 期。
② 《旅法华侨华人举行史上规模最大的反暴力维权游行》，中国新闻网，2010 年 6 月 21 日，http：//www.chinanews.com/hr/hr‐ozhrxw/news/2010/06‐21/2352275.shtml。
③ 《法国华侨华人签署公开信争取周日工作权》，人民网，2014 年 3 月 4 日，http：//news.ifeng.com/gundong/detail_2014_03/04/34379289_0.shtml。
④ 姚秀芝：《2008 年海外华人参政新篇章》，《侨务工作研究》2009 年第 4 期。
⑤ 《首位法籍华人吴振华任法国执政党政治局委员》，中国新闻网，2011 年 3 月 17 日，http：//www.chinanews.com/hr/2011/03‐17/2912430.shtml。

年轻的新移民——王立杰和施伟明也分别当选巴黎 19 区和 20 区议员。①
华人候选人的巴黎"胜利"在法国社会和华人社会引起热烈反响和期待，
导致 2015 年在各市镇选举投票率较低的情况下，华人投票、参政、议政
的热情呈现逆袭，表明了华人候选人及华人选民的参与政治的意识日渐增
强。正如有关人士所指出："华人对法国政治的关心程度明显提高，越来
越多的新生代华人开始参与法国政党的竞选活动。华人投票率也呈上升趋
势。这标志着法国华人在努力融入当地社会、表达自身诉求、维护华人合
法权益方面，迈出重要一步。"②

目前，法国华人参政突出表现出两大特点：一是直接参选或选举的华
裔人数比以往多，且来源广泛；二是不同政党推出的候选人中都更重视华
人华裔，并将他们纳入其竞选团体。③ 华人族群越来越受到政府各政治势
力的重视，不仅有助于维护华人利益，也有利于强化华人的参政意识。

（四）大洋洲

华人移民大洋洲已经有 150 多年的历史，在华人历史发展的过程中，
成熟的华人社会逐步形成，华人的社会地位、参政意识发生根本性的变
化，尤其是近年来华人积极参与社会事务与政治事务，开创了大洋洲地区
华人参政的新纪元。

1. 澳大利亚

澳大利亚华人参政兴起于 20 世纪 70 年代，经历了 20 世纪 80 年代的
发展，至 20 世纪 90 年代迎来了参政高潮时期，延续至今。20 世纪 70 年
代，澳大利亚政府正式废止了"白澳政策"，实施多元文化及新移民政
策。在这种宽松的社会政治环境下，华人参政的机会和途径也日益增多，
政治意识和热情高涨，如 1974 年，华裔李锦球代表工党竞选维多利亚州
选区的联邦议会众议员席位，是较早参加联邦议员竞选的华人。④ 1975
年，华人移民黄树任职于澳洲联邦卫生部，后升任首都地区首席药剂师。

---

① 《法国市镇选举华人创佳绩，华裔候选人巴黎"连胜"》，凤凰网，2014 年 4 月 16 日，
　　http://news.ifeng.com/gundong/detail_2014_04/16/35819629_0.shtml。
② 李京生：《法国华人参政新局面》，《侨务工作研究》2008 年第 4 期。
③ 王晓萍、刘宏：《欧洲华侨华人与当地社会关系：社会融合·经济发展·政治参
　　与》，中山大学出版社，2011，第 8 页。
④ "Wellington Lee"，http://en.wikipedia.org/wiki/Wellington - Lee，2012 - 10 - 12.。

1979 年，华人杨锦华被委任为维多利亚州移民资源中心财政主管及主席。进入 20 世纪 80 年代，华人参与主流社会政治选举的动作日益频繁，相继出现加入澳大利亚主流政党、竞选各级议会议员的华人。如当选新省上议员的沈慧霞，是第一位当选州议员的华人。1984 年和 1988 年，华人邝鸿铨连续当选达尔文市市长；1988 年，林顺发竞选担任爱丽丝泉市副市长等。20 世纪 90 年代以后，华人参政呈现井喷式发展，取得丰硕成果。不论在参政数量上，还是质量上，都有所提高，具体表现在：（1）普通华人民众参与投票的热情很高，投票率相当高；（2）华人精英在联邦各级议会议员选举、公职选举及政治委任中取得骄人战绩；（3）华人主导的少数族裔政党团结党成立。

总体而言，澳大利亚华人参政取得了很大成功，传统上对政治冷淡的状况有了极大的改善，究其原因主要有两个方面因素：一方面，澳大利亚推行多元文化政策，为华人参政提供了宽松的社会环境和政治氛围；另一方面，华人参政条件逐渐成熟：华人人口数量的明显增长，华人经济社会地位的提高，华人精英阶层的增长，这些都无形中为华人参政创造了有利条件。

2. 新西兰

新西兰华人参政历史较短，最早可追溯到 20 世纪 60 年代。华人吴伟成曾于 1963 年和 1966 年代表工党参与了富兰克林选区的竞选[1]，虽然没有胜选，但是作为实行单选区简单多数制国会选举制度时期[2]第一个华人候选人，意义重大。随着 1996 年新西兰国会选举制度改革为混合比例选举制[3]，客观上使华裔等少数族裔候选人进入国会更加有利，激发了华人参政的积极性。

---

[1] 杨汤城口述、丁身尊整理：《新西兰华侨史》，广东人民出版社，2001，第 110 页。
[2] 又称单一选区相对多数决制。主要指每个选区只能选出一名代表，每位选民投 1 票，由选区内得票最高的人当选，不需要获得过半数选民的支持。单一选区相对多数决制主要有两大特色：一是容易走向两党竞争及两党制，一者，在"赢者全拿"的规则下，小党在先天上就不容易生存；二者，选民为了不浪费选票，一般都会把票投给当选机会较大的党，以防止自己最不喜欢的政党上台，在后天上不利于第三党的生存。——编者注
[3] 混合比例制度（Mixed Member Proportional，MMP）则结合了两种名单的方法，只以政党的名单作为辅助，搭配地区性选举所选出的议席，因此有了两种名单制度的特色。——编者注

1996 年至 2011 年新西兰国会大选可以看出华人参政的一些现状。①
（1）纵观 6 届国会大选，华人候选人的人数大体呈现逐次递增的趋势。
1996 年，国家党推出 2 位华人候选人；1999 年，依旧是国家党推出 2 位
华人候选人；2002 年，有 4 个政党推出了 5 位华人候选人；2005 年，共
有 4 个政党推出 6 个华人候选人；2008 年，共有 6 个政党推出 8 位华人候
选人；2011 年，有 4 个政党推出 9 位华人候选人。这说明华人影响力正
在提升，日益受到新西兰各政治势力的关注和拉拢，社会地位渐渐提高，
激发了华人参政的热情。（2）每次国会大选，都有华人候选人当选。
1996 年，黄徐毓芳；1999 年，黄徐毓芳；2002 年，黄徐毓芳、王小选；
2005 年，黄徐毓芳；2008 年，黄徐毓芳、霍建强；2011 年，杨建、霍建
强。（3）华人候选人积极参与选区竞选。如 2005 年，6 位华人候选人中 5
位参加选区竞选。虽结果不甚理想，唯一一次选区竞选成功的是黄徐毓芳
于 2008 年波特尼区胜选，但却是华人参政的首次尝试，意义重大。（4）华
人出任新西兰政府官员。黄徐毓芳被任命为民族事务部、妇女事务部部长、
意外事故赔偿局（ACC）局长、能源资源部副部长。这是对黄徐毓芳个人
能力和贡献的肯定，更是新西兰华人参政道路上的一大突破。（5）华人政
党新公民党的成立。该党从诞生到参选的过程中，为新西兰华人的参政活
动提供了众多宝贵经验。② 总之，新西兰华人参政才刚刚起步，华人政治
文化还不成熟，对主流社会的融入也不够深入，华人参政任重道远。

（五）非洲

在非洲，华人参政的声势远不如世界其他地区，其中，南非华人是领
先者。在南非，华人参政的主体是土生华人，他们不仅跻身于商界，也开
始走上从政的道路。与大多数国家相似，华人在南非是作为少数族裔参与
政治的。在南非政坛，黑人占绝大多数，其次是白人，再次是印度人，最
后才是华人。南非华人参政历史较为短暂，最早走上南非政治舞台的是
1981 年被委任为南非总统咨询委员会成员的霍成坚。20 世纪 90 年代以
来，南非华人参政获得了一定的发展，1992 年，黄士豪成为南非第一位

①　谢俊润：《新西兰华人政治参与研究》，硕士学位论文，暨南大学，2013，第 20~38 页。
②　参见谢俊润《新西兰华人政治参与研究》，硕士学位论文，暨南大学，2013，第 20~38
　　页。

华人市议员，1996 年，又当选为南非第一位华人副市长；[①] 在 2004 年南非国会选举中，黄士豪、张希嘉、陈阡蕙、王翊儒等四人脱颖而出，成为南非首批华人国会议员；2006 年，孙耀亨当选为约翰内斯堡首位华人市议员。[②] 虽然目前南非政坛华人稀少，但他们在当地华侨华人社会所产生的影响却不容小觑，客观上对改善当地华人的生存状况特别是安全状况发挥了积极作用。此外，华人在非洲其他地方也稍有建树。如毛里求斯实行多族共治，华人政治地位与他族平等，出现了第一位华人部长李国华、华人国会议员朱梅、驻法大使陈凯等人物。

二 华人参政的区域差异比较

总体来看，世界范围内华人参政水平还不高，但在不同地区和国家，情况差异较大。在华人人数比例最高的东南亚地区，由于历史原因和现实条件的限制，华人以经商为主，很少参政，给人以"经济动物"的印象。近年来，随着住在国政治环境的宽松和族群融合的发展，华人的参政意识有所提升，但参政仍在低水平徘徊，与华人在经济上的重要影响力极不相称。与此形成鲜明对比，在西方国家尤其是美国，华人参政则表现积极并取得不少成果，近些年，不少第二、三代华人进入美国地方乃至联邦政府高层。具体来说，东南亚国家与西方国家的华人在政治参与的方式、效果及特点方面存在很多差异。

（一） 西方国家华人的参政表现出积极参与和利用成熟选举制度，以精英参政为主的特点；东南亚国家华人则表现出依托华人党团参政，组织化程度和参政效率较高的特点。

西方国家因资本主义政治体制，决定了其实行的政治形式，上至联邦总统下到地方议员，都是通过民众直接选举产生。在西方政治竞选游戏中，只有深谙游戏规则的华人精英才有机会获胜。[③] 首先，看个人条件。

---

① 陈铭：《黄士豪：在祖鲁王国叱咤风云》,，原载《羊城晚报》，转引自腾讯新闻，2009 年 5 月 24 日，http://news.qq.com/a/20060524/002728.htm。

② 《不同国家特色各异 海外华人参政热正逐步升温》，中国新闻网，2008 年 9 月 23 日，http://news.xinhuanet.com/overseas/2008-09/23/content_10094735.htm。

③ 王继停：《美国与马来西亚华人参政的现状与趋势：一种比较分析的视角》，《中共四川省委省级机关党委学报》2013 年第 5 期。

华人候选人要在资格、声望、形象、经验、政见、能力等个人因素处于优势地位。其次，看社会贡献。一般来说，华人要想获得民众支持，候选人必须要了解你所在选区的详细情况，在社区服务、公共事务等方面具有卓越的贡献。同时，要在社区树立良好的声望，并建立广博的人际关系。最后，看资本。熟悉西方参选制度的都知道，民主制度实质是"金钱政治"，较量多半是看是否有充足的竞选资金在背后支持。此外，在候选人资格、声望或经验都旗鼓相当的情况下，其他诸如性别、种族等因素则可能成为影响选举成败的关键因素，而华人在这种情况下若无特别突出的表现，往往会处于劣势。在这种制度下，华人只有少数精英才可能脱颖而出，而普通华人则更多是通过助党或参与地方选举的形式参与政治。由于西方政治制度复杂而成熟，华人参政不可能一蹴而就或者一劳永逸，而是必须熟谙当地选举制度和竞选规则，即使那些通过领导人委任的华人精英也大都有着丰富的政坛经验。①

东南亚是华人分布最广的地区，然而，在东南亚国家中，华人参政的具体情况也有着很大的差异。除了泰国由于华人融入较好、新加坡由于华人为主流族群、马来西亚由于华人为主体族群之一，华人参政水平较高外，其他国家由于历史原因和现实条件的限制，华人专注经商，参政水平并不高。近年来，伴随住在国政治环境的宽松化和族群融合的发展，虽然华人的参政意识有所提升，华社内部也有不少人积极呼吁参政，将参政作为宣示公民身份及维护族群权益的一种途径，然而，真正付诸实践并取得成功的人数量很少。总体而言，东南亚国家的华人参政仍在低水平徘徊，与华人在经济上的重要影响力极不相称。即便如此，东南亚某些国家的华人参政仍积累了不少可圈可点的经验，以华人为主体族群之一的马来西亚尤为典型。在马来西亚，华人主要依托华人党团参政，组织化程度和参政效率都比较高，之所以如此，主要原因在于马来西亚华人人数众多，且在总人口中占的比例较大，加之华人移居马来西亚历史悠久，有相当的经济优势，华人社会各方面发展已日臻成熟，这为华人组建政党或依托政党参

---

① 王继停：《美国与马来西亚华人参政的现状与趋势：一种比较分析视角》，《中共四川省委省级机关党委学报》2013 年第 5 期。

与政治提供了社会、物质、组织上的基础。由于华人有自己的政党且有些政党力量较强，因此，华人参政也比较踊跃，且较有成效。

（二）在政党政治上，西方国家华人受困于两党制的政治框架，华人政党政治发展迟缓；东南亚国家华人政党较多，实力也较强，能够在所在国政治舞台上扮演重要角色。

西方国家的华人参政主要表现为华人民众参与投票选举，以政治精英参政为主，而华人在组建以华人群体为主导的政党上举步维艰，这是由西方政治环境、政治特点及华人自身条件所决定的。西方国家政治复杂而成熟，多以强大而稳固的两党制政治格局为主，选举竞选虽然较为普遍和成熟，但是竞选门槛甚高，组党参政的机会也很少，胜算概率也就更低了。可以说，华人政党在西方国家政治框架中缺乏生存的空间。此外，西方国家华人政治精英都有较高的文化程度和丰富的政坛经验，与主流政治圈关系密切，熟谙其中的选举、竞选的游戏规则，所以众多华人政治精英可以脱颖而出，而这些华人政治精英并不是主要以自己华裔身份标榜自己来获得成功的，相反，华人身份反而可能阻碍他们得到足够的选票和社会认可，这也是在西方国家很少有华人精英或团体愿意组建华人政党的一个原因。

相较而言，东南亚华人政党政治相比于西方国家在参政程度、成效上较好。由于东南亚地区聚集了世界上 73% 左右（2008 年数据）的海外华人[1]，华人人口的绝对数较大，在一些国家为主体族群，拥有相当的影响力；再加上华人经济发展状况普遍较好以及整体文化水平较高等优势，发展和组建政党的条件较为成熟。此外，由于东南亚地区特殊的族群结构和华人不平等的社会地位，华人参政一般都会带有族裔的色彩，力求在国家政治中有华人的利益代表。如在历史上，东南亚许多国家的华人都曾遭受到的歧视和排斥，程度较西方国家激烈，恶劣的生存生活环境促使华人"抱团取暖"，以达到保护群体安全和维护群体利益的目的。在东南亚各国，除极个别国家没有华人政党外，大多数国家华人都有组建华人政党参与国家政治，其中最具代表性包括马来西亚的马华公会、民主行动党，以

---

[1]　庄国土：《世界华侨华人数量和分布的历史研究》，《世界历史》2011 年第 5 期。

及印度尼西亚的大同党等。因此，相较于西方国家，东南亚的华人参政表现出了政党政治较为发展、组织化程度较高等特点，华人政党在动员和号召华人、凝聚华人力量、维护华人权益、扩大政治影响力等方面都发挥了重要作用。

第三节　有关海外华人参政问题的思考

影响海外华人参政影响因素主要涉及三个方面：华人住在国、华人自身和华人祖（籍）国，三者之间也是相互影响相互制约的。

一　海外华人参政影响因素分析

1. 住在国因素

（1）社会政治政策环境

纵观海外华人参政的历史，华人参政是否能够取得丰硕成果与住在国的政治政策环境有密切关系。作为少数族裔参政，当住在国政策宽松平稳时，华人参政的意识、热情都会提升；反之，在族群关系紧张、政治环境不明朗的时期，华人出于自身利益和安全的考虑，则会对参政采取谨慎甚至退避的态度。

第一，住在国法律、制度上是否对华人公平。政治制度性的保障是影响华人参政的最重要的前提条件。在华人参政初期，制度性的缺陷致使政治政策环境较为恶劣，严重制约了华人参政的发展。以马来西亚为例，制约华人政治参与的因素很多，但其中影响最大者是法律和政治制度方面的限制。马来西亚联邦宪法、选举制度、政党制度、政府结构等制度性的规定有着明显的族群偏向性，"马来人优先"的原则导致华人参政必然会受到不公平的待遇，选区划分即为一例。根据马来西亚宪法，执政党联盟"国民阵线"通过赢得议会 2/3 的多数，便可获得随意修改宪法的权力，这也就意味着"国民阵线"拥有了对稀有政治资源进行权威性分配的权力，特别是对选区的划分上。每次马来西亚大选之后，选区都会重新划定，选区的数量也会有所增加。"国民阵线"重新划分选区的主要原则，就是要对"国民阵线"，特别是对巫统的选举有利。因此，非马来人占人口多数的城市，被划为少数的"大选区"，而马来人占人口多数的乡村被划为相当多数量的"小选区"。在实行"比例分配制"后，有的"大选区"人口甚至是"小选区"人口的两、三倍，马来人的投票力量越发膨胀。不公正的选区划分使华人等非马来人的选民人数减少到最低限度，从而在很大程度上打击了华人参政的积极性。① 又如美国的"选举人团投票制度（Electoral college voting system）"限制了少数族裔的影响。美国选举制度奉行"胜者全得"（Winner takes all）的游戏规则，这种规则对于民主、共和两大党极为有利，相反却不利于小党或少数族裔集团。② 同样，加拿大实行的是单选区选举制度，即每一选区选一名议员，候选人只需获得比别人多的选票，而不论其得票率是否超过总选票的50%。然而，这种制度不利于少数群体选出联邦众议院的代表，如果少数群体的选票分散，就会导致少数群体在议会中的代表名额严重不足，就华人而言，加拿大华人多集中在不列颠－哥伦比亚省（BC省）和安大略省，但选区分布却很分散，所以，每次选举大多数的华人选票都浪费了。③ 华人人口占了加拿大人口的4.3%，但在联邦众议院中却仅仅拥有2%的席位，所以，加拿大选举制度不利于华人参政，也不能反映少数族裔的诉求。④ 由此可见，法律、制度上的公平与否，直接影响了华人参政的公平与否。

第二，是否有稳定平等的政治参与的环境和平台。众所周知，美国、加拿大及东南亚等国家的早期的排华政策，从政策层面就已经向华人关闭了参政的大门。如今，多元化的政治文化的流行，摒弃了狭隘的种族利己主义，对于改善国家政治环境、营造多元平等的政治框架及提升华人参政的积极性大有裨益。在这方面，加拿大、澳大利亚走在华人住在国的前列。受到20世纪60年代民权运动及泛亚裔族群意识觉醒的冲击，加拿大开始转变对华人的态度，1971年，加拿大特努多总理为了"破除种族歧视的态度以及文化猜忌，形成一个以对各民族实行公平待遇为根据的社会

---

① 梅玫、许开轶：《当代马来西亚华人的政治参与》，《长江论坛》2014年第2期。
② 陈奕平：《当代美国亚裔参政问题分析》，《世界历史》2005年第4期。
③ 吴婷、汪炜：《加拿大华人参政的制约因素》，《八桂侨刊》2013年第1期。
④ 吴婷：《加拿大华人参政研究》，硕士学位论文，暨南大学，2012，第58页。

基础"①，制定了多元文化政策。20 世纪 80 年代以后，这项政策的任务发生了变化，由最初的保护各民族文化发展成为保护不同文化和不同种族出身的所有加拿大人的社会、经济和政治上的平等。今天，这项政策又有了新的内涵，它成为一种鼓励移民并使之充分贡献和分享加拿大社会的基本政策，它可以更广泛地被理解为一个由多样化的种族所创造的现代文明社会。② 伴随着多元文化政策的实施，华人少数群体不再是加拿大政治的边缘人，20 世纪 80 年代以前的 30 年间，只有 11 人通过选举成功参政，而 80 年代达到 12 人，到了 90 年代已有 20 多人。③ 1997 年的第 36 届联邦大选，陈卓愉、梁陈明任、麦鼎鸿三名华人同时当选国会议员，这在加拿大华人参政史上尚属首次。④ 如今，加拿大各级政府议会出现华人的身影已并不罕见。可见，平等包容的政治参与环境是华人参政的重要前提。澳大利亚自 1976 年开始推行开放的多元文化政策以来，为历届执政政府和社会普遍奉行的发展准则，积极改善移民生活发展，促进各个族裔之间的平等自由发展，社会环境愈加开明宽松，为华人参政营造了良好的国内环境。但同时，其稳定、公平、民主的政治环境也时常有不和谐音。"一族党"的兴起对多元文化政策是一次较大冲击，值得注意的是，1998 年，"一族党"在大选中获得百万张选票，声势浩大，与此同时，华人在此次大选中则铩羽而归。这表明在澳大利亚，鼓吹种族主义的"一族党"还拥有一定力量，华人参政的政治环境并不稳定。

（2）经济政策状况

一般而言，政治参与水平与社会经济发展程度息息相关，社会经济发展水平越高，政治参与度也就越高，但对华人参政而言，经济上的优势有时并非利好因素，反而成为被攻击的口实。近代华人为谋生移民海外，因而重心放在赚钱，加之作为边缘族裔，怕参与政治会引发麻烦，因此，刻意与住在国政治保持距离，长久以来形成了华人不关心当地社会、只顾赚钱的"经济动物"的形象。在东南亚，华人经济状况普遍好于当地人，

---

① 〔加〕李胜生：《加拿大的华人和华人社会》，宗力译，香港三联书店，1992，第 170 页。
② 沙翎：《浅谈多元文化政策对加拿大华人社会的影响》，《八桂侨史》1993 年第 2 期。
③ 朱柳：《加拿大华人参政新篇章》，《侨务工作研究》1997 年第 4 期。
④ 宋泳：《八十年代以来加拿大华人社会的发展与变化》，《八桂侨刊》1998 年第 2 期。

阶层差异客观存在，在族群关系融洽时不成问题，在族群关系紧张时，华人的经济优势就会被视作外族人的"入侵"和"剥削"，而成为遭遇攻击的口实。在参政中亦如此，一旦住在国经济状况恶化，拥有工作岗位和财富的华人就会成为众矢之的，一些政客也会因政治利益或转嫁矛盾而大肆煽动当地居民的民族主义情绪，鼓动政府通过排华的政策法规甚至族群冲突，1998 年印度尼西亚暴力排华即为典型一例。2008 年美欧出现金融危机以来，不少国家都出现了或多或少地将华人当作"出气筒"的现象。

同时，住在国的经济政策，主要是针对华人的经济政策也会对华人参政产生影响。住在国若实行公平开放的经济政策，对于善于经商的华人来说，经济力量将会增加，经济实力的提升，为华人参政提供了物质上的保障。反之，如果住在国政府实行压制华人经济的做法，必定会对华人参政产生一定负面影响。在马来西亚，独立初期还未全面实施"马来人优先"政策，马来人仅在教育、土地所有权、公务员录用等方面享有优惠，非马来人在经济领域尚有发展的空间。"5·13"种族冲突事件之后，马来人将冲突的根源归结为马、华两族经济发展的不平衡，由此，从 1969 年起全面推行"新经济政策"。政策的主要目标是消除贫困和进行社会重组，实质为强化马来人的经济实力和政治地位。政策计划用 20 年的时间将土著、非土著以及外资在工商业各个领域中所占的股份比例分别从 2.4%、34.3% 和 63.3% 调整为 30%、40% 和 30%。[①] 该政策规定私人企业必须保留至少 30% 的股份和工作机会给土著，同时采取强制性干预手段介入企业管理；限制和调整华人企业的经营范围、股份占有率、雇员职业结构、征收高额的商业税等，已达到增加土著社会财富的目的。因此，20世纪 70 年代以后，随着新经济政策的深入，以土著为代表的巫统经济实力已远超马华公会，雄厚的财力使其在经济上不再依赖马华公会和华人，政治上也逐渐将权力高度集中在自己手里，随着华人经济优势的丧失，华人在政府可资利用的政治资本也越来越少，政治地位和政治影响力每况愈下，参政空间遭到压缩。[②]

①　廖小健：《世纪之交——马来西亚》，世界知识出版社，2002，第 15 页。
②　许梅：《制约马来西亚华人政党政治发展的种族政治因素》，《世界民族》2003 年第 1 期。

2. 华人自身因素

（1）华人人口数量和结构。华裔人口数量和结构是华人政治参与的基本因素之一。如果一个少数族裔人数众多，实际上也就占有了政治参与的主动权，因为人口数和选票数基本成正比，在选举政治中，急需选票的政客们就无法忽视这个少数族裔的重要政治力量。毋庸置疑，华裔人口数量越多，华人参政的社会基础则越广泛。当然，这里涉及华裔人口的比例问题，纵使数量巨大，但是在所在国总人口比例却较小，其政治影响力也会随之减弱。在马来西亚，华人人口比重占该国约25%，因此，马来西亚华人可以影响选举，甚至可以造成2013年大选的"华人政治海啸"。除新加坡是华人占据主体族群地位的国家外，世界上其他国家华人族群仍无法与占有人口绝大多数的族群相抗衡，因此，在大部分国家和地区，华人政治影响力是有限的甚至是没有，主导因素之一就是华人占当地人口比重过小。[①]

华人人口数量是以族裔人口的多寡为衡量标准，而华裔人口的结构则是通过华人人口质量来区分的。华裔人口的地理分布和来源影响了华人政治参与，在华人人口集中的地区，华人影响力较强；在华人人口较为分散的地区，华人政治影响力较弱。来自不同地区的华人参政水平也不同，受教育程度越高的族裔，通常政治参与水平越高；受教育程度越低，则政治参与水平越低。因为公民随着受教育程度的增长，其社会经济地位一般情况下会呈正相关性提高，具有高学历背景的个体对政治方面的了解和兴趣比一般个体要强，政治参与的有效性也随之提高。[②] 从世界范围来看，华人总体受教育程度较高，他们当中不乏拥有高学位的社会精英，他们的下一代也在社区中脱颖而出，参政素养和热情相对于老一代华侨来说较高。根据美国马里兰州立大学2008年12月公布的华人人口研究的最新成果显示，25岁以上的华人取得大学文凭的比率为51.7%，远高于美国全国27%的平均水平。[③] 良好的教育会让华人意识到通过参政来实现自己的利

① 曹云华、王九龙、姚骋：《2013年海外华人政治与经济观察》，《东南亚研究》2014年第2期。

② 万晓宏：《当代美国华人政治参与研究（1965～2012）》，暨南大学出版社，2013，第70～78页。

③ 吴刚：《美国马里兰州立大学公布华人人口研究的最新成果》，《侨务工作研究》2009年第1期，见国侨办网站，http://qwgzyj.gqb.gov.cn/hwzh/146/1358.shtml。

益诉求，也使他们拥有参政最为基本的政治能力。

（2）华人社会经济实力的提升。研究表明：经济状况会影响公众的参与态度和参与形式，经济状况越好的个体参政水平也越高。具体而言：（1）对于那些经济窘迫、生活困难的底层华人民众来说，他们不仅要为生计而劳碌，以致无暇顾及，也因缺乏政治知识和素养，自认为不能在政治参与中有所作为，因此对于政治的态度表现冷漠；（2）对于那些经济实力较强的华人民众而言，他们不但不必为生存而奔波，反而因经济良好而掌握更多的政治资源，拥有充分的政治信息来源、人际关系及政治实力，因此对政治参与更有积极性，同时，经济实力较强的华人在现有体制中有更多的利益需要维护，他们需要政治的主动权和决策权来服务自己，也必然要求政治上的空间，而这些刺激了他们对政治参与产生更浓厚的兴趣；（3）海外华人长期浸泡于异质的政治环境里，形成了经济地位的高低影响政治参与的金钱政治观念。[1]

首先，华人社会经济实力增强提高了华人社会整体受教育程度，华人精英阶层逐渐形成并扩大。如前所述，在诸如澳大利亚、美国、马来西亚等国华人受教育程度都要明显高于华人所在国的平均水平。据统计，在2007年，美国在校大学注册比例男生为23%，女生为29%；华裔大学生男女注册比例则分别为43%和41%，比全国比例高出一倍和1/3。[2] 据澳大利亚2011年人口普查数据显示，中国大陆移民平均年龄为35岁，20~29岁的大陆移民中有62.1%受过正规全日制教育，远高于澳大利亚平均水平；拥有大学本科以上学历的人占到58%，而澳大利亚本土人仅有20.3%。[3] 一般来说，拥有高等教育的族裔比受教育程度低的族裔政治参与水平要高一些。如2000美国大选，受教育程度为高中或高中不到的所有华人登记选民中，只有不到一半的人参加了大选投票，而受教育程度为本科或研究生的华人及亚裔中有2/3的人参加了大选投票。[4] 在海外华人

---

[1] 杨渊：《当代美籍华人参政情况分析及策略选择》，硕士学位论文，外交学院，2012，第12页。

[2] 万晓宏：《当代美国华人政治参与研究（1965~2012）》，暨南大学出版社，2013，第82页。

[3] 张晶：《当代澳大利亚华人参政研究》，硕士学位论文，华中师范大学，2014，第7页。

[4] Pei－te Lien, M. Margaret Conway and Janelle Wong, *The Politics of Asian Americans：Diversity & Community*（New York：Rutledge, 2004），pp. 152－153.

参政的成果中，最为突出的是华人精英的政治参与。之所以有众多华人在各国政坛上大放异彩，除了多种主客观原因外，华人文化程度的提高也是其中之一。在传统的中国教育中，读书与政治紧密相关，科举制有效地将二者联结起来。"学而优则仕"的精英选拔也深刻影响了海外华人。华人文化程度的提高促进了华人精英阶层的形成，这大大提高了华人参政的能力和热情。

其次，华人社会经济实力的增强要求华人必须寻求政治上的庇护，形式诸如政商结合、政治献金等。在泰国历史上，就曾出现华商和政客双方各取所需，从各自利益集团得到益处的例子。政客被华商拉进自己的生意圈，担任董事或名誉主席等职务，分给他们红利，华商由此在经济上获得了一定的政治保护，双方结成了命运的共同体。华人以自身的经济优势来保护自己的经济利益和政治利益，不得不说这也是华人在特殊时期参政的途径之一。而在欧美国家的政治架构中，政治与金钱几乎是画等号的。如竞选总统、议员成功与否和募集资金多少有极大的关系，在政治选举活动上花费的钱越多，就能做出更完美的宣传和举行更完善的竞选活动从而吸引更多的选票。2008 年美国大选，奥巴马的得胜就很大程度上得益于他创纪录地募集到了 6.4 亿美元竞选经费，整个 2008 年的总统竞选活动开销高达近 18 亿美元。① 由此可见，华人在西方政治体制中寻求政治突破，没有雄厚的经济实力，想步入政坛是十分困难的。

再次，华人社会经济实力的增强改善了华人的社会形象。经济实力往往决定社会地位。早期华人一贫如洗，从事 3D（脏/Dirty、难/Difficult、险/Dangerous）工作，毫无财富可言，更无社会地位。华人通过在学业、事业上的不断努力，为所在国社会和民众做出一定的贡献，赢得了社会的尊重和承认。华人从早期的愚昧无知的"苦力"或拒绝与主流社会融合的"寄居者"，上升为受教育程度高、个人素质突出的"模范少数族裔"，获得住在国主流社会的认可。例如众多华人向公益慈善机构、教育医疗机构提供捐助，为所在社区和市区完善公共设施，为贫困者、流浪者提供人

---

① 德永健：《竞选团队称奥巴马一天收到两万多份捐款》，中新社，2008 年 4 月 6 日，http://www.dzwww.com/rollnews/guoji/201104/t20110407_7102536.htm。

道救助等，大大提升了华人公众形象。华人公众形象的改善、社会地位的提高，为参政提供了良好的群众基础。

（3）华人政治文化和政治认同。所谓政治文化是指政治关系的心理的和精神的反应，它是人们在社会政治生活中形成的对于政治感受、认识和道德习俗规范的复杂综合。政治文化一般有政治心理和政治思想两个层次构成，政治心理是政治文化的表层和感性部分，政治思想是政治文化的深层和理性部分。[①] 中华文化历经几千年的发展，不仅深刻地影响了每一个中国人，也对身处异乡的海外华人产生了影响，移居海外的华人或多或少受到某些中国传统政治思想的影响和束缚。在中国传统政治思想中，强调服从、恪守习俗、尊重威权和中庸之道。[②] 同时，华人因受到儒家和道家等中国传统文化的熏陶，再加上早期背井离乡，连生命安全都无法保证，极其自然地养成"明哲保身""常在屋檐下，哪有不低头"的保守政治心理。另外，大多数海外华人移民主要来自中国和东南亚等地，而其中一些国家和地区在历史上曾实行威权主义统治，人们大多没有参与政治的传统，华人只埋头于经济，无意争取政治地位，对政治较为冷漠。作为移居于异质文化中的移民，华人在文化上表现出明显的内向性，这种以族裔为基础的移民文化传统影响了华人的政治观念和行为，导致海外华人在政治上难以动员。[③] 虽然中国传统政治思想对当代华人参政意识的影响已经减弱很多，但是并未完全消除，不少华人仍然埋头赚钱，而视政治为"肮脏、危险"的活动，即使在今天，受中国传统文化的影响，"各人自扫门前雪，莫管他人瓦上霜"的保守政治心理仍然非常普遍。澳大利亚新南威尔士州前上议员沈慧霞女士曾表示，很多香港人来到澳洲只顾赚钱，寻求保障，对澳洲无归属感，反而是越南移民对澳大利亚政治参与度颇高。[④] 在美国，很多华人担心登记成为选民后会浪费时间去承担陪审

---

① 王浦劬：《政治学基础》，北京大学出版社，1995，第307页。

② 〔美〕施于杭：《美籍华人的政治取向和期望：兼论美籍华人在中美关系发展中的作用》，载〔美〕孔秉德、尹晓煌主编《美籍华人与中美关系》，余平宁等译，新华出版社，2004，第90~91页。

③ Lucian W. Pye, *Asian Power and Politics: The Cultural Dimension of Authority* (New York: Harvard University Press, 1985), pp. 251 –252.

④ 中国华侨历史学会：《华侨华人资料报刊剪辑》，1991年第2期。

员、投票等义务，影响自己工作和休息。这种自私心理导致众多华人公民不参加选举登记和投票。①

3. 祖（籍）国因素

（1）祖（籍）国与华人住在国的关系。众所周知，祖（籍）国和住在国是否有平稳发展的关系，对于祖（籍）国侨民在住在国的生活发展有着重要影响。如前所述，中美关系的变化便是实例。自第二次世界大战以来，中美关系开始变得正常和频繁起来，中美关系的亲密与否对美国的整个华人社会产生重大影响。新中国成立到尼克松访华之前，由于意识形态和国际局势的变化，中国在冷战中实行"一边倒"的外交政策，坚定地站在社会主义阵营，而美国在这一时期对中国采取外交孤立、军事封锁、经济制裁的敌对政策，中美关系完全处于对立状态，这一阶段美国社会对在美华人产生了怀疑和戒心，把他们认为是中国共产党为窃取军事情报安插在美国的间谍，在美华人的地位不仅严重下降甚至被推到对立面。在这一情况下，华人参政的情况虽然比废除《排华法案》之前有所改善，但由于这种大环境的存在，华人参政仍然举步维艰。② 而在 1972 年尼克松访华之后，特别是 1979 年中美建交之后，在美华人不但在美国社会中的认可度和信任度提升，而且美国当即增加了华人移民的配额，鼓励中国人移民美国，在美华人参政状况在中美关系正常化的大背景下迅速逆转。比如，1974 年，余江月桂当选为加州州务卿，是当时美国国内时任美国政府最高级别的华裔民选官员；1984 年，祖籍浙江的吴仙标成功竞选特拉华州副州长，等等。从 20 世纪 90 年代至 21 世纪初，中美关系的波动导致美国国内民众敌视中国情绪持续发酵，美籍华人成为两国关系的"牺牲者"，被视为不忠诚、会威胁美国安全利益。华人参政因此在这一时期遭遇瓶颈，遭受很多负面的政治刺激：在 2000 年美国大选前夕，中国再次成为两党攻击的目标，"中国威胁论"一时变成了两党候选人获取民众支持的政治资本，短短两三年间就发生了一系列挑衅中国主权的事

---

① 万晓宏：《当代美国华人政治参与研究（1965～2004）》，博士学位论文，暨南大学，2005，第 182 页。

② 段晓蕊：《在美华人参政影响因素分析》，《八桂侨刊》2013 年第 4 期。

件，种族歧视和反华情绪高涨，例如《考克斯法案》①、李文和事件②、中美南海撞机事件③等。现阶段，中美关系呈现总体平稳的状态，但仍面临着诸多问题，如贸易、人权、汇率、网络安全等，这些问题时而影响中美关系的大局，进而对华人政治地位产生影响。

（2）中国国力和国际地位的提升。近年来，随着全球化条件下中国与世界各国交往的增加及中国世界影响力的提升，华人住在国与中国交往的频繁促进了华人在住在国参政的机会与重要性。新中国成立尤其是改革开放以来，中国经济实力和国际地位显著提高，国际形象也大大改善，这种改观不仅影响着华人的海外形象，同时也使得海外华人得到更好的保护与更多的尊重。譬如，近年来，多国为史上歧视华人"正名"。2005 年11 月 26 日，时任加拿大总理马丁在全加华人代表大会上表示，当年针对华人的"人头税"和《排华法案》是加国历史上灰暗的一页，加拿大政府决定拨款 250 万元用于支持华人社区"表彰、纪念和教育项目"。2006年 6 月 22 日，刚上任不久的总理哈珀再进一步，就带有种族歧视色彩的"人头税"政策向全加华人正式道歉，并宣布将向受害者进行象征性补偿。④ 2012 年 6 月 18 日，美国众议院就《排华法案》道歉案进行口头表决获全票通过，加上 2011 年 10 月参议院同样全票通过，就此美国正式以立法形式向曾经排斥、歧视华人的做法道歉。⑤ 2014 年，印尼总统苏西洛签署第 12 号总统决定书，正式废除 1967 年第 6 号通告，把"支那"（cina）

---

① 1999 年《考克斯法案》的出台，暗示中国窃取美国核技术，华裔科学家多为"间谍"。参见《盘点美近年来针对中国的歧视性法案》，人民网，2011 年 5 月 18 日，http：//www. qstheory. cn/gj/gjgc/201105/t20110518_ 81186. htm。

② 华裔科学家李文和 2000 年被起诉"窃取美国核机密"，美国司法部以"非法下载机密材料"等 59 项罪名起诉李文和，其后李文和被单独囚禁达 9 个月。李文和被迫协议认罪，在被关押 9 个月之后才被释放。参见《述评：李文和冤案令美国蒙羞》，中国新闻网，2000 年 9 月 16 日，http：//www. chinanews. com/2000－09－16/26/46755. html。

③ 2001 年发生中美南海撞击事件，美方态度强硬，拒不道歉。在美国媒体煽动下，一些美国民众，特别是美方机组人员家属情绪激烈。美国国内反华势力更是四处活动，甚至有人扬言要扣留全体美籍华人作为人质。参见《中美南海"撞机事件"真相》，新华网，2010 年 9 月 10 日，http：//news. xinhuanet. com/theory/2010－09/10/c_ 12539023. htm。

④ 王海波：《多国为史上歧视华人"正名"》，《海内与海外》2014 年第 5 期。

⑤ 于小喆：《多国为史上歧视华裔"正名"，华人政治觉醒是关键》，中国新闻网，2014 年4 月 29 日，http：//www. chinanews. com/hr/2014－29/6116874_ 2. shtml。

改称"中华"① ……凡此种种，无不关系到华人祖（籍）国中国的影响力。

一个弱势的中国会让华人在住在国受尽歧视，不断壮大的中国则会让他们在住在国的境遇大大改观。境遇的改变对于海外华人参政大有裨益，因为在任何人看来华人的祖（籍）国不再是虚弱与贫穷的而是不断崛起的，虽然这种影响是间接的，但是选民都愿意把选票投给拥有积极向上形象的竞选者。②

二　海外华人参政中存在的问题

海外华人参政经历了早期的不自觉、不主动甚至是回避，只有少数华人参与政治生活，到如今华人积极主动的参与住在国的政治生活并取得丰硕成果。总体来看，海外华人参政的趋势是向好的、积极的，但值得注意的是，海外华人参政的未来发展趋势取决于华人融入所在国社会的程度和住在国对华人的政策。众所周知，如今在大部分国家，海外华人参政仍面临着参政渠道不太通畅，参政规模和水平与华人人口数量和社会实力不成比例，住在国华人政策不明朗甚至狭隘的民族政策等问题，华人真正融入主流社会和参与住在国的政治生活，仍有漫漫长路要走，仍有种种障碍需要克服。

1. 种族歧视和偏见

众所周知，海外华人都曾有长期遭受种族歧视和排华政策的经历，如美国、加拿大的"排华法案"，澳大利亚的"白澳政策"，印度尼西亚排华事件等。虽然历史上的排华已被废止，但其残留影响依然存在。在大洋洲，尽管澳大利亚的"白澳政策"已被废除多年且推行多元文化政策，倡导平等自由的族裔环境，但是亚裔族裔遭到歧视的现象依然存在。有调查显示，在澳台湾留学生中 46% 曾有过被歧视的经历，15% 曾被身体攻击。③ 沈慧霞在担任议员期间曾收到署名为麦当劳的来信，声称要为反对

---

① 《印尼总统苏西洛签署决定书废止"支那"称呼》，中国新闻网，2014 年 3 月 19 日，http: //www. chinanews. com/gj/2014/03 － 19/5970020. shtml。
② 段晓蕊：《在美华人参政影响因素分析》，《八桂侨刊》2013 年第 4 期。
③ 易文明：《20 世纪 70 年代以来澳大利亚华人参政研究》，硕士学位论文，暨南大学，2012，第 58 页。

亚裔人士入侵而斗争，信中指出"在澳洲大部分民族都不欢迎亚洲人，讨厌在街上看到他们"。① 除了公开的排斥，涉及华人就业、文化等各方面的隐性族裔歧视政策也影响了华人社会的发展，也间接制约了华人参政力量的崛起。在北美洲，华人社会整体发展较为健康，但是歧视性事件也时有发生，而在所有的亚裔美国人中，华人是受到打击最多的。主流社会有些人仍然用种族偏见和意识形态看待华人，总担心华人是中国在美国的"代言人""第五纵队"，总会有人奇怪地提出"华人怎么会是美国人""我们能相信华裔吗""他们对谁忠贞"等各种各样的歧视性问题。在亚洲，一些狭隘的民族主义观念和排斥华人的举动同样存在。如在 2010 年印度尼西亚棉兰市长选举中，华裔候选人和穆斯林候选人进入次轮竞选，穆斯林候选人为获胜，不惜利用教规呼吁排斥异教徒，甚至在一些地区还散布言辞激烈的种族言论，如"警惕棉兰变为'华人城'""华人当选肯定会有动乱"等。② 由此可见，原住民在心态上还未完全接受华人，即使华人已经当自己为这个国家的一分子。在欧洲，污蔑华人"顽固不化"，是"黄祸"的说法也时有所闻。在 2004 年 3 月，英国北爱尔兰贝尔法斯特南部出现多张针对当地华人的种族歧视的海报和传单，呼吁当地居民驱逐那里的华人。③ 种族歧视沉渣不时泛起，是影响华人参政热情，阻碍华人参政的负面因素之一。

2. 族群政治

海外华人作为住在国的少数族群，在政治势力上较为弱小。团结华人社会，凝聚华人力量，逐渐形成的族群政治成为海外华人参政的策略之一。在一定时期里，抱团合力的族群政治起到了一定的作用。但是，随着海外华人融入住在国社会的深化，族群政治却转变为华人参政的绊脚石，割裂了海外华人在政治融合上的统一，不仅不利于华人参政，反而加剧了种族间的隔阂。海外华人认识到，"代表华人利益还是代表全社会利益"，

---

① 中国华侨历史学会：《华侨华人资料》1991 年第 2 期。

② 周艳玲：《印尼棉兰华人参政浅析——以 2010 年棉兰市长选举为例》，《东南亚研究》2010 年第 5 期。

③ 《暴力事件屡屡发生欧洲华人要敢于保护自己》，《环球时报》2004 年 9 月 24 日，第 7 版。

是海外华人融入住在国社会所要抉择的。就目前来看，绝大多数海外华人住在国对华人都实行较为温和宽容、一视同仁的华人政策，华人在住在国所处的社会地位和所享受的公民权利基本有所保障。因此，在新形势下，海外华人应当加强与其他族裔的沟通，融入主流社会，培养和形成政治认同和国家认同，而不应该还在"代表华人利益还是全社会利益"这样一个命题上耗费精力。

不难解释，华人的自身诉求和住在国利益之间的关系，这两者事实上并不矛盾。华人政治家行使国家权力，就代表着国家和全社会的利益。相反，如果华人政治家只为华人群体发声，那只能说明华人并没有突破族群观念的藩篱，没有充分融入住在国社会，也很难在政治认同上有所突破。从政治现实角度来看，海外华人主打"族群政治"牌是一种不明智的选择，这一点在印度尼西亚、新西兰、澳大利亚政坛已经被多次证明。2008年新西兰大选，代表太平洋岛国移民的新西兰—太平洋党（New Zealand Pacific Party）在太平洋岛国移民占新西兰人口 6.9% 的情况下，在大选中却只获得 0.37% 的支持，前景渺茫的新西兰—太平洋党于 2011 年黯然解散。① 这些少数族裔政党本试图在族群集中的选区获得选票，从而跻身国会，但却事与愿违。其中一项重要原因就是，少数族裔政党在制定政策时，既要代表本族群利益，又要顾及主流社会的普遍思维，而这种平衡向来很难把握，稍有不慎，便会产生相反效果。可见，如果少数族裔政党只打着"为某族裔或群体代言"的旗号而没有成熟的政见，是很难获得生存和发展空间的，而这又会对少数族裔的政治参与带来负面影响。从族群关系角度来看，如上所述，在政治参与上主打少数族裔牌，有使本族群与主流社会更疏离的危险。不可否认的是，在部分华人住在国，政府通过立法、司法等隐性政府行为，限制华人的政治经济活动，甚至有赤裸裸的歧视和偏见。在这里，海外华人的确需要在政府中拥有代表权和发言权。但海外华人应该意识到，华人代言人只是切实保障华人自身正当利益的个体，如何在一个由所有团体、协会、集体和人民构成的政治体系中，发挥社会政治影响力来实现华人的目标，才是华人日后政治参与的主要途径。

---

① 谢峻润：《新西兰华人政治参与研究》，硕士学位论文，暨南大学，2013，第 52 页。

因此，海外华人在进行自我定位时，理应抛弃"客居心态"，事实证明，只有一个愿意"落地生根"的人，才会被住在国主流社会所接受。澳大利亚政治家沈慧霞在北京接受记者采访时，曾说："我当选并不是因为我是华裔"，"在 1988 年的大选中我得票 18 万 3 千多张。即使澳大利亚所有的华人都入了籍也不够这个票数，这表明我是作为澳大利亚公民而得到信任的。"① 只有代表全体选民而不局限于代表华人的利益才能在海外政坛上脱颖而出，这应是未来华人参政活动的主要发展方向。

3. 技术层面的问题

包括语言障碍、对主流文化认知不足、对住在国政治知识储备不足等，导致在竞选中失利。华人对住在国政治文化的低认知度引起的后果，一方面是不懂得以政治途径来实现、维护自身利益，另一方面则是即使主动参与政治，但是由于对住在国政治文化不了解，也会导致参政过程异常艰难且难以成功。② 如大陆新移民王鑫刚 2015 年竞选英国保守党国会议员，最终失利，观看过其竞选辩论的人回忆："他可能不是很熟悉主持人的问题，并不能答到点子上，也比较难了解到民众的关心点。表现并不如其他党派的代表。"在 Face book 上，有人对他鼓励，也有人直白地批评："连语法都说不对"。③ 技术性因素虽不是关键，但也是失分的因素之一。而更典型的例子是美籍华裔、年仅 25 岁的李林笛参选美国国会众议员而中途退出的事件。李林笛的父母是早期出国的留学生，她是典型的新移民第二代，由于热衷社会活动，从 2015 年下半年宣布参选国会众议员即引起华社关注，由于其能力较强、形象清新，获得了华社的大力支持，预期也一片乐观。然而，2016 年 4 月 1 日，法院裁定李林笛所提供的竞选民众联署书不合规定，取消其参选宾夕法尼亚州第六区国会众议院众议员党内初选资格，李林笛随即宣布退出竞选，舆论一片哗然。根据宾州法律，国会参选人首先必须递交由 1000 个选民署名的联名书，否则无资格参选。

---

① 任谢元：《1970 年代以来的澳大利亚华人新移民研究》，硕士学位论文，暨南大学，2006，第 32 页。

② 段晓蕊：《在美华人参政影响因素分析》，《八桂侨刊》，2013 年第 4 期。

③ 宁卉：《在英国选议员：华人参政的两张面孔》，2016 年 1 月 1 日，界面，http：//www. jiemian. com/article/492292. html。

李林笛团队提交了 2470 份，最终被裁定联署书有多处疏漏，不合要求，能被认证的有效签名没有达到法定要求的 1000 个人，从而失去了候选人的资格。主要问题即在于李林笛团队对联署规则不了解，负责其竞选事务的白人经理之前未予重视，到最后关头，由华人出面帮忙收集签名，却因为不谙规则，导致收集的许多签名无效，最终造成中途退出的结果。[①] 不少人对此表示惋惜，竞选也是政治文化的一部分，对年轻的李林笛而言，确实还有许多知识需要学习。

4. 传统文化的负面影响

如中国人各自为政，都想出头的心理，导致在地方竞选中，往往多位华人代表同时参选，最终大多数落选或全军覆没。对此，有人指出失败的原因是华人不团结，不懂竞选策略。同样的情况，犹太人的做法则完全不一样：犹太人会先内部竞选，推出最强者参选；而且犹太人也不会同时推举多位候选人参选，互相倾轧。可以说，这类问题的出现既关乎策略，又关乎心理，对于都想出头的华人来说，要说服谁放弃都不容易。又如以一些负面手法（不择手段抹黑、打击对手）竞选的问题，在美国华人的地方选举中也很普遍，即所谓的"黑函"问题。一到竞选季，以揭露隐私甚至造谣来抹黑和打击对手的黑函就不断出现，西方人也有对竞争对手的攻击或揭露，但基本上都是"明争明斗"，所以，对华人背后"放暗箭"的做法，西方人大为不屑，对华人的印象因此更为负面。而华社内部，不少人也对此不齿，"黑函"的流行往往让人对竞选心生倦意，有些竞选者因此退选，更多的人则选择不去投票，参政热情大受打击。不论是不团结，还是"黑函"现象，都是中国传统文化中的负面因子，波及华人参政，影响的不只是某一次竞选的结果，而是华人的整体形象与华人参政的大局。

[①] 《美国国会议员参选人李林笛退选，支持者失望》，西雅图中文电台，2016 年 4 月 4 日，https://chineseradioseattle.com/2016/04/04/lindy_ li_ withdraw_ from_ congress_ race/。

第三章　海外华侨华人的族群关系研究

"族群"（ethnic group）这一概念来自西方，是多种群体分类的一种方式。海外华侨华人的族群关系虽然也涉及华侨华人与住在国的其他移民族裔的关系，乃至华侨华人族群内部的关系，但一般还是指华侨华人与当地主体民族之间的关系。华侨华人与住在国主体民族的族群关系往往是一个敏感而又复杂的问题，它不仅关系到华侨华人在住在国的生存和发展环境，而且也可能影响到其住在国与中国的关系。因此，海外华侨华人的族群及其相关议题长期受到华侨华人研究学界的关注。

第一节　海外"华族"的形成

据统计，目前有将近6000万的华侨华人生活在全球各地。在国际移民框架下探讨由华侨华人组成的群体时，有学者倾向于使用"散居者"（diaspora）的概念，而在探讨华侨华人与其住在国主体民族间关系时，似乎"华族"（Chinese ethnic）这一概念更为合适。

一　"华族"及相关概念界定

所谓"华族"，是中华民族的简称，也指具有中华民族血统的人。在华侨华人研究的语境中，它的内涵更多指向的是"华人族群""华裔族群"，因此，探讨这一概念，还应从"族群"说起。

（一）"族群"意涵

"族群"这一概念的历史渊源我们可以追溯到古希腊时期，然而近现代民族学与人类学概念上的"族群"则是更为晚近的事情。① "族群"这一概念最早在 20 世纪 30 年代开始使用，到 20 世纪 60 年代逐渐被国际人类学界广泛采用，自 20 世纪 70 年代末 80 年代初引入中国以来就一直存在着很大的争议。其实不仅是在中国，国外学界关于族群概念最初也有不同的观点。

美国人类学家劳尔·纳罗尔（Raoul Naroll，1964）认为族群是这样一个单元，它因承载不同的社会文化而与其他族群相区别，那么族群内部必须共享基本的文化价值，而且要有一种外在的表现形式，借此形式可以将本族群与其他族群区分开来。这样，作者将族群定义为这样一个群体：在生物学上能够实现自我延存，其内部成员通过共享一种文化价值而自我认定或者由他人认定的区别于其他，且能构成一个能够交流互动的场域。② 纳罗尔对族群的定义得到了广泛的认可，他的观点中特别强调文化这一因素，也是因此而受到之后学者的关注。以色列人类学家阿伯纳·科恩（Abner Cohen，1969）在《非洲城市的风俗与政治》一书中认为族群中的族籍具有情感的感召力和一定的象征力，其原因在于它具有实际上的政治功能，而族群的认同在本质上是一种政治现象，作者认同族群这一概念中的文化，特别是传统文化的重要性，但是他认为文化之所以重要是因为通过文化可以调动和增强一个族群的政治聚合力，"族群"意义则变成了工具和手段。③ 另外，挪威人类学家弗雷德里克·巴特（Fredrick Barth，1969）在其主编的论文集《族群与边界》中也对族群问题进行了探讨，在肯定了族群是指具有共同的认同，历史和文化传统的人群的同时，巴特也指出，若要对族群问题做充分的理解和分析以上这些特征并不能作为充分条件。而突破点则在于通过对民族志的研究认清实际的社会生活中族群形成过程。然后，作者呼吁将研究的重点放在有关族群的边界的问题

---

① 纳日碧力戈：《全球场景下的"族群"对话》，《世界民族》2001 年第 1 期。

② Naroll, R., Berndt, R. M., Bessac, F. D., et al., *On Ethnic Unit Classification* [*and Comments and Reply*]. Current anthropology, 1964：283 – 312.

③ Abner Cohen, *Custom and politics in urban Africa：A study of Hausa migrants in Yoruba towns.* Routledge, 2003.

上。① 这一点对族群问题研究的内容和方向具有重要的影响。

在西方由不同角度出发，通过对族群问题的研究而逐渐阐述对族群的认识并尝试对其概念进行界定的还有很多，但是迄今西方学界仍没有就族群的定义形成完全一致的意见。通过总结我们就可以发现一些达成共识的地方，比如大多数人认同族群是这样一个群体，他们具有共同世系和文化特征，而这些特征是由这一群体自己或者外部给予认定的且与其他群体相区分。换句话说，建构族群依靠的是世系和文化，尽管有共同的地理生活空间和密切的经济联系，但这二者并不能构成族群的基础。

"族群"作为一个舶来词，中国学者对族群概念的研究主要集中词源追溯和对西方有关族群概念研究的梳理，形成一些具有代表性的观点。庞中英（1996）用描述的方式来界定族群，认为族群是一个国家内部的"民族的少数"或"少数民族"，他们处于尚未被融合或统一到与国家的界限大体一致的民族（nation）里的阶段，而他们具有许多文化上的共同特性；在一个国家中无论人口多寡，其地位是主导或被主导的集团都可算作族群，这些族群是构成民族国家的基础。② 周大鸣（2001）认为"族群"是具有自身文化特质的群体，这种群体一般处于较大的文化和社会体系中，宗教和语言的特征是这种群体最为显著的特征。③ 孙九霞（1998）把"族群"界定为这样一种群体：在较大的社会文化体系中，客观上具有共同的世系、血统、体质，同时具有相似的语言、宗教、习俗等条件，由此在主观上形成一种自我认同，这种自我认同成为族群之间区分的重要标志。④ 马戎（2003）认为族群是一个宽泛的概念，它不仅可以指亚群体和少数民族，而且还可以指所有的被不同文化和血统所造成的被打上烙印的社会群体，族群是人类社会群组层次划分之一种；族群意识是后天形成的；族群以生物性和文化性为代表。⑤ 纳日碧力戈（2003）认为："族群"概念富含种族、语言和文化的内容，族群继承了家族象征体系的

① Barth, F., *Ethnic groups and boundaries: The social organization of culture difference* (Long Grove, Illinois: Waveland Press, 1998).

② 庞中英：《族群、种族和民族》，《欧洲》1996 年第 6 期。

③ 周大鸣：《论族群与族群关系》，《广西民族学院学报》（哲社版）2001 第 2 期。

④ 孙九霞：《试论族群与族群认同》，《中山大学学报》（社科版）1998 年第 2 期。

⑤ 马戎：《试论"族群"意识》，《西北民族研究》2003 年第 3 期。

核心部分，因此，实质上是家族结构的象征性扩展，是家族范围的仪式在族群乃至国民国家的层面上的演绎，并通过建造常态化的各种富有象征意义的设施予以巩固。① 李远龙将族群界定为重要的五点：（1）共同的族群起源；（2）属于同一文化或具有相同的习俗；（3）共同的宗教；（4）同一种族或体质特征；（5）使用相同的语言。②

综合国内外学者对"族群"的界定和对族群状态的阐释（越来越多的学者通过田野等方式考察族群，进而抽象概括出一系列共性特点），不难发现，大多数学者认为"族群"强调群体内部的文化特性，并在社会交往过程中与其他群体产生异质性，这种自身文化特殊性和异质性能够维持族群边界并实现边界的稳定。然而有关"族群"概念的讨论到今天仍没有结束，而其中争议最大的就是关于族群与民族概念的关系。

（二）"族群"与民族的概念之争

在了解了我国和西方关于族群的意涵之后，我们通过对比民族与族群的比较，分析二者在研究华族问题中的适用。民族概念的使用时间要早于族群，甚至有西方学者认为早在西方民族主义传来之前，中国人就已经有了类似于"民族"的想象，对于中国来说真正陌生的是民族国家体系而不是民族这一概念。③ 但汉语中民族一词是近200年流行于西方的与主权国家和政权密切相关的概念"nation"的汉译，是中国清末民初的学者由日本引入而来泛指具有不同文化特点的群体，而后马克思主义民族概念也进入中国，即斯大林对民族的定义：共同语言、共同地域、共同经济生活、共同文化上的共同心理素质。但无论是源自西方国家还是马克思主义理论中的民族概念，均不能完全解释中国的实际状况：西方的民族概念富含民族国家的政治意味，也就是只有在民族和国家的边界重合或者说在文化与领土结合而相一致的情况下西文中的"nation"才可以译为"民族"。④ 另外，"民族"这一词是在法国大革命等巨大政治风暴中产生的概

① 纳日碧力戈：《问难"族群"》，《广西民族学院学报》（哲社版）2003年第1期。
② 李振宏：《新中国成立60年来的民族定义研究》，《民族研究》2009年第5期。
③ Duara P.，De - constructing the Chinese nation，*The Australian Journal of Chinese Affairs*，1993：2 - 9.
④ 罗柳宁：《族群研究综述》，《西南民族大学学报》（人社版）2004年第4期。

念，它自诞生之日起就具有浓厚的政治色彩，在欧洲，"民族"概念与生俱来的这一特征似乎始终没有发生变化。在此背景之下，直到现在，欧洲的"民族"概念，无论是在定义的界定上还是在现实生活中，都具有鲜明的政治含义。①

中国有关民族定义的研究到 20 世纪 90 年代才进入了一个真正学术化的阶段，通过结合中国的实际情况对民族问题做出个性化的解释，改变了以往将国外理论套用在中国问题之上的状况，也正是因为如此，才可能最大限度地挖掘认识对象的最深刻的本质。国内的学者大都认为中国的民族概念有其产生、使用的特殊文化和社会政治背景，有它丰富的历史内涵，从某种意义上说，西方民族国家意义上的 nation，强调国籍意义上的 Nationality，和主观认同意义上的 ethnic group 都部分但又不能完全解释中国民族的概念。② 事实上经过研究我们已经得出了一个中国意义上的民族的内涵，然而在与西方语言对译的时候很难找到恰当的词语，美国人类学家郝瑞（Stevan Harrell，1998）指出，在此种情况下，莫不如在英语中保留汉语术语"Min Zu"来对译中国的民族。③

另外，在族群与民族概念的关系上，自"族群"这一概念引进中国后一直存在两种争议：一种是以阮西湖先生为代表，力主将 ethnic group 翻译成"民族"，阮教授从词源学的角度分析，认为族群概念与我国传统的民族概念是吻合的，只是受台湾学者族群术语的影响而误译为族群，并造成族群与民族两个概念的分离。④ 然而大多数人类学、民族学研究者坚持用"族群"来指"ethnic group"。⑤ 有关国内学者关于族群意涵的理解前文已详述，此处不赘。需要补充的是，作为人群共同体，族群更多强调的是一种共同的文化的认同，强调基于共同的历史与记忆形成的不断流动

---

① 李红杰：《论民族概念的政治属性——从欧洲委员会的相关文件看"民族"与"族群"》，《民族研究》2002 年第 4 期。

② 乌小花：《论"民族"与"族群"的界定》，《广西民族研究》2003 年第 1 期。

③ Harrell S., *From Ethnic Group to Minzu（and back again？）. Yi Identity in the People's Republic*, Second International Conference on Yi - Studies, Trier, Germany, 1998：19 - 23.

④ 潘蛟：《"族群"与民族概念的互补还是颠覆》，《云南民族大学学报》（哲社版）2009 年第 1 期。

⑤ 雷海：《对"族群"概念的再认识》，《广西民族研究》2002 年第 2 期。

的族群边界。而民族的概念一经政治化后，很难再从一种固化的状态复位。① 国内学者对民族与族群关系的认识上形成了三类看法：否定论，以阮西湖教授为代表，认为没有必要引入族群概念，并建议少用或不用此概念；替代或置换论，认为民族可用来代指国家内部所有群体的综合，而族群则是国家内部区别于其他群体的单元；折中论或兼用说，这一类学者在肯定"族群"及其理论的学术价值的同时，强调要正确区分和理解"民族"和"族群"，但反对应用中的泛化和简单的"拿来主义"。②

事实上，民族与族群概念的争论最终要落实在分析具体问题时这两个不同概念的适用上。"族群"自西方传入中国之前就是一个具有多种含义的概念，但在诸多争议中我们可以发现共通之处，就是民族的概念在不同历史阶段和不同的社会文化背景之下其内涵也在不断变化。但总的来说，民族更强调政治方面的意义，民族国家的意味更浓。而族群所指的对象实体是一种内核稳定、边界流动的人们共同体。③ 一般是从文化方面去定义而不具有主权的要求。也可以说，族群概念适用于民族的文化定义，民族概念适用于族群的政治含义，族群完全可以超越一个民族的界限，例如华人族群、穆斯林族群等。④ 就本文的研究对象为海外华侨华人群体而言，在概念的适用上更倾向于上文所提的"族群"。

全球化使得来自不同地区和族群的人们交流越来越频繁，族群之间的联系也越来越密切，关于族群与族群关系的研究也成为当代人类学、社会学和政治学研究的主题之一。西方对族群关系的研究主要是从社会学的宏观视角出发，利用同化主义理论、内部殖民主义理论、社会分层理论对族群关系进行探讨，现已形成了由以上三点构成的族群关系研究的理论范式。目前，国内学者也已经初步奠定了族群研究的知识体系，但大多数是针对国内的族群状况个案的研究，较少涉及海外华侨华人族群的问题。本章旨在通过厘清族群等问题的相关概念，并着重分析海外华族的问题。

---

① 祁进玉：《国内近百年来民族和族群研究评述》，《广西民族研究》2005 年第 2 期。
② 金炳镐、毕跃光、韩艳伟：《民族与族群：是概念的互补还是颠覆？——民族理论前沿研究系列论文之二》，《黑龙江民族丛刊》2012 年第 2 期。
③ 雷海：《对"族群"概念的再认识》，《广西民族研究》2002 年第 2 期。
④ 高崇：《族群与族群性：两个概念的再认识》，《中南民族学院学报》（人社版）2001 年第 3 期。

（三）"华族"与海外华族概念的界定

在分析了族群与民族的概念之后，我们来进一步了解有关华族与海外华族的概念。据暨南大学教授郭熙（2007）考察，到目前为止，中国大陆词典均未收录现代意义上的"华族"一词。民国时代编纂出版的《国语辞典》收录华族一词，解释为：犹言中华民族。台湾的《大辞典》与重编《国语辞典修订本》都明确将这一词解释为"中华民族的简称"，以后基本上将"华族"与"汉族"等同起来，即经过几千年的民族融合之后统称为中华民族，中华民族的称谓被广泛应用，但是很少有人用"华族"来代称。对外汉语研究专家汪惠迪认为，华族这一词语的应用范围限制在东南亚，特指东南亚国家华人指自己所属的民族，此时的华族一词的意义与汉族是不一样的。[1] 我们不难发现，"华族"一词所涵盖的范围逐渐由具有血缘、宗教、文化关系的，主观上认同中国文化和传统的人群转变为特指海外的华人族群。如周南京主编的《世界华侨华人词典》对"华族"所下的定义："海外华人或华裔少数民族（只有在新加坡为多数民族）的简称，"这一定义将华侨以及不具备中国文化特征的华裔排除在外。[2] 陈衍德（2001）认为华族应该是这样一个概念，它囊括了华侨、华人，以及部分华裔，从而表示"所有生活在中国（含大陆、台、港、澳）以外的具有中华民族血统和中国文化特征的人们"[3]。庄国土教授对"华族"的定义是：由保持华人意识的中国移民及其后裔组成的稳定的群体，是当地族群之一，构成当地国家民族（state-nation）的组成部分，这一定义首先强调了"华人意识"是作为族群区别的重要标志，强调华族是一个内在联系相对稳定的群体，同时认为华族是当地国家民族的组成部分。[4] 由此可见，伴随华族这一概念变化的是其覆盖人群的变化，而当下的华族概念也越来越趋近于"海外华族"。

一般来说"海外华族"就是指中国内地以外的中华民族成员。从逻

---

[1] 郭熙：《以"国、中、汉、华、唐"为上字的词与社会认同建构》，《语言教学与研究》2007 年第 4 期。

[2] 周南京主编《世界华侨华人词典》，北京大学出版社，1993，第 297 页。

[3] 陈衍德：《论华族——从世界史与民族史的角度所作的探讨》，《世界民族》2001 年第 2 期。

[4] 庄国土：《论东南亚的华族》，《世界民族》2002 年第 3 期。

辑上讲，海外华族是一个以华族为主流的社会对其域外同种民族的一个称谓概念。① 海外华族不是一个整体，而是以国别为单位的民族集团，因为不同国家的社会文化环境不同，这对当地的华人的影响是很大的，所以不同国家的华族都带有住在国家社会文化的特点。另外，在不同国家的华族群体在当地的社会政治地位也不尽相同，所以从民族学角度来看，分布在世界各地的华人族群不应视为中华民族的一部分，而应成为中华民族的分支。② 需要指出的是，在海外华族这一称谓的适用上，以中国内地人作为称谓主体更为妥当，因为内地是拥有中华民族人口最多的政治实体，也是中华民族的发祥地，正是在此经过生成、融合、发展和衍化才形成了今天的中华民族的主体。

另外，由于强调政治特征或人种血统特征，我们对海外华族的称谓通常也不尽相同，比如海外华侨、海外华人和海外侨胞等称谓，这些称谓在意涵及其延伸方面会在部分领域内发生重叠或冲突的状况。海外华族的民族性特征要比华侨、海外华人或外籍中国人的适用性更强、包容力更大，在文化交流中产生的歧义更小。从历史和现实的参照系看，这一称谓的基点是文化传统认同，它比以政治、血统、地域、语言、经济等因素认同民族性，具有更稳定的、更本质的特性。③

二　海外"华族"的形成与发展

海外"华族"群体可以说分布在世界各地，特别是近代以降，交通的发展为华侨走出国门提供了有利条件，无论是从水路、陆路还是空路都变得更为方便，华侨华人居住地域已遍布全球各个角落。华侨华人走向世界的历史过程是也是艰辛且复杂的，不同的历史阶段也有不同的特点，本节拟就海外"华族"形成的历史背景和过程进行简要阐述。

（一）海外"华族"的形成背景

中国至今在海外究竟有多少华侨华人？恐怕没人能给出确切数字。中

---

① 单纯：《鸿爪纪学》，四川大学出版社，2005，第353页。
② 阮西湖：《人类学研究探索：从"世界民族"学到都市人类学》，民族出版社，2002，第51~52页。
③ 单纯：《鸿爪纪学》，四川大学出版社，2005，第356~358页。

国新闻社课题组发表的《2008 年世界华商报告》指出当年海外华侨华人约 4800 万人，其中改革开放后从大陆移居海外的新华侨华人约 600 万人；[①] 2011 年海外华侨华人总数约为 5000 万；[②] 2014 年 3 月"两会"期间，国侨办主任裘援平对外公开的数据为 6000 万。[③] 早期中国海外移民与中国的海外交通，特别是海外贸易的发生和发展密切相关。大体可以说，从有海外贸易始，就可能有因贸易关系而"住蕃"的华侨。[④] 自汉代到宋代通过海上交通、经商、宗教和文化往来就有华侨涉足海外的历史，到 13 世纪的宋代在人数上开始增多，造船技术的发展和海外贸易的兴起为国内的居民出国提供了一定条件，此时东南亚地区已开始出现了华侨的足迹。而华侨大量移居海外则是从鸦片战争之后开始的，因为战争和社会生活环境的恶化，人民生活贫苦，加之清朝政府解除海禁，于是华侨开始大量移居海外谋生。早期移居海外的华侨，往往遭到歧视和剥削，来自异族的排挤致使同在海外的中国人越来越团结在一起相互帮扶，抵抗外来压力。但是此时的海外华侨很难形成住在国的"华族"，主要是因为加入住在国国籍的人数很少（一方面由于当地政府的排华政策，华侨加入住在国国籍限制极多，另一方面中国政府承认移居海外的华侨及其后代为中国人），直到"二战"之前，华侨加入住在国国籍都极少。事实上，为了谋生而移民到海外的华侨文化程度很低，中华文化在他国影响不大，再有落叶归根的思想浓厚，以至于考虑加入住在国国籍的人都很少。而这一情况在二战之后有所改观，主要原因是二战之后移民海外的人群中出现大量具有较高文化的知识分子，人口素质的提高推动了中华文化在海外的发展，新中国成立之后政府在侨务政策上不承认双重国籍，使得海外华侨必须做出国籍归属的选择，这样一来，绝大多数移居海外的华人决定加入当地的国籍成为侨居国的公民，大量富含中国象征的活动场所和社会运作方式的

---

① 《资料 2：世界各地华侨华人人口最新统计》，载葛兰主编《华人经济年鉴》（2009～2010），中国华侨出版社，2010.

② 吴宇：《约 5000 万：全球华侨华人总数首次得出较明确统计数字》，新华网，2011 年 11 月 30 日，http://news. xinhuanet. com/overseas/2011 - 11/30/c_ 111206719. htm。

③ 余晓洁、白洁、韩洁：《国侨办主任裘援平：凝聚 6 千万华侨华人同圆共享中国梦》，新华网，2014 年 3 月 5 日，http://news. xinhuanet. com/politics/2014 - 03/05/c_ 119627000. htm。

④ 庄国土：《华侨华人与中国的关系》，广东高等教育出版社，2001，第 21 页。

存在为中华文化在海外的传播提供了载体，这都促进了华族社区与群体的形成。另外，华人经济实力增强和学术上的成就为华人步入政坛奠定了基础，这有利于华人地位的提高，从而为华人的共同体（华族）在异域的形成创造了历史背景。①

（二）海外"华族"形成的历史简述

海外"华族"作为中华民族在不同国家的分支，具有自身的独特性，他们具有共同的民族意识、语言、文化和历史渊源。其形成也经历了漫长的历史时期。中国人移居海外的历史悠久。早在秦汉时期就有一些中国人赴海外经商谋生，不过中国人真正成批移居海外自唐宋开始，盛于明清，尤其在鸦片战争后的一百多年里为最多。

在宏观视野上，根据中国三次海外移民高潮，我们可将其划分为不同的历史阶段。

中国历史上第一次移民高潮从 16 世纪末开始，持续至 19 世纪中叶。由于西方殖民者相继在东亚进行商务扩张和殖民地开拓，导致对中国商贩和劳动力的大量需求。这一时期，中国移民高度集中于东南亚地区，只有少数前往日本和朝鲜半岛。移出地则以福建和广东两省为主，少数来自浙江、云南和广西。18 世纪以后，由于日本华侨社会湮灭，中国与朝鲜政府均不允许相互移民，持续不断的中国海外移民基本上前往南洋地区，南洋各地大小不等的华侨社会也得以形成和发展。

中国历史上第二次海外移民的高潮，是自 19 世纪中期以后的大规模华工出国和 20 世纪上半叶前往南洋的自由移民。19 世纪中期，由于西方列强在殖民地大规模开辟种植园、修建铁路、公路和运河、开采矿产，且黑奴贸易的禁止急需大批劳动力。因此，华工成为黑奴的替代品。从 18 世纪至 19 世纪中叶，先后约 500 万华工被贩运出国，约有 200 万华工被送往东南亚的种植园和矿场。19 世纪末到 20 世纪中期，除东南亚以外，其他地区限制中国移民入境和居留，清朝和民国初年政府严厉打击苦力贸易，因此，从 20 世纪前期到中期，中国移民潮以自由移民为主，绝大多

---

① 阮西湖：《人类学研究探索：从"世界民族"学到都市人类学》，民族出版社，2002，第 48~49 页。

数进入东南亚地区。这个时期东南亚的近代交通和航运业、采矿业、加工业和种植业有较大发展。以从事商贸为主的华商企业也在20世纪二三十年代纷纷进入实业领域，华侨的各项产业突飞猛进，吸引了更多的中国移民。第一次世界大战期间，先后有20多万华工前往欧洲从事战时劳工服务，不少人战后留居欧洲各地，其聚居地成为欧洲各地唐人街的肇基。第二次中国海外移民大潮是第一次大潮的延续。数百万中国海外移民中，除数十万人前往美洲、非洲、澳洲外，绝大部分仍前往东南亚。移出地更高度集中在广东和福建两省，约占中国海外移民的90%以上。到20世纪50年代初，超过1100万华侨定居于南洋，另有100多万华侨分布在世界其他地方。

第三次中国海外移民大潮涌现于20世纪70年代并持续至今，时称"新移民潮"。台湾和香港是中国新移民的先锋，大陆移民很快后来居上。中国新移民潮的外部拉力，源于西方发达国家在20世纪60年代中期以来放宽对来自发展中国家的移民限制，内部动力则是1978年以后中国大陆实行改革开放政策，放宽乃至取消对海外移民的限制。此后，数以亿计的发展中国家移民涌入发达国家，美国、加拿大、澳洲和西欧，成为包括中国移民在内的世界移民的主要目的地。随着全球化引发的人力、资本、技术和商品的世界性流动加速，20世纪90年代以来，发展中国家之间的移民也呈汹涌之势。尤其是因为中国经济的强势崛起和国际化程度的加深，大批中国商民随着中国商品、产业与资本的输出，奔赴世界各地。① 第三次中国海外移民潮极大地改变了华侨华人社会的规模和分布，包括新移民在内的华侨华人数量，从20世纪80年代中期约3000万人增长到现在的6000多万人。中国移民的足迹遍布世界各地，尤其集中于发达国家，仅北美地区的华侨华人数量就达到700多万人，大部分是新移民和华裔新生代。东南亚华侨华人的比重则从占华侨华人数量的90%以上，下降到70%。数量巨大的新移民与海外华侨华人的关系更加密切。中国近些年移民潮的主体，主要由四部分构成。一是留学结束后先在国外就业，随后移民的。这一群体的移民虽然不会导致大量的财富外流，但由于都是知识精

---

① 庄国土：《全球化时代中国海外移民的新特点》，《学术前言》2015年第4期。

英，因此损失的是看不见的智力软财富，从长远看，这是最大的损失；二是企业家及大中型企业里边的高级管理者和技术精英。这一群体的显著特点是以投资移民和技术移民为主，而且大部分人在移民之后，仍会在中国继续发展，之所以现在移民主要考虑孩子的教育，未来自身的养老，当然还有对未来中国的忧虑；三是演艺界明星，这一群体人数虽少，但拥有的财富却是巨大的，他们最显著的特点是移民后，绝大多数人的事业还在中国，移民的原因和企业家群体差不多；四是腐败官员及其家属，无论从财富角度，还是从其他方面评价，这一群体移民造成的负面影响都是非常大的。①

正是历史上延续至今的三次移民潮，大体形塑了海外华族的概貌，并在时代变迁中不断丰富并凸显出其族裔特征。

（三）海外华族的发展趋势

生活在异国的海外华族，是逐渐被同化，与当地民族融合，还是以自己独特的方式生存发展下去？这是海外"华族"研究的重要课题。从世界角度来讲，"二战"后的世界是民族同化政策失败的时期，也是各民族（包括华族）共处的时期和多元文化共存时期。因此，华族、华人文化在海外是不会消失的，但不排除局部的华人被同化，小部分华人与当地民族通婚而融合。这种情况是正常现象，这种现象在东南亚地区较多。这种多族源华人，如果再经过异族通婚，那很可能就被融合了。但这到底是小部分，华族作为一个人们共同体，不管在哪一个国家都不会消失。重要的是华人有灿烂的文化，我认为海外华人（华族）将会长期生存下去。这一点将在未来历史中得到证明。②

第二节　"他者"的排斥

华人与当地主体民族之间的关系，在社会学的意义上，就是互为"我者"与"他者"的关系。从华人本位来探讨华人与当地民族的关系问

---

① 庄国土：《世界华侨华人简史》，暨南大学出版社，2014，第188～192。
② 阮西湖：《人类学研究探索：从"世界民族"学到都市人类学》，民族出版社，2002，第52页。

题似乎更为便适，但若能从他者的视角，尤其站在当地国主体民族的视域中，来探讨海外华人遭受排斥境遇的深层次社会因素，无疑对我们理解华人历史有很大的益处。"他者"是与"自我"相对的抽象概念，它在现实中最典型的表现便是他人。他者问题是西方哲学中的一个重要问题，本质上体现了西方哲学界对于一直以来的以"自我"为中心的主流哲学的反思，也体现了对于人与人之间的关系的思考。"自我与他者"的关系问题应该在主体间性的研究视域之内。主体间性问题就是在"自我与他者"的关系之内逐步消减"我思"的优越性，承认他人存在的意义，寻找"自我与他者"之间理想的关系样态。例如，著名哲学家萨特曾在本体论的层面上论证他者，探讨自我与他者之间的关系。而对"自我与他者"关系的探讨经历了从自我走向他者的过程：以胡塞尔为代表的主体间性理论主要是反思主体的"唯我论"倾向；以哈贝马斯为代表的主体间性理论关注的是主体之间话语沟通的伦理价值取向；而勒维纳斯关于他者的理论则明确了他者的绝对差异性，指出伦理关系是主体间的奠基性关系，阐释了伦理学是第一哲学的立场。① 也许正是基于此种哲学思辨的启示，美国著名的中国学专家孔飞力于 2008 年 3 月出版了其关于海外华人移民史研究的成果《他者之中的华人：近代以来的移民》一书。2016 年，由李明欢教授翻译的中文版面世，使得更多中国学者关注到孔飞力以"他者"的独特视角对华人历史的审视。② 在该书中，孔飞力对东南亚各殖民地和北美、澳大利亚移民社会不同的政治、经济、文化环境下华人的境遇、适应策略、地位及华社的社会组织结构进行了多方面的比较分析，并论述了后殖民时代东南亚各独立国家华人社群所遭受的排华境遇及其应对策略等问题。对于看似比较"老"的排华问题，他强调，如果不能理解华人生活于其中的非华人群体的生活、传统和态度，就难以理解海外华人的生活。因此，他认为，东南亚排华运动与泛华运动（海外华人民族主义）有一定

① 孔庆斌：《从自我到他者的主体间性转换——现代西方哲学的主体性理论走向》，《理论探索》2009 年第 3 期。
② 〔美〕孔飞力：《他者之中的华人：近代以来的移民》，李明欢译，江苏人民出版社，2016。英文版见 *Chinese among Others：Emigrants in Modern Times*，Lanham，Maryland：Rowman &Littlefiled Publishers，Inc.，2008.

的关系。泛华运动与中国政治和文化上的关联，使东南亚殖民当局及后殖民时代的独立国家怀疑华人对居住国的忠诚，视为"中国威胁"，从而激发排华运动，这在东南亚民族主义兴起和民族国家的建设过程中表现得尤甚。此外，孔飞力还从殖民体系对东南亚土著人的长期心理影响角度来分析排华的深层根源。他指出，印度尼西亚土著民族的排华并不是独立之后才产生的，其根源在于殖民统治时期土著人长期被置于华人之下而产生的屈辱和仇恨。他将另两个被殖民国家——马来西亚和菲律宾及未殖民国家——泰国的排华程度与印度尼西亚进行了比较，并分析其中的历史和文化因素。孔飞力关于泛华运动和东南亚排华运动关系的分析，有助于我们重新理解东南亚排华运动的复杂根源。[①] 下文拟简要梳理各地华人遭遇到的排斥历史及原因。

一　全球排华简史

有海水的地方，就有华侨，然而，华侨的海外生存并不容易。近代以来，中国东南沿海居民大量迁移海外，在东南亚及北美等地形成了庞大的华侨群体。华侨是和平性质的移民，移民的目的主要为谋生。然而，华侨的到来，不可避免地造成了与当地人的经济摩擦和竞争，加之文化与当地族群存在差异，一旦予以时机，利益上的冲突往往会诉诸民族主义情绪，导致排华现象的发生。

（一）分区域国别排华概况

海外华人众多，偶然的、孤立的，或个人的排华事件，所在多有，不同地区和国家的排华状况及原因也存在差别。

1. 北美洲和大洋洲

若把排华当作一种运动看，先在社会上造成一种舆论，再推动其民意代表通过一系列的法案，然后由政府有关机构执行，为时达 100 年之久的，恐怕只有美国、加拿大、澳大利亚和新西兰这四个国家了。[②] 美国、加拿大、澳大利亚和新西兰四国的排华运动的起因、发展和结果，都非常

---

① 参见李爱慧《一部大视野之作：孔飞力〈他者之中的华人：近代以来的移民〉评介》，《华侨华人历史研究》，2009 年第 2 期。

② 〔美〕沈已尧：《海外排华百年史》，中国社会科学出版社，1985，第 19 页。

相似。都是因为淘金热、铁路潮引进大批华工，随后由于华工辛勤劳作的毅力、吃苦耐劳的精神成为当地廉价劳工市场的先驱，从而招致当地劳工的不满，且随着时局的变幻，政府随即出台了一系列限制华人的措施。在加州议员和排华势力的鼓动下，美国国会于 1882 年通过"排华法案"，规定十年内禁止华工入境，并禁止华侨入籍。"排华法案"是美国第一个以种族和国籍为理由禁止移民入境的联邦法案。[①] 根据此项法案，美国长期禁止华人入境，严禁在美华人取得美国国籍，从而严重限制和剥夺他们应有的基本公民权利，其影响极大，实际上导致如下结果：禁止华人在美拥有房产，禁止华人与白人通婚，禁止华人妻子儿女移民美国，实现家庭团圆，禁止华人在政府就职，禁止华人与白人对簿公堂，等等。这一美国历史上唯一针对某一族裔的移民排斥法案直到中国成为美国在二战中的盟友后（1943 年）才被废除。2012 年 6 月 18 日，在华裔议员赵美心等长期努力推动下，美国众议院全票表决通过，美国正式以立法形式就 1882 年《排华法案》道歉。而在此之前，美国国会从来没有承认此法与美国津津乐道的基本立国原则和宪法规定背道而驰。加拿大也曾追随美国的排华步伐，针对华人实行重税政策，并于 1923 年开始禁止华人入加。在美国和加拿大之后，澳大利亚则不顾宗主国英国的干涉，也曾通过限制、禁止华人进澳的一系列法案。1901 年澳大利亚独立，实行更加严厉的排华政策，后来扩大为排除所有的有色人种，实行"白澳政策"。在排华、排亚洲的声浪中，新西兰国会也于 1908 年通过了"移民限制法案"，把华人与低能旅客、违禁移民相提并论，一直到中国抗日战争胜利的前夕，新西兰种族歧视的排华移民法案才在中国多方面的交涉下有了真正的改变。

2. 亚洲

东南亚发生大规模排华暴行，发生在西方殖民者东来以后。在 17 ～ 19 世纪，菲律宾的西班牙殖民政府曾五次屠杀华人；1740 年，荷兰殖民政府制造"红溪惨案"，将巴达维亚万余华人屠杀殆尽。东南亚各国中，菲律宾是最早排华的国家。1828 年，西班牙总督下令禁止外侨经营零售

---

① 丁则民：《美国建国以来移民政策的发展变化》，《湖北大学学报》（哲社版）1997 年第 2 期。

业，可说是菲化的先河。1902 年，美国总督限制中国人移民菲律宾，可说是华人到东南亚各地首次遭到阻遏。^① 二战以后，东南亚各国民族国家先后建立，除新加坡政府以外，各国政府均推行程度不同的同化华人的政策。激烈的同化政策有强迫入籍、确立原住民特权地位、禁止华文报刊和教育、限制和禁止华人从事重要工商行业等，乃至驱赶华侨华人出境。这些排华措施固然对当地国的政治、经济和文化发展不利，但都重创了当地华人社会，甚至造成华人的灭顶之灾。

在东南亚国家中，印度尼西亚华人所受的劫难最多。二战结束，印度尼西亚极端民族主义者就发动大小 10 多次的排华暴动，华人死伤较多的有 1946 年的"万隆暴动"、"文登暴动"，1947 年的"巨港暴动"。印尼独立后，苏加诺政府以"民族化"为借口，于 1952 年至 1959 年颁布各种法规，在经济领域实行全面排斥华侨的政策，对华侨经营的传统经济行业严加限制和排斥，尤其是 1959 年颁布的总统第 10 号法令，禁止外侨在县市以下地区经营零售业，导致 30 多万乡村华侨零售商倾家荡产，流离失所。^② 1965 年印度尼西亚发生"9·30"事件，极端民族主义政客以反共名义对华人大开杀戒，近 40 万华人被屠杀。^③ 苏哈托上台后，关闭所有印度尼西亚华校，于 1967 年颁布《解决华人问题的基本政策》，对华侨实行全面的强迫同化政策。1994 年棉兰发生排华暴乱。1997 年亚洲金融风暴重创印度尼西亚经济，社会矛盾激化，次年 5 月的冲突中，华人再次成了印度尼西亚社会矛盾激化的替罪羊，数千家华人商店被抢劫，大批华人妇女被暴徒强奸，数以十万计的华人被迫逃离印度尼西亚。

1964 年马来西亚独立以后，"马来人的马来西亚"是历届马来人主导的政府的施政理念。马来西亚是唯一在宪法上规定马来人政治特权的东南亚国家，占全国人口 28% 的华人族群只能做政治上的二等公民。1969 年爆发的族群冲突"5·13"事件，导致 143 名华人死亡，多名华人政党领袖被捕，而马来人仅死亡 25 名。1971 年以后，马来西亚政府实行马来人优先的

---

① 〔美〕沈已尧：《东南亚——海外故乡》，中国友谊出版公司，1985，序言。
② 关于战后东南亚各国的排华政策，参见暨南大学东南亚研究所、广州华侨研究会编著《战后东南亚国家的华侨华人政策》，暨南大学出版社，1989。
③ Nawaz B. Mody, *Indonesia Under Suharto* (New Delhi: Sterling, 1987).

新经济政策，以法令形式强行以牺牲华人企业为代价扶植马来人企业。①

1954 年《日内瓦停战协定》签订之后，南越当局从一开始就对华侨实行限制和压迫政策。1955 年，南越当局吴庭艳政权颁布国籍法，强迫南越华侨加入越南籍。1956 年又禁止外侨（主要是华侨）从事 11 种行业。1975 年越南统一后，越南政府开始有领导、有计划、有目的的歧视、排斥、迫害和驱赶大批华侨，对已入籍的华人也不放过。迫使大批华人难民乘船逃亡到世界各地，其中葬身鱼腹者不计其数。② 类似发生排华事件的还有柬埔寨、老挝、缅甸等其他东南亚国家，或是追随他国颁布限制华人资本发展的经济措施，或是通过修改移民政策限制华人移民，划分公民等级，或是更甚者直接发动暴行残害华人。

（二）全球排华发生的背景

排华浪潮席卷全球大致始于 19 世纪末 20 世纪初，华人在中国的封建时代走向衰落、积贫积弱的历史岁月中逐渐成为世人欺辱、排斥、残害、蹂躏的对象，令人哀痛悲叹。审视全球排华发生的背景，是进行排华研究的重要环节。基于上述排华、反华发生的国别、区域的概述，对其发生的背景做如下分析。

1. 西方国家排华的背景

华人在西方国家遭受排挤、迫害，与当时中国国际地位一落千丈，处于任人宰割的国际背景密切相关。19 世纪末 20 世纪初，西方欧美列强加强对外侵略的步伐，"黄祸论"甚嚣尘上，成为主要针对中国、旨在宰割中国的理论。扩而大之，又是以肤色为标志的，针对亚洲众多弱小民族的蔑视之称和种族主义谬论。德国历史学家、政治思想史学家海因茨·哥尔维策尔（Heinz Gollwitzer）依据自己的深入研究和考证，把"黄祸论"定性为"一个帝国主义口号"，确认它是欧美列强在侵华、排华过程中经常"用作愚化和煽惑人民的工具，是为自己辩护的借口"。③ 这种带有强烈种

---

① 参见王国璋《马来西亚的族群政党政治：1955 ~ 1995》，唐山出版社，1997。

② Bender, *The Boat People: An "Age" Investigation with Bruce Grant* (Melbourne: Penguin Book, 1979), pp. 216 – 217.

③ Heinz Gollwitzer, Die Gelbe Gefahr, *Geschichte eines Schlagworts: Studien zum imperialistischen Denken* (Leipzig: F. Engelmann, 1911).

族歧视色彩的言论，以及对华人的诽谤、错误的认知，伴随华人踏入西方土地一道，强加在其坚强谋生的命运中。一旦华人与当地族群发生摩擦，矛盾激化，这种谬论便成为排华、反华的利器。而在西方社会中，这种排华、反华事件频繁发生具有其社会现实根源，这种根源，除了列强在义和团运动后企图瓜分中国外，还有以下三个方面。第一，经济上的根源。华工吃苦耐劳、任劳任怨的精神让许多白种人面临巨大的生存压力，而勤俭节约、消费不多又被认为是破坏当地国经济发展平衡的源头。第二，西方各色反华人等出于其国家安全利益考虑，对中国 19 世纪末 20 世纪初的工业化努力心怀戒惧，对中国的可能觉醒寝食难安。第三，还与列强之间在瓜分中国和争夺世界霸权的过程中，为缓解彼此矛盾或者为挑拨对手与他国之间的关系有关。

2. 东南亚各国排华的背景

20 世纪，中国与东南亚各国命运与共，为了独立自主，摆脱殖民主义者的压迫和统治，进行艰苦的斗争，走了许多不同的弯曲的道路。到了第二次世界大战结束以后，殖民主义者才纷纷从中国和东南亚各国撤退。但是，东南亚华人却常变成攻击对象，甚至替罪羔羊。其产生的主要背景，有如下五点。第一，是民族主义与西方殖民主义冲突的后果。殖民主义者占领和统治东南亚地区后，初期以收购原料和出卖商品所造成的剪刀差，后期以资本输出使用廉价劳动力，向当地人民进行剥削和压迫，华商处于中介的地位，被认为是不利于当地人民。这种情形，在印度尼西亚特别突出。由于殖民统治者要保持既得利益，进行挑拨和离间，更由于当地独立以后，政治经济走不上轨道，把种种失败归咎于华人。第二，对中国有传统的惧怕和中国的形象被歪曲而产生的敌视心理。历史上，中国曾派兵征伐越南、缅甸和印度尼西亚等地，时常派遣代表到东南亚各地诏谕威胁，促使他们向中国入贡称臣。至 19 世纪中叶，有些东南亚国家仍承认中国的宗主权。自 1949 年新中国成立以后，由于不了解和被别有用心人的歪曲，怀疑东南亚华人有成为"第五纵队"的可能，东南亚有些国家的领导人甚至得了"恐共病"。第三，华人的大国沙文主义思想。中国传统文化家族观念强，在落叶归根的思想影响下，东南亚华人把辛苦赚来的钱不断向祖国寄送，虽数代居留在外，亦无落地生根的打算，在居留社区，形成"国中之国"。这种民族优越感和较好的生活条件容易引起当地人民的嫉妒和反感。第四，东南亚新兴国家未订立或实施正确的平等的有关少数民族的政策。华人在多数东南亚国家为主要的少数民族，因此受到较大的歧视和迫害。到了20世纪80年代，印度尼西亚政府在实行"原住民"与"非原住民"的办法，许多在城市的华侨入籍归化以后，因为"非原住民"的身份，成为二等公民。再如缅甸政府把公民分为"纯血统公民""准公民"和"归化公民"三种，把入籍的华人归为三等公民。马来西亚政府限制华人参与政治和军事各方面工作。越南政府甚至驱逐华人出境。① 第五，宗教文化方面的差异。东南亚十国虽相邻甚近，但细究起来，文化方面的差异所带来的影响后果仍然是不可忽视的。在东南亚不同国家，华人与当地土著的宗教文化差异程度不尽相同。大体而言，在泰国、缅甸、柬埔寨、老挝等佛教国家，华人与当地土著宗教和习俗相近，较易融合，甚少在族群层面上冲突，排华理由主要是意识形态和华人在经济领域的优势地位。在穆斯林教居强势地位的印度尼西亚和马来西亚，以宗教文化为标识的不同族群冲突较为激烈，极端穆斯林将华人视为"非我族类"而加以排斥，政府也试图强行同化华人。亨廷顿将文明差异作为解释全球各地政治冲突的根源，并预言文明断层线的冲突是无休止的。②

二 全球排华的特点

总体来说，全球排华浪潮波及范围广（亚洲、北美洲、大洋洲、非洲等），持续时间长（时间跨度大）。具体来看，主要归纳为以下四点。

首先，世界各国的排华事件并不是个别的、孤立的现象，它们已经发展成为席卷整个地区的排华运动。所谓运动，这里指的是政治、社会或思想运动，即朝某种目的奋斗或使某种目的得以实现的一系列一致的有组织的活动或相关的事件。北美洲和大洋洲发生的排华事件，几乎如多米诺骨牌一样，接替发生，美国的排华法案影响到加拿大的对华政策，澳大利亚的"白澳政策"又推动了新西兰的反华措施的推出与实施。东南亚各国

---

① 〔美〕沈已尧:《东南亚——海外故乡》，中国友谊出版公司，1985，序言。

② 〔美〕塞缪尔·亨廷顿:《文明的冲突与世界秩序的重建》（第三版），周琪等译，新华出版社，2002，序言。

的排华活动都有大致相同的动机、原因或目的，其纲领、立法、政策、计划、步骤亦大致相似，即主要是限制、削弱和排斥（甚至消除）占优势的华侨经济，以扶植、保护和发展当地原住民的力量薄弱的民族经济。当然，由于东南亚各国国内的具体情况和矛盾不尽相同，所以各国在不同时期的排华运动的类型、广度、深度亦各异。泰国由于对华人实行同化政策取得较大成功，除了銮披汶执政时期以外，排华活动总的来说比较和缓。而在印度尼西亚，由于华侨、华人与原住民之间存在较尖锐的经济矛盾，由于殖民主义者的分而治之政策，由于穆斯林狂热派和别有用心政客的不断煽动，排华事件层出不穷，而且比较激烈。

其次，各国排华运动涉及面广，在民族主义情绪高涨的情况下，原住民社会各阶级和阶层（上自军政官员、政党领导人、民族企业家、宗教界人士，下至平民百姓）在不同程度上都被卷进了排华浪潮之中。尽管华侨、华人与原住民之间的矛盾并不是世界各国的主要矛盾，然而，当处在住在国特殊的发展阶段，华人与当地社群的些许摩擦都会导致华人生存状况的恶化。例如，在东南亚各国取得民族独立初期，东南亚各国人民没有认清华侨、华人资本从根本上来说不同于外国垄断资本，而是东南亚的国内资本，它的存在有利于东南亚各国的社会经济发展和民族建设事业。东南亚各国统治集团在面临经济危机时，为了巩固自己的统治地位，往往转移本国人民的视线，把华侨、华人当作替罪羊。一些不满的政客，为了实现其政治野心，也往往煽动人民的排华情绪，掀起排华浪潮。

再者，全球排华运动呈现出阶段性特征。西方国家的排华运动是与其进行侵略扩张的脚步一致的，在列强殖民扩张的初期（抢占原料和市场阶段）对待华人政策较为宽松，进入资本输出阶段，列强加紧瓜分世界，与世界其他国家矛盾频仍，排华倾向显著，到二战后，中国以四强之一的姿态出现在国际舞台，地位的提升使得西方社会对华人的态度发生转变，相继废除排华、反华法案与政策。战后东南亚排华运动大致可以分为两大阶段：第一阶段（1945 年 8 月至 20 世纪 70 年代初）为排华运动高涨时期。排华运动席卷东南亚各国，涉及面广阔，其中以 20 世纪 50 ~ 60 年代印度尼西亚的排华运动为最高潮。第二阶段（20 世纪 70 年代初至今），东南亚排华运动由最高潮逐渐转入低潮。这个时期除了越南、柬埔寨和印度尼西亚出现大规模排华浪潮之外，东南亚排华运动逐渐转入低潮。即战后东南亚排华运动表现为单驼峰形，即由低潮趋向高潮，再由高潮逐渐转入低潮。

最后，西方国家和东南亚排华呈现各自的特殊性。西方国家排华时间相对较早，废除排华的法案，平等宽容对待华人政策的出台也相对较早，基本上在二战期间或二战后，华人在当地的处境就有了改善。而东南亚各国大都在二战结束后，摆脱殖民统治，独立抗争时期，即20世纪中期以来频繁发生排华、反华事件。尽管二战以后，东南亚华人已完成政治认同的转向，作为当地族群之一效忠于当地国家，且在血缘、种族方面也和当地主体族群日益趋同，但华人身份似乎一直是一种"原罪"，每当社会冲突激化时，华人就被当作替罪羊。到20世纪80年代以后，这些引发族群冲突的因素日益消融，华族与当地土著社会的关系逐渐改善。90年代以来，东南亚族群关系基本上呈和睦发展的趋势。[①]

三　全球排华的类型

全球排华运动，按其内容、性质和形式大致可分为六种类型。

（一）立法限制型

通过立法手段限制、削弱和排挤华侨、华人的势力。如：限制中国移民入境；禁止华侨从事某种行业；向华侨、华人征收高额捐税；限制华人的文化教育事业和华人社团的活动等。如美国于1882年通过的《排华法案》宣布绝对禁止华工入境十年，加拿大于1923年通过的《四三苛例》，澳大利亚的"白澳政策"，新西兰1908年的"移民限制法案"，以及东南亚各国实行的闭关自守的激进民族主义政策，等等。

（二）舆论煽动型

这是世界各国普遍存在或时而出现的一种排华方式，上自高级军政官员、政党领袖，下至民族报刊编辑、记者和学者，无论是西方宣扬的"黄祸论"，还是东南亚时而重弹的排华老调，如"华侨华人是中国的第

① 庄国土：《文明冲突，抑或社会矛盾——略论二战以后东南亚华族与当地族群的关系》，《厦门大学学报》2003年第3期。

五纵队"；"华人控制东南亚经济"；"华侨华人永远心向其祖国——中国"；等等。① 诸如此类的论调，无疑不利于华侨、华人与当地民族的友好团结。1931 年 7 月的万宝山事件就是北朝鲜在日本帝国主义的怂恿和煽动下发生的波及全朝的大规模排华惨案。

（三）种族冲突型

这种类型的冲突，不能简单地称为原住民单方面的排华行动，而是华侨、华人与原住民之间长期存在民族隔阂、误解、矛盾、仇视的必然结果。在许多情况下，它是西方殖民主义者和日本占领者实行分而治之政策造成的。如印度尼西亚八月革命时期多起的种族冲突和排华惨案。在华人人口与当地原住民人口不相上下的情况下，双方的民族情绪更容易引发为种族冲突，如 1945 年和 1946 年马来西亚两次马华两族仇杀事件。

（四）驱赶屠杀型

在历史上，在西班牙殖民统治菲律宾时期曾多次发生驱赶和屠杀华侨的事件，以及 1740 年在荷属东印度发生的红溪事件。二战后，在印度尼西亚、柬埔寨和越南等国，亦曾发生类似事件。

（五）强迫同化型

民族融合是进步的标志，是历史发展的必然趋势。但强迫同化是企图利用国家政权的力量或政治手段来人为地消灭华侨、华人的存在，实质上是一种后果极为深远的排华活动。在这方面，"9·30 事件"后，印度尼西亚政府做得最为突出。但实践证明，强迫同化未必能够如愿以偿，相反地，泰国实行的温和渐进的同化政策却取得了明显的成功。

（六）政治性排华型

这里主要指出于政治动机的排华活动。通常情况下，当中国与住在国关系交恶时，住在国华人将受到牵连，境遇堪忧。例如，70 年代中越关系紧张，越南因而掀起了大规模的排华浪潮。另外，住在国政府出于别有用心的政治目的也会将矛头指向华人，如 1965 年印度尼西亚"9·30 事件"后，印度尼西亚军人政府为了反对印度尼西亚共产党和中国政府，而将斗争的矛头指向当地的华人，掀起大规模的排华运动。

---

① Jay Taylor, *China and Southeast Asia* (Lightning Source Inc. , 2005), pp. 208 – 222.

以上六种排华类型并不总是独立存在的，在一个国家的不同时期可能出现不同类型的排华运动，而在更多的情况下，几种排华类型同时出现，交织在一起。

以上简要回顾了世界各国政府实施的程度不同的排华政策，对全球排华发生的背景、特点和类型进行了粗略的归纳分析。海外华人在很长一段历史时期内，饱受苦难，"华人"身份在那个时期是一种桎梏。当今遍布全球的海外华侨华人有 6000 万左右，他们现在所处的海外环境有了很大的改善。2012 年 6 月 18 日，对美国甚至全球华人而言，是具有重大象征意义的日子。这一天，美国众议院全票通过，对于 130 年前通过的"排华法案"，向全体华人道歉。2014 年 3 月，被印度尼西亚华人社会普遍认为带有歧视意味的 1967 年第 14 号政府通告，即把中国和中国人、华人的称呼由 Tiongkok 和 Tionghoa 改成 cina 的历史决定，由总统苏西洛签署 2014 年第 12 号总统决定书宣布废除；这也意味着印尼华人的称呼将改回 orang tionghoa 或 orang tiongkok。① 这是历史的进步。的确，有些国家的移民法在条文上给华人以平等待遇，这固然已是一种进步，但事实上华人所受的待遇是否已经与当地国公民或其他移民平等，还大成问题。"华人"这个身份，何时才能真正成为海外华人生存发展的保护伞，而不是遭到非议、排斥和残害的标签，这是我们必须思考的问题。

第三节　海外华侨华人与主体民族关系现状

二战以后，由于住在国大多推行排华或强迫华侨同化的政策，加之中国侨务与国籍政策的引导作用，华侨华人尤其是东南亚的华侨华人开始逐渐归化于当地社会，构成东南亚当地族群之一。东南亚华族从"落叶归根"的华侨转变为"落地生根"的当地国家民族组成部分的族群，其政治认同也从全面认同中国转变为认同住在国，而华人意识则是东南亚华人族群认同的核心。②

---

① 《印尼总统将废除带有歧视华人政府通告，华社欣喜》，中国新闻网，2014 年 3 月 13 日，http://www.chinanews.com/hr/2014/03 – 13/5947410.shtml。

② 参见庄国土《世界华侨华人简史》，暨南大学出版社，2014，第 169 页。

一　东南亚华人融入及与主体民族的族群关系

历史上，东南亚地区是中国海外移民的主要目的地，该地区华侨华人人数之众、分布之广、聚居程度之高都远远超过其他海外华人社区。东南亚地区也成为本研究的首要关注地区。2011 年这一地区仅新加坡、马来西亚、泰国、菲律宾、印度尼西亚五国华侨华人就接近 3000 万，占全球华侨华人总数的六成。总体上而言，这一地区由于华人在此已有长达数千年的移居生活，长时间的自然同化过程使华人逐步融合于住在国当地社会，这一地区的华人融入程度相对来说较高。二战以后，东南亚华人的国家认同，逐渐从认同中国转为认同于当地；其族群认同也从认同于中华民族转为认同于华人族群。各国华人的族群规模、经济实力、凝聚力，以及当地国政府的华人政策的不同，其华人族群认同的发展过程和走势也各不相同。但总体趋势是融合于当地。①

然而，由于这一地区不同国家在政治、文化、宗教等多方面存在着巨大差异，各个国家华人融入程度也有较大差距。新加坡是东南亚唯一一个华人占人口绝对多数的国家，并且依据目前情况可以预料，未来中国仍然是新加坡外来移民的主要来源地，所以在新加坡不存在华人融入当地及族群关系问题。在其他主要国家中，泰国华人融入当地程度最深，和住在国主体民族关系也最融洽。马来西亚、菲律宾华人的融入程度次之，近年来随着相关国家对华人政策渐趋友善，华人与当地族群的关系也在持续改善。印度尼西亚华人的融入情况相对较差一些，印度尼西亚华人和主体民族之间的间隙依然存在，相互间的猜疑并未消除。

（一）泰国

泰国华人融入主流社会之深，在东南亚诸国之中恐无出其右者。族际通婚是衡量民族关系的一个重要指标，族际通婚越多表明各民族之间社会距离越小，民族关系比较融洽。在泰国 20 世纪初期以前的华人男子，一般都是与当地人通婚。"许多移民定居下来，与当地泰族通婚。号称'洛

---

① 庄国土：《略论东南亚华族的族群认同及其发展趋势》，《厦门大学学报》（哲社版）2002 年第 3 期。

真'的混血子孙，几乎都自认为华人。"史金纳也认为，"华人移民在暹罗居住5年之后，便会有一半的人与当地妇女结婚"。① 与其他东南亚国家相比，泰国华人与当地民族通婚的比率是最高的。较高的通婚率，致使很多华人移民的后代与泰人无甚差别，通常也被官方视为泰人，能够很好地融入当地主流社会。在泰国，华泰通婚是同化的结果，越来越普遍的族际通婚反过来又进一步地促进了同化的加深，两者互为因果，互相促进。其次，中泰两国宗教文化上的相似性也有利于泰国华人融入当地。佛教是泰国的国教，佛教对泰国的政治经济、社会文化等各方面都产生深刻的影响。而佛教也是华人的主要宗教信仰，共同的宗教信仰极大地减少了华人融入当地社会的阻力和障碍。佛教文化长期的浸染还使得泰国国民对人持有宽容温和的态度，这些都有利于华人和当地人的和平相处。最后，泰国政府在华人公民权的问题上一直都采取比较积极、宽容的态度。尤其是在二战后，泰国政府进一步放宽了华人入籍的限制。② 由于泰国政府实行"不分民族，一律泰化"的政策，使得凡是在泰国出生，使用泰姓名，能讲泰语的泰籍人士，不管什么族裔，均可为官。③ 这就为泰国华人的政治参与提供了很大便利，更加容易融入主流社会。

（二）马来西亚

马来西亚华人更好地融入当地社会主要是在马哈蒂尔开始领导马来西亚之后。马哈蒂尔上台之后，开始从马来西亚的国情出发，把所有种族置于平等的地位，机会均等、共同发展、共享果实。政府通过实行新经济政策，而不再单纯依靠抑制华人力量，来缩小马来人和华人之间的经济差距，推动马来人和华人之间的合作。马来人经济地位的提升以及国家整体经济的进步，为社会和政治的安定创造了良好的条件，提供了可靠的保证，有效缓解了之前由于华人经济优势地位所造成的马来人对华人的敌视态度。在文化方面，尊重华人使用自己语言和保留文化传统的权利，提供平等的机会。华人在马来西亚的生活环境相对宽松，马来西亚政府对华人

---

① 曹云华：《从族际通婚看泰国华人与当地民族的关系》，《东南亚研究》2001年第2期。
② 李洁：《东南亚华人政治经济地位的差异及其原因——泰国和印尼的对比分析》，《八桂侨刊》2008年第1期。
③ 许梅：《泰国华人政治认同的转变——动因分析》，《东南亚研究》2002年第6期。

经济和文教政策的调整，营造出一种种族融洽的氛围，"马华一家人"的论调得到普遍的接受，马华两族在各方面的合作越来越多，马华两族过去那种互相隔绝抵触的状况大大缓解。① 可以说，马来西亚政府对华人的政策是影响华人融入当地社会的关键因素。随着时间的推移，华人同住在国的联系日益密切以及马来西亚政府越来越开明、淡化民族政治的政策，华人对马来西亚的国家认同必定会日益增强。目前政府鼓励马华两族相互合作，向海外市场拓展，特别是东南亚和中国大陆市场。马来人和华人的族群关系也会在共同努力建设家园，推动国家进步发展的过程中逐步缓和、融洽。

（三）菲律宾

华人在菲律宾的融入程度虽不及泰国，但在东南亚地区也算较为深入。首先，同泰国华人类似，历史上华菲在血统上长期融合。华菲通婚自16世纪开始，而且迄今绵延不绝。华菲通婚形成的菲华混血种人数众多，且对菲律宾的政治、经济、文化都占有重要地位，② 这对于华人融入当地社会影响重大。自1975年，菲律宾华人成批入籍之后，华人开始基本上享有和菲律宾土著同等的法律地位和政治权益。随着自身政治地位的变化，华人也开始参与到菲律宾的各种政治活动之中，③ 融入程度逐步加深。

然而，在菲律宾，华人和菲律宾当地土著民族之间仍然存在着多种消极因素，影响族群关系。在菲律宾，尽管华人与当地主流社会的融合程度已经相当高，但是，当地民族对华人的一些民族偏见和歧视依然存在。其次，每当菲律宾国内经济出现危机之时，一些偏激的种族主义者就开始抨击华人，而政府为了转移社会不满的焦点经常有意无意地放纵这些排华言行。④ 最后，近年来菲律宾同中国在南海地区的岛屿争端以及两国外交关系的恶化，也对菲律宾华人与当地民族的关系造成了消极影响。菲律宾土著民族可能因此将外交上的不满和敌意转移到当地华人的身上。由此可

---

① 廖小健：《马来西亚马华两族关系的几个发展阶段》，《东南亚研究》2003年第3期。
② 周南京：《论华菲融合》，《华侨华人历史研究》1991年第4期。
③ 庄国土：《菲律宾华人政治地位的变化》，《当代亚太》2004年第2期。
④ 曹云华：《试论菲律宾华人与当地民族的关系》，《东南亚研究》2001年第5期。

见，尽管菲律宾华人融入主流社会的程度已经较深了，华人同当地主流民族的关系却仍待继续改善。菲华两族的族群关系存在不稳定性，可能因上述多方面因素影响而出现波动，甚至倒退。

（四）印度尼西亚

不同于以上几个华人主要聚居国家，华人在印度尼西亚的融入程度相对较差。印度尼西亚是世界上排华最激烈的国家之一，尤其是 1998 年 5 月发生的社会排华大骚乱。进入 21 世纪以来，印度尼西亚新政府开始实行了多元民族、多元文化的政策，调整了华人政策，给华人社会带来了深刻的变化。特别是 2006 年印度尼西亚新国籍法不再依肤色、种族和宗教信仰来决定印度尼西亚公民，只要是在印度尼西亚国土上出生的就是印度尼西亚公民①，有利于华人融入当地主流社会。然而，印度尼西亚华人和当地主流民族的关系仍然存在很多需要解决的问题和矛盾。

造成印度尼西亚华人无法很好融入当地主流社会主要是以下四个方面因素形成的。1. 苏哈托政权实行了长达 32 年之久的错误的民族政策造成的消极影响。苏哈托时期，印度尼西亚政府长期执行歧视华人的政策，强迫华人同化于当地民族，消除华人的民族特性，结果破坏了印度尼西亚的民族团结，造成华人和主流民族之间的关系紧张。2. 印度尼西亚社会上仍存在对华人的根深蒂固的各种偏见。印度尼西亚人将华人视为外来者，同时大部分华人的经济地位较高，这也造成一些贫困印度尼西亚人对华人的仇视和敌意。3. 随着中国的强大，"中国威胁论"在印度尼西亚有一定的市场，一些媒体和官员对中国抱有疑虑，担心中国利用华人问题，这也影响了华人对当地社会的融入。4. 宗教文化上的差异也给华人在当地的融入增加了困难。印尼是世界上穆斯林人数最多的国家，伊斯兰教徒占全国人口的 85%，伊斯兰文化对印度尼西亚国家以及民众的影响深刻。而华人在宗教信仰上与主流民族的不同也经常造成两者之间的一些矛盾和冲突，生活方式以及文化理念上的巨大差距需要漫长的时间才能逐渐融合。

印度尼西亚华人从"落地生根"到实现民族融合，成为现代印度尼

---

① 温北炎：《印尼华人融入当地主流社会的现状、挑战和发展趋势》，《东南亚研究》2008 年第 4 期。

西亚民族的一员，还要走一段相当漫长的道路。[①] 华人能否真正融入印度尼西亚社会，不仅取决于华人自身的意愿，也取决于印度尼西亚政府所采取的政策。承认印度尼西亚社会多种族、多文化并存的事实，建设一个文化多元、和谐共处的现代民族国家是印度尼西亚各个族群共同的历史使命。华人也只有在建设这样一个现代国家的过程中才能更好地实现融入当地，同其他族群和谐共处。

总体上来看，只要东南亚各族群共同认可建立多元种族文化的国家，随着时间推移，华人与当地的命运越来越紧密地联系在一起，华人将逐步融入当地社会，或是作为族群之一构成当地国家民族的组成部分，或是同化于当地主体族群，或是与某个或某几个族群融合后形成新民族。[②] 只要这一同化、融合、一体化的过程是平和进行的，都是我们所乐意看到的。

二　其他地区华人融入及与主体民族的族群关系

随着全球经济一体化的步伐加快和中国改革开放的不断深入，大量的中国新移民走出国门，他们不再高度集中在东南亚地区，越来越多的人开始迈向发达国家和地区，北美洲、欧洲和大洋洲等成为大部分华侨华人的主要目的地，移民数量也呈现出不断增加的趋势。

（一）北美

北美地区早期的华侨华人政治和社会地位低下，长期受到主流白人族裔的不公正对待和排挤。由于当时北美地区的华人移民主要都是一些华工，经济收入低下，美国主流社会对华裔排斥及歧视导致华人长期遭受很多不公正待遇，华人一直被排挤在社会底层，很难融入主流社会。1965年美国修改移民法，承认种族移民机会平等，此后华人移民源源不断涌入美国，成为美国增长速度最快的移民群体。[③] 另一方面，随着排华法案被解除，美国民权运动后美国社会反对种族歧视的思潮兴盛，华人的社会地

---

① 梁英明：《印度尼西亚华人与祖籍国关系及其民族融合问题：历史与现实》，《华侨华人历史研究》2010 年第 4 期。

② 庄国土：《略论东南亚华族的族群认同及其发展趋势》，《厦门大学学报》（哲社版）2002 年第 3 期。

③ 庄国土：《从移民到选民：1965 年以来美国华人社会的发展变化》，《世界历史》2004 年第 2 期。

位有所提升。此后，改革开放后以留学生为主的大量高素质新移民的到来，也极大地改变了美国华人社会。据美、加两国最新人口普查资料推算，北美地区共有约 530 万华人，其中约 300 万是 1978 年后的新移民。[①]大量新移民由于文化水平和自身素质较高，能够在当地获得更好的职业和发展机会。因而，新移民的经济收入水平和社会地位普遍较高，这有助于新移民融入当地主流社会。同时，新移民的参政意识不断增强，越来越多的华人开始积极主动参与到住在国的各项政治活动中去。政治参与度的提升有利于华人社会维护自身权益，更好地融入当地，美、加两国对华人歧视政策的消除以及两国多元文化社会的形成都有利于华人在当地的生存发展，同时大量华人新移民的到来也极大地改变了这一地区传统的华人社会[②]。由于美加两国都是高度发达的法治社会，也都是多元文化融合的移民构成的多种族国家，华人同其他族群的关系能够比较平稳发展，不会出现类似东南亚地区某些国家发生过的严重的华人和其他族群的族群冲突事件。

（二）欧洲

欧洲华侨、华人估计有 150 万左右，其中大约 3/5 集中在西欧诸国。相对而言，欧洲华人社会形成的历史相对短暂，第一代移民比例很高，故其与祖（籍）国或来源地的人员、业务等各种往来十分频繁，关系密切。欧洲华人很大一部分都集中在餐饮行业、服装贸易以及中欧贸易等领域，华人的社会地位一般不高，且对住在国的政治参与度较低。相对于北美、东南亚等地区华社而言，欧华社会呈文化素质偏低，融入当地的能力和主动性较差等特点。此外，东、西欧华社之间经济、文化、观念的差异也较大，不同国家之间华人融入情况也有一定差异。[③] 如温州大学的严晓鹏副教授在其论文《文明冲突视野下普拉托的华人与当地社会融合的问题研究》，通过实地考察了意大利普拉托华人与当地社会的关系，认为以下因素导致华人难以融入当地社会：华人与当地不协调的生活行为习惯以及封

---

① 王志章、陈晓青：《北美地区华侨华人族群研究——以硅谷为例》，载丘进主编《华侨华人研究报告（2011）》，社会科学文献出版社，2011，第 87 页。

② 曾少聪：《美国华人新移民与华人社会》，《世界民族》2005 年第 6 期。

③ 朱慧玲：《欧洲华侨华人社会的现状及其特点》，《华侨华人历史研究》1999 年第 4 期。

闭的生存状态，缺乏法律意识，同时也由于语言上存在障碍，阻隔了他们与普拉托主流社会的融合。①

总之，目前欧洲华侨华人社会与当地的冲突主要是文化和经济上的，而不是政治冲突或者族群冲突。华人贩卖伪劣商品，或者其他各种不符合当地法律与文化传统的行为，容易引起当地民族的反感和厌恶，都给华人的融入造成了困难。欧洲华人只有深入了解住在国的文化传统、法律制度等，不断完善自身素质，加强同当地民众的沟通和了解，才能更好地与当地民族友好相处。

（三）大洋洲

华人大量移民大洋洲主要是从19世纪50年代"淘金热"开始，第一批移居大洋洲的华人主要是以契约华工身份在澳大利亚和新西兰定居下来。由于当时澳大利亚和新西兰均实行歧视华人的"白澳政策"和"白新政策"，华人在当地的社会地位十分低下，受到主流社会的各种歧视和不公正待遇，难以融入当地。

随着澳、新两国放弃之前对华人歧视性的种族政策之后，转而实行多元文化政策来保持多民族团结，改革开放后大量华人新移民移居大洋洲，给当地的华人社会带来了巨大的变化。新移民群体主要由留学生、技术移民、投资移民构成。不同于老一代华人，新移民较高的受教育程度以及所具有的专业技术，使得他们就业面更广阔，也更容易被主流社会所吸纳。具有较高文化程度是华人社会的宝贵财富，也是立足或融合于主流社会的基础。② 随着中国经济的快速发展，大洋洲各国家同中国之间贸易、文化各方面的联系越来越紧密，华人能够在沟通双边的过程中发挥自身优势，华人必能在当地主流社会和多元文化结构中发挥更大的作用。但是由于历史上长期的歧视性政策，使得这一地区依然存在对华人的种族歧视观念，华人只有积极参与当地的政治、经济、文化事业，特别是提升政治活动参与度，使自身成为当地多元文化国家建设的重要贡献力量，才能够更好地融入当地，同时有效维护本族群的权利与利益。

---

① 范若兰：《"欧洲华侨华人与当地社会关系"研讨会综述》，《华侨华人历史研究》2010年第4期。
② 张秋生：《澳大利亚华人社会的现状与前途》，《世界民族》1999年第2期。

华人移居世界各地的过程，是历史发展和自身选择的结合。不同国家华人的命运和遭遇千差万别，这主要是由不同国家的历史发展因素以及现实推行的华人政策所形成的。未来华人能否融入当地社会融洽生活，一方面取决于各住在国政府对待华人的态度及其政策，另一方面则取决于华人本身的努力。华人既然已经世代生活在当地或选择了那里，就应该努力完善自我，努力融入当地社会，建设自己的美好家园，这样一个逐步融入的过程是历史发展的必然，也是对广大华人和住在国主要族群最好的选择。

三　有关海外华族问题的思考

族群关系始终是西方人类学、社会学族群问题研究的主题之一。族群关系既可以指不同民族之间的关系，也可以指民族内部各种群体之间的关系，一般可从语言使用、宗教信仰、人口迁移、族际通婚、经济结构、国家政策、历史发展等方面进行考察。[①] 在族群研究领域，人类学和社会学的研究视角略有不同，人类学较关注族群的产生、族群认同的维持，而社会学则更多地注重从宏观上研究不同族群间的相互关系。由于各学者背景和视角不同，研究成果既有宏观的理论探讨，也有微观的专题或个案的实证研究。族群的形成与移民有密切的关系，类型不同的文化、相互隔离的单一族群从独立存在进入交融和渗透状态，很大的一个原因就是移民。尤其在现代社会，战争、殖民活动越来越少，强迫同化而形成的族群已不多见，移民成了形成新族群的首要原因。移民客观上也促进了文化的交融。

战后东南亚国家纷纷取得独立，土著民族最终掌握了国家政权，他们在政治上居统治地位，但经济上却远远落后于非土著民族。历史上的隔离，使得各民族之间的误解较深，并且这种隔离状态又恰好与种族间的经济不平衡存在重合的现象。当各国内部的社会问题白热化达到一定沸点时，统治阶级利用民族主义的政治资源，有意将所有的社会问题导向种族问题，来转移社会大众对国内阶级矛盾的关注。他们主要通过政府的干预，在政治、经济、文化、社会等各领域对非土著民族进行种种限制，而

---

① 海路、徐杰舜：《中国族群研究：缘起、成就及问题》，《广西民族研究》2011 年第
1 期。

同时对土著民族实行政策倾斜，以"一抑一扶"来扭转各民族在国家经济生活中的不平衡态势，最主要的目的是帮助土著民族获得与其政治地位相吻合的经济地位。马来西亚在 20 世纪 70～90 年代实行的新经济政策就是典型。据马来西亚官方的说法，造成马来人困境的主因便是外来民族的经济强势，于是如何扭转马来族在经济上的颓势被提上政治议事日程的头条，马来西亚政治因而有了较浓的种族主义的色彩。统治阶级故意抛下这颗政治烟幕弹，夸大民族矛盾的程度，掩饰马国社会问题的核心，转移民众的视线，从而实现其政治经济利益。这一时期的马来西亚，阶级矛盾往往通过民族矛盾的形式表现出来，从而阻碍了人们对新经济政策本质的分析。其实这一时期的马来西亚，阶级矛盾依然是主要的社会矛盾。"新经济政策"实质上是维护了马华资产阶级的利益，尤其是其最上层的经济利益。不管是新经济政策制定之时还是该政策结束之时的马来西亚社会，其主要矛盾并不是所谓的种族矛盾，而是存在于各个种族内部，从而存在于整个马来西亚社会之中的阶级矛盾。

第四章　海外华侨华人的认同研究

"认同"（identity）一词起源于哲学，又作为一个心理学术语广为人知，后来被运用于社会学，指人们在认知或交往的过程中对价值观念、生活方式和社会角色等所产生的心理或行为上的归属感与接纳。华侨华人在海外生存，作为当地社会的边缘群体，常常处于双重身份的矛盾之中，这就造成了其自我认知方面的困惑，所以，长期以来海外华侨华人不断地追问"我是谁"这一本真问题，认同成为困扰海外华侨华人的根本问题，也成为影响华社发展变化的重要问题。20 世纪 50 年代，为了解身处东西方阵营夹缝中的东南亚华侨华人的生存状况，一些西方学者对其认同展开了研究，产生了一系列成果，此为华侨华人认同研究的开端；20 世纪 80 年代，华人学者王赓武有关华侨华人"认同"类型及特点的理论探讨再次引起学界对此问题的关注，并形成了一股华侨华人认同研究的热潮，其中，有关海外华侨华人的政治认同的探讨尤为热烈。目前，认同仍是海外华侨华人研究中的热点，相关成果也不少，但真正把这个问题谈清楚和透彻的并不多，研究仍有待推向深入。

第一节　"认同"概念及其理论探讨

"认同"，是一个内涵丰富且复杂的概念，目前，在社会科学研究领域，这一概念被广泛应用，相关研究也汗牛充栋，不同的学科对其所做的阐释也各有侧重。

一　"认同"概念的界定及其相关理论

"认同"，主要是作为哲学、心理学和社会学概念为人所知。

　　"认同"，英文为"identity"，起源于拉丁文词根"idem"，意为"相同"，自16世纪开始用于英文当中。identity在英文中有多重含义，由于各个学科的侧重不同，因而相应地就有"认同""同一性""身份"等译法。在《后现代的认同政治》中，台湾学者孟樊对identity的中文翻译进行了分析："认同一词，英文称为'identity'，国内学者有译为'认同'、'身份'、'属性'或者是'正身'者"，然而从后现代来看identity本身变得不确定、多样且流动，身份也是来自认同，"加之identity原有同一等意思"，因而应该译为"认同"。①

　　最早探讨"认同"问题的是哲学领域，而"认同"最初也是作为一个哲学术语而存在的。关于哲学中认同的含义，《新哥伦比亚百科全书》（1975年）中认为："认同是一个哲学范畴，表示变化中的同态或差别中的同一问题，例如同一律。"② 哲学中的认同，是对同一性的辩证思考，对事物本身以及不同事物之间差异性的同一性确认：古希腊哲学中，关于同一性的讨论所关注的是不同事物在差异中所体现的共同点，比如米利都学派创始人泰勒斯所说的"水是万物的始基"，即万物源于水，水生万物，万物又归于水——就是看到了不同的事物在差异中的同一性。相较于此，近代哲学对同一性的思考也从对具体存在对象的关注，转向对思维与存在的统一问题——近代著名哲学家笛卡尔的哲学中就有所论述，认为"我思故我在"，即思维本身的存在是确定无疑的，而思维又包含了存在，不存在的东西是不能被思维的。因而，尽管思维与存在会有所差异，但二者具有同一性。关于思维与存在的同一性，辩证法大师黑格尔做了进一步阐释，认为思维是存在的本质，一个事物的存在只有符合思维才具有实在性；思维不断地在存在中实现自己，使存在与之相符合。同时也指出，"同一"的概念并不是无差别的同一，而是包含了差别的"具体的同一"。③

　　以此为基础，心理学家也涉足关于认同的研究，且颇有建树。心理学

---

① 孟樊：《后现代的认同政治》，扬智文化事业股份有限公司，2001，第16~17页。
② 《多重视角下的认同概念》，《中国社会科学报》2010年3月30日，http://xuewen.cnki.net/CCND-CSHK201003300113.html。
③ 杨兰、白苏婷：《认同概念多学科释义与整合》，《人民论坛》2014年第32期。

中的认同研究，是以个人或群体为研究对象，讨论的是人所特有的主观意识上的同一性，与哲学中对普遍事物同一性的关注是有所区别的。心理学中的"认同"，《张氏心理学辞典》中解释为"一个人将其他个人或群体的行为方式、态度观念、价值标准等，经由模仿、内化，而使其本人与他人或群体趋于一致的心理历程"。[①] 事实上，"认同"概念最早是由精神分析大师西格蒙德·弗洛伊德（Sigmund Freud）从心理防御机制角度提出，他在《群体心理学和自我的分析》（1921）中说，"认同是精神分析已知的与另一人情感联系的最早表现形式"。[②] 通过一系列研究，弗洛伊德指出，认同是个人与他人或者群体在心理上、情感上的趋同过程，而这又是一种普遍性心理活动，比如人会在潜意识的促使下去模仿别人（特别是父母），并通过这种模仿，将他人或者群体的规范、价值内化为自己的规范和价值。[③]

随后，弗洛伊德的学生埃里克·埃里克森（Erik H. Erikson）对此概念进行了发展，使其理论化、系统化，被认为是认同理论的创立者。在弗洛伊德研究的基础上，埃里克森将研究范围扩展到人的一生，将其划分为八个周期，并指出在外部因素的影响下，个体在不同周期都会产生新的矛盾并进行新一轮的自我确认，即认同危机的产生。他认为，认同危机可以简单等同于"我是谁"这一问题，而认同就是对这一问题的回答，即个体在自我发展过程中对自我的确认以及对诸如价值观、信仰等重大问题的思考与选择。埃里克森认同理论的创新之处首先在于将认同与自我联系在一起，认为人之所以能够认识到自身的同一性，并产生同一性危机，正是因为人具有自我意识——人能够意识到自己的身份，并了解这一身份的社会意义，且在此基础上产生的主观心理感受和态度，而这一心理反应及过程就是认同。其次，埃里克森指出了社会因素对认同的影响，即认同本质上是一种社会性的产物——这打破了弗洛伊德从纯粹生物学角度来探讨认同形成的局限。他认为，个体的认同是在一定的社会背景中形成的，认同体现了社会对自我的影响，而正是受到社会因素的影响，所以认同并非一成

---

① 张春兴：《张氏心理学大辞典》，上海辞书出版社，1992，第122页。
② 车文博主编《弗洛伊德文集》（第六卷），长春出版社，2010，第77页。
③ 车文博：《弗洛伊德主义原理选辑》，辽宁人民出版社，1988，第375页。

不变的。①

如果说埃里克森的认同研究关注的是个人，随后心理学家们在此基础上深化研究，并提出了新的研究领域：关于社会群体的认同研究。该领域兴起的背景是二战后的欧洲，尽管战后经济逐渐恢复，社会逐步稳定，但书不同文、语不同音的族群间存在着不少矛盾，欧洲诸国族群问题凸显。因此，心理学家们开始关注群体关系的问题，而社会认同理论所要探讨的就是群体认同的问题，并试图解释群体间分歧和冲突的原因。社会认同理论由波兰心理学家亨利·泰弗尔（Henri Tajfel）和英国心理学家约翰·特纳（John C. Turner）提出，认为社会认同由三个过程组成，首先是社会类化（categorization），即把世界万物通过一定的逻辑进行归类的过程，主要是通过强化群体内部同一性、夸大与群体外部的差异来实现；其次是社会比较（comparison），即进行群体间的比较，泰弗尔和特纳认为个体正是通过社会比较将群体差异最大化，以突出所述群体的独特性，并建立起在此群体中的归属感；最后一个过程是积极区分（positive distinctiveness），指的是个体确认自己的群体身份并以此建立自尊，即在与其他群体对比失利后，会通过远离原先群体或者选择相对弱势的比较对象等方式，来重建和提升自尊。

不同于心理学从个体主观心理活动角度出发，社会学在认同研究中多是以身份和角色为切入点来探讨个体的认同以及对社会关系的影响和意义。围绕认同，社会学研究中形成了相应的理论，其中最著名的是以符号互动论为基础的认同理论（identity theory）。符号互动理论的形成中，贡献最大者为美国社会学家查尔斯·库利（Charles H. Cooley）和乔治·米德（George H. Mead），前者提出了"镜中我"（the looking glass self）概念，认为人的自我意识或者自我认同是通过与他人的互动中形成的，而他人对自己的评价和态度等等，就是一面"镜子"，个人正是通过这面镜子来认识自己。② 在此基础上，米德进一步阐述，指出"角色扮演"在社会

---

① 叶俊杰：《埃里克森的认同概念与心理历史学》，《丽水师专学报》（社科版）1995 年第 3 期。

② 〔美〕查尔斯·霍顿·库利：《人类本性与社会秩序》，包凡一、王源译，华夏出版社，1989，第 118 页。

构筑中的作用。总的来说，符号互动论认为事物对个体社会行为的影响，并非来源于事物本身，而在于事物对个体而言的象征意义，而这种象征意义就源于个体与他人的互动。在此框架下所形成的认同理论，认为：认同来源于人们在社会中扮演的角色，不同的社会角色决定了人类自我意识的不同，因而认同的实质是社会所建构的角色认同。个体在社会中的角色，实际上也就是一种社会身份，个体在社会中的身份意味着所扮演的角色，而每种角色具有一定的社会地位，属于某种社会共同体中。个人就是通过了解自我所扮演的社会角色，确认所属的群体，以获得某种归属感，这种主观意识就是认同。

此后，随着认同研究范围的扩大，出现了政治认同、文化认同、族群认同、身份认同和自我认同等等，相关研究成果在 20 世纪后期纷纷出版——这些著作不仅仅局限于心理学和社会学领域，人类学、政治学和宗教学等学科也表现出对认同问题的关注。其中，较有代表性的著作包括：英国社会学家安东尼·吉登斯（Anthony Giddens）的《现代性与自我认同》、美国政治学家塞缪尔·亨廷顿（Samuel Huntington）的《我们是谁：对美国民族认同的挑战》、加拿大哲学家查尔斯·泰勒（Charles Taylor）的《自我的根源：现代认同的形成》、美国政治学家本尼迪克特·安德森（Benedict Anderson）的《想象的共同体》等，这些著作从理论与实践相结合的角度，探讨了现代人类认同的形成过程与特征。

事实上，"认同"概念从提出到理论化，再到今日已是多学科交叉研究的状况 。如上所述，哲学中的认同是关于差异基础上的同一性的研究，心理学中的认同则是个人主观意识的同一性——自我对自身/群体同一性的确认，而社会学中的认同则是个体对身份的共识。

二　华侨华人"认同"及其理论探讨

如前所述，"认同"最初乃一哲学术语，指的是哲学中关于事物同一性的问题；随后被引入心理学领域，首先由弗洛伊德提出"认同"概念，其后又由埃里克森丰富；之后又被运用到社会学领域而有进一步发展，尤其是社会认同理论的提出，促进了社会科学领域对"认同"问题的关注。时至今日，相关研究囊括了哲学、心理学、社会学、人类学和政治学等诸多学科领域，同时扩展到个人对国家、族群、文化、阶级、职业、宗教等方面的认知。在相关研究当中，族群（特别是少数族群）与认同是二战以来社会学、人类学和民族学界所聚焦的重要议题之一，究其原因，一方面是因为在战后民族主义浪潮兴起的背景下，新兴民族国家纷纷独立，其国内主体族群与弱势族群的关系凸显，族群关系及相关议题备受关注；另一方面则是因为战后以来尤其是后冷战时期跨国人口迁移及社会往来日益频繁，移民及其后裔成为一个日趋庞大的群体，在异质文明中，他们不时会被自我身份所困扰，对个人而言，"我是谁"，对群体而言，"我们是谁"，就成为亟待回答的问题。

事实上，华人作为当前世界移民群体的重要组成部分，其认同问题一直受到学术界的关注：华人人口众多，截至 2014 年，全球华侨华人总数高达 6000 多万;[①] 同时，经济实力相对较强，特别是在传统的华人移民目的地——东南亚地区，华人在富豪人数、经济领域所占比重都不容小觑，与住在国的经济命脉息息相关。此外，华人移居海外历史悠久，从早期华商到近代的华工，再到当前为了谋求更好发展而出国经商投资、留学等的中国新移民，一代又一代地漂泊海外至落地生根，与中国保持不同程度的情感、经济、文化联系的同时，又不断地与移居国的主流社会和文化相互融合。因而，关于华人认同问题的探讨，对于了解海外华人族群的生存状况和所面临的族群关系，以及与中国的关系都颇有意义。

学界关于华侨华人认同的研究，始于 20 世纪五六十年代。第二次世界大战后随着冷战格局的逐步建立，中国作为社会主义阵营国家受到美国为首的资本主义国家的经济、政治、军事和文化等的封锁，在这一背景下研究中国的社会学者和人类学者丧失了进入中国本土进行田野调查的机会，因而"转战"港台以及海外华人社会（特别是东南亚华人社会），希望通过对海外华人社会的研究来了解中国。通过在海外华人社会的调查研究，关于华人认同选择的问题呈现在研究者面前——受战后东西方阵营对峙、新兴民族独立国家民族主义思潮高涨的影响，华侨华人与中国在政

---

① 余晓洁、白洁、韩洁：《国侨办主任裴援平：凝聚 6 千万华侨华人同圆共享中国梦》，新华网，2014 年 3 月 5 日，http://news.xinhuanet.com/politics/2014-03-05/c_119627000.htm。

治、经济和文化等方面的联系断绝，在这样的背景下，华侨华人该如何自处，其身份该如何归属就成了一个现实而又敏感的问题。是继续维持原状，作为一个拥有独特文化的族群独立于当地社会，还是接受主流社会的同化逐步融入进去？如果选择维持原状，华人族群要如何处理与当地主流族群的关系，以及如何保留和发展其华人文化？又是否存在折中的方法？

最初学界普遍接受的观点是：维持原状，所代表的是一些西方学者所提出的"中华文化持续论"（Cultural Persistence Theory），强调中华文化的源远流长及其特殊性，认为海外华人与中国人在文化和社会模式相差无异，并且能长久保持不变。这一观点在 20 世纪 30 ~ 50 年代最为流行，比如约翰·弗尼瓦尔（John S. Funival）1956 年在对东南亚华人的考察基础上，提出的"不可改变的华人"的观点，认为东南亚华人与中国人为一个统一整体，华人社会及华人的生活方式与中国无异。①

随后在 20 世纪 50 年代，华人同化论（Assimilation Theory）被提出，认为华人与当地主流社会的同化是历史的必然，而这也是解决华人问题的根本办法。其中，以美国人类学家施坚雅（G. William Skinner）的研究和观点为代表，在关于泰国华人社会的研究中，他通过对泰华通婚以及吸纳华人领袖进入上层社会和限制华校教育等同化方式的考察，预言泰国华人及其后裔将会被完全同化成为泰国公民。② 随后在关于印度尼西亚爪哇华人与新客华人的对比研究中，又指出了印度尼西亚华人被成功同化的可能性。紧随其后，加拿大历史学家魏安国（Edger Wickberg）在关于菲律宾华人研究和新西兰社会学家云达忠（William E. Willmott）在关于柬埔寨华人研究中也表达了相似的观点。值得注意的是，这里所说的同化政策，分为自然同化与强制同化，前者是民族的融合（比如通婚的方式），一般为大众所接受；后者则是在国家机器的干预下通过强制性的政策措施来实现华人同化，学界对此有两种看法，其一是认可强制同化的方式，认为该政策在某些东南亚国家中已经有了一定的成效，比如印度尼西亚政府推行的华人同化政策，在一定程度上起到了作用，有助于当地华人与土著的融

---

① John Sydenham Funival, *Colonial Policy and Practice*: *A Comparative Study of Burma and Netherlands India*（New York: New York University Press, 1956.）

② 〔美〕施坚雅：《泰国华人社会：历史的分析》，许华等译，厦门大学出版社，2010 年。

合。其二是承认同化政策在部分国家获得一定的成效，但认为同化政策并未从根本上解决华人问题，事实上在施行强制同化的东南亚国家中，不少同化政策都带有对华人的歧视成分，反而伤害了华人的感情，造成华人族群与土著人民的隔阂，不利于融合。类似的质疑从 20 世纪 60 年代开始陆续被学者提出，到 20 世纪 70 年代更是在此基础上形成了"多元文化论"，对"同化论"提出了直接挑战。

多元文化论（The Pluralistic Theory of Culture）是在欧美民权运动兴起的背景下提出来的，作为解决民族和种族矛盾的理论基础，在 1971 年被加拿大率先纳为国策，随后澳大利亚和瑞典等西方国家也开始采纳该政策。多元文化论与同化论可谓针锋相对，它认为完全同化移民是难以实现的，主张不同族群可以按照不同的生活方式在同一个国家生活。[①] 这一理论在华侨华人研究中也得到认可，持这种观点的学者，在对同化政策下的华人社会观察后指出：华人问题实质上是民族问题，而同化政策在解决民族问题上并未取得令人满意的结果。华人有其独特的文化和民族特征，早已成为住在国的一个民族，一旦形成就难以被消灭。加入当地国籍不代表要放弃华人的语言、风俗和文化，语言文化的融合原本就是一个缓慢的过程，拔苗助长只会造成反效果。相反，应当施行多元文化的政策，尊重华人的民族文化，才能更好地解决华人问题。随后相关研究也陆续出现，针对施坚雅以泰国和印度尼西亚华人将会完全同化/有同化的可能性的观点，克里斯蒂娜·布兰克·桑顿（Cristina Blanc – Szanton）和澳大利亚历史学家詹姆斯·麦凯（James Austin Copland Mackie）分别对泰国和印度尼西亚华人社区进行调查，发现在泰国的小城镇中的华裔在很大程度上还保留着中华文化，而印度尼西亚华裔尽管长期接受当地教育，但从心理上、文化上、宗教上并没有完全为当地民族所接受，客观上还保留着华人的意识。[②] 在同化论和多元文化论正面交锋的同时，学者们也逐渐认识到华人

---

① 李明欢：《20 世纪西方国际移民理论》，《厦门大学学报》（哲学社会科学版）2004 年第 4 期。

② 参见〔美〕周敏《唐人街：深具经济潜质的华人社区》，鲍霭斌译，商务印书馆，1995；郭梁《战后东南亚华侨华人认同研究的共识与分歧》，《福建学刊》1992 年第 1 期；谢剑《东南亚华人的认同问题：对 R. J. Coughling 双重认同理论的再思考》，《台湾东南亚学刊》2006 年第 3 卷第 2 期。

的认同并非是一成不变的，尽管加入了当地国籍也不代表不能保持华人族群的文化特征，事实上华人的认同是变迁的、十分复杂的问题，不能一概而论，于是，一种新的"认同论"思潮开始兴起。

1980 年，在美国密歇根举行的"东南亚华人：种族和经济活动"国际研讨会上，学者们首次围绕华人认同问题展开了系统的分析讨论，相关报告也编成专册出版。随后，1985 年在澳大利亚堪培拉举办的题为"战后东南亚华人认同变迁"国际会议中，王赓武教授提交的论文《东南亚华人认同问题的研究》，将"认同论"的讨论推向深入。他在文章中阐述了华人认同的多样性和多重性，并提出了多重认同论，即华人身上可以同时存在国家、种族、文化和阶级等认同现象，而这种多重认同随着中外局势的变化及华人自身的发展而发生变动。[①] 王赓武教授提出的多重认同，得到学界众多的认可，也掀起了新的研究潮流。正如丘立本先生在报告中提及的："多重认同现象的存在根源于现实生活。现代世界任何一个群体或个人都生活在：（1）一定的政治实体之内；（2）继承或接受一定形态的文化；（3）处于一定的经济结构之中；（4）属于特定的族群，因此便有国家认同、文化认同、阶级认同、种族认同等现象产生。其中国籍、文化、阶级是易于变动的，只有父母无法选择，所以种族认同是比较稳定的，非通过通婚不易变动。"[②] 此外，王赓武教授关于华人认同问题的论文被翻译介绍到中国国内后，引起了国内学者的兴趣。国内学者也陆续翻译介绍了国外更多关于认同的研究成果，同时也开始就海外华人认同问题开展讨论。至今，华人认同问题早已成为热门的研究课题，分别从国家认同、政治认同、族群认同、文化认同等方面进行论述，也取得了不少成果。

第二节　海外华侨华人认同的历史变迁

对海外华侨华人来说，认同是一个不可回避的问题。华侨华人移民并定居异域，置身于异域他乡和异质文化中，漂泊的经历和生存的艰辛常使

---

① 王赓武：《东南亚华人认同问题的研究》，《南洋资料译丛》1986 年第 4 期。
② 丘立本：《东南亚华人研究中学术思潮的演变》，于 1990 年 11 月在新加坡"迈向二十一世纪的海外华人社会"国际学术研讨会上宣读。

他们发出身为"无根者"和"夹缝人"的感慨，尤其在遭遇来自主流社会的压力和排斥时，"我是谁？"的追问会不时在耳边响起，对身份的焦虑和确认成为困扰他们的最重要的问题。

一　战后民族主义思潮与华侨

华侨华人的认同，最初并不是一个复杂的"问题"，王赓武教授在关于东南亚华人认同变迁的研究中指出，在第二次世界大战之前，人们认为华人认同就是一个简单的问题，即自认为华人的人统统都是华人。早期，华侨尽管寄居海外，但仍保持着与祖籍地原乡的密切联系，并将中国传统的家族体系延续到海外——独特的家族和文化特征构建了他们心理上和精神上的凝聚力，伴随着对祖国悠久历史和灿烂文化的自豪感的放大和强化，逐渐就形成了一种"历史"的认同。在 20 世纪 20 ~ 30 年代，伴随人员往来及媒体影响，大量相关书籍进入海外侨社，华侨华人也受到中国国内民族主义思潮影响，特别在东南亚地区，由于来自中国大陆的教师和报人的宣传，年轻的华侨子弟逐步接受这类观点。受此影响，华侨华人社会开始关注中国的前途和命运，并以实际的行动来支持祖国，比如对孙中山革命运动的支持就是典型的例子。特别是在南京国民政府成立后，设立专门侨务委员会处理海外华侨华人事务，更是进一步加深了东南亚华侨华人与中国国内的联系，而随后爆发的抗日战争，更是将海外华侨华人的爱国主义热情推至高峰。于是，在第二次世界大战结束后，以东南亚为代表的海外华侨华人社会中形成了一种新的、占据主导地位的认同，即"华人民族主义认同"。[①]

在东南亚华人社会民族主义思潮兴起的同时，东南亚国家民族主义思潮也发展起来。受到世界民族主义运动和无产阶级革命的影响，从 19 世纪末到 20 世纪上半叶，东南亚各国民族意识开始觉醒并不断发展，特别是太平洋战争爆发后，日本南下侵略打破了东南亚原有的殖民体系，间接推动了东南亚国家脱离殖民统治和争取民族独立的斗争。因而，第二次世界大战后，东南亚各国相继独立。这一过程主要通过两种

---

① 参见王赓武《东南亚华人认同问题的研究》，《南洋资料译丛》1986 年第 4 期。

方式实现，其一是通过武装斗争迫使宗主国交换政权，比如印度尼西亚、越南和老挝；其二是以和平移交政权方式逐步从自治迈向独立，比如菲律宾、马来西亚和新加坡。但无论是哪一种方式，其斗争的成功都离不开民族主义思潮的推动作用，即以民族主义为核心唤起民族自尊心和增强民族凝聚力，来维护国家主权、实现独立，并有效地进行本国的现代化建设。

通过对比发现，尽管两种民主主义思潮均兴起于同一时期，但其目标并不一致，甚至逐步产生矛盾和对立，而这也是导致战后东南亚华人认同转变的重要因素。粟明鲜在关于战后东南亚民族主义思潮的研究中就指出，东南亚国家的民族主义所追求的是脱离西方殖民统治和争取国家独立，以及在这一过程中培养和巩固民族意识。而这一地区华人的民族主义思潮，所希冀的是中国能够摆脱西方压迫，能够重新振作，成为足以保护他们利益的祖国。尽管在反对帝国主义和殖民主义斗争中，华人与当地族群曾经并肩作战，达成一致的目标，但从最终的目标来看两者并非一致。① 当东南亚国家成功脱离殖民者统治，要成立独立的民族国家之时，模糊的身份以及对中国的认同使得当地华人处境十分艰难。此外，由于历史原因，华人经济状况较本地土著优越，而在西方殖民者退出东南亚殖民统治后，华人的经济优势被认为殖民统治的残余，被视为民族经济的对立面。因而，在战后民族主义高涨的东南亚国家，华人与本地民族在政治上、经济上和文化上产生了诸多矛盾，甚至成为被排斥和打击的对象。这从战后东南亚国家陆续发生的排华事件中可窥一二。②

1. 印度尼西亚：在战后发生的排华运动次数最多、规模最大，持续时间也最长。不计零散发生的排华事件，仅规模较大的排华运动有六次。第一次是在印尼八月革命时期（1945 年 8 月 ~ 1949 年 12 月），日本投降

---

① 参见粟明鲜《战后东南亚的民族主义思潮与排华》，《东南亚研究》1987 年第 4 期。
② 有关东南亚国家排华内容主要参见暨南大学东南亚研究所、广州华侨研究会编著《战后东南亚国家的华侨华人政策》，暨南大学出版社，1989 年；周南京：《战后东南亚排华运动探索》，载周南京《风雨同舟：东南亚与华人问题》，中国华侨出版社，1995，第432 ~ 449 页。

后，荷兰殖民者欲卷土重来，因而当时为荷军与印度尼西亚对峙时期，华侨华人夹在两大势力之间，成为双方宰割的对象，当时发生了一系列排华惨案。第二次是1959年~1960年间，由于印尼军方强制执行1959年第10号总统法令和1960年西爪哇军区司令条例，导致了大规模排华运动，华侨被禁止在县市以下的乡镇经营零售业，致使大量华侨生存陷入绝境，中国政府不得不在1960年派船接运大约10万印尼难侨回国。第三次是1963年3月~5月从西爪哇蔓延到东爪哇和中爪哇的排华运动。第四次是1965年10月~1967年发生的全国性排华运动，1965年"9·30"事件后，右翼军人苏哈托掌握政权，并借机开始对印度尼西亚共产党及左翼展开清洗，华侨华人因为祖（籍）国是社会主义国家而受到怀疑，加之华侨华人本身即为弱势群体，因此在社会动荡时期往往受到冲击。这次排华华侨伤亡严重，财产损失难以估算，同时中国政府再一次派船接送了数千名印度尼西亚难侨回国，据说当时在集中营中还有高达30多万的难侨等待接回国。这次排华期间尤以1967年发生在西加里曼丹省的"红碗事件"最为骇人听闻。为剿灭活跃在印度尼西亚西加里曼丹省北部与马来西亚沙捞越交界地带的共产党游击队，当时印度尼西亚军方在那里划定了一片红线区，强制红线区内居民迁往三口洋、坤甸等城市，而不少华侨从18世纪起便定居此地，故土难离。为驱赶华侨，军方甚至制造谣言，说有华侨杀了土著达雅克人的长老，挑起后者对华侨的仇恨。达雅克人本就有猎人头的风俗，听信谣言的达雅克人再次举起了长刀，他们将装满鸡血的"红碗"放置在华侨门前作为记号，意即"屋内有仇人，所有达雅克人都有义务得而诛之"，由此展开了一场对华侨的血腥屠杀。第五次是1980年11月的中爪哇排华事件，起因是中爪哇一名原住民学生和一名华裔青年在交通事故后发生了争执，但在故意的煽动之下，演变成针对华人商店、工厂和住宅的打砸抢烧活动。第六次则是1998年发生的排华暴乱，受1997年亚洲金融风暴影响，印度尼西亚国内经济陷入困境，社会矛盾激化，动乱之际冲突的矛头又被引向华侨华人，华侨华人再次成为替罪羊，在1998年5月印度尼西亚首都雅加达地区的骚乱中，发生了针对华人的大规模暴力活动，暴徒不仅洗劫了华人商店，还攻击华人妇女，行径甚为残忍，据统计共有5000多家华人店铺和住宅遭到洗劫和破坏，死亡人数达上千人，且有数十万计华人和外国侨民逃离印度尼西亚。[①]

2. 马来西亚和新加坡：马来西亚方面，1945 年 9 月至 1946 年 4 月，发生了多起马来人和华人间仇杀事件；后随着华人经济大发展，马华两族经济差距的扩大，两族矛盾再次被激发，发生了针对华人的种族暴力行为。在同一年的新加坡，也发生了类似的种族冲突事件。

3. 泰国：二战结束后泰国基本没有发生暴力排华的事件，只有 1946 年的"6·15 事件"能称为排华暴力事件，当时有 53 名泰国华侨文化界人士被逮捕、100 多所华校被取缔，严重打击了泰国华文教育事业。相较于印度尼西亚和马来西亚等国，泰国政府主要通过立法的手段来限制和排斥华人。此外，推行一系列针对华人的同化政策。

4. 菲律宾：战后菲律宾政府对华侨的打击和限制，主要通过经济民族主义的"菲律宾化"即"菲化"运动来实现。从 20 世纪 40 年代开始，菲律宾国会提交和通过的菲化提案不胜枚举，涵盖范围从移民政策到商业再到教育和其他职业领域，等等，对当地华侨社会造成严重打击。尽管没有发生大规模的排华活动，但大量菲化案的出台，将华侨从以往占优势的行业领域里排挤出去，致使华侨经济陷入危机，生存发展面临困境。此外，还不时有菲律宾雇员杀害华人雇主以及针对华人的绑架勒索事件发生，一度造成菲华社会人人自危的境况。[②]

5. 缅甸：独立后的缅甸通过一系列限制外侨的政策，以扶持缅甸民族经济；随后在 1962 年掌权的奈温政府，施行了激进的民族主义政策和社会主义国有化法令，华人经济作为私营经济遭受严重打击，损失惨重，导致不少华侨离开缅甸远赴海外。[③]

---

① 吴迎春：《野蛮暴行，必须严惩——国际社会强烈谴责迫害印尼华人》，《人民日报》1998 年 8 月 4 日，第 6 版。

② 参见暨南大学东南亚研究所、广州华侨研究会编著《战后东南亚国家的华侨华人政策》，暨南大学出版社，1989 年；庄国土、陈华岳《菲律宾华人通史》，厦门大学出版社，2012，第 444～495 页。

③ 参见暨南大学东南亚研究所、广州华侨研究会编著《战后东南亚国家的华侨华人政策》，暨南大学出版社，1989；杨长源等主编《缅甸概览》，中国社会科学出版社，1990，第118～153 页。

6. 柬埔寨：战后初期，柬埔寨政府采取和菲律宾类似的政策，通过法律来排挤华人经济、监督和限制华校、强行向私立学校（华校）征税等。但柬埔寨政局并不稳定，在民主柬埔寨执政时期（1975～1978），华人的处境恶化，华人被驱赶到农村务农，甚至惨遭屠杀，导致大批华人出逃。①

7. 老挝：老挝独立初期华人境遇尚可，但随着 20 世纪 60 年代老挝国内政局动荡，大量华人产业毁于战火，因而出现了华人再迁移现象。而 1978 年后，中国和老挝两国关系走向恶化，华人受此牵连，境遇更是雪上加霜，于是纷纷出逃。②

8. 越南：越南南北对峙时期，南越政府就对华侨实施了一系列限制政策，随后又颁布国籍法强迫华侨入籍。1975 年越南统一后，更是开始谋划一系列歧视、迫害和驱赶华侨华人政策，在 1978 年掀起了全国性的排华运动，导致数十万华侨华人返回中国或者外逃到世界各地。③

根据华侨华人研究专家庄国土教授的统计，截至 2007 年，亚洲华人总数达 3000 多万，占全球华人总数的 78%，其中主要集中在东南亚地区（见表 4-1）。因而，在关于华人认同问题中，东南亚地区的状况是很有代表性的。除此之外，北美地区也颇具代表性，作为东南亚以外的华侨华人第二大移居地，从人数上看也是仅次于东南亚地区。相较之下，战后北美华人的境遇较东南亚华人要好得多，但当地华人认同同样经历了转型期，只是导因有所差异。以战后美国为例，对当地华侨华人及其认同带来冲击和影响的原因，首先在于美国移民政策的改变，1943 年颁布的"麦诺森法案"（Magnuson Act），规定"废除 1882 年以来所有的排华法律和其他法律中涉及排斥中国移民的条款……允许华人和华人后裔入籍成为美国公民"④。其次，随后冷战序幕拉开，由于中美敌

---

① 参见苏子《柬埔寨华侨志》，华侨志编辑委员会，1959，第 111～138 页；杜敦信、赵和曼主编《越南老挝柬埔寨手册》，时事出版社，1988，第 322～328 页。

② 参见《寮国华侨志》，华侨志编辑委员会，1982，第 141～142 页；杜敦信、赵和曼主编《越南老挝柬埔寨手册》，时事出版社，1988，第 315～316 页。

③ 参见〔美〕沈已尧《海外排华百年史》，中国社会科学出版社，1985，第 113～124 页。

④ 戴超武：《美国移民政策和亚洲移民（1849～1996）》，中国社会科学出版社，1999，第 141 页。

对，在美华侨华人失去与中国大陆的联系，被迫开始"落地生根"；最后，受到 20 世纪 60 年代美国黑人民权运动的影响和随后美国政府推行的多元文化政策影响，华人的族群意识得以增强，同时得以保留其中华文化，形成独特的美国华人文化认同。

表 4 - 1　2006 ~ 2007 年各洲华侨华人数量和分布统计

单位：万人,%

地　　区	人　　数	百分比	新移民	百分比
亚　　洲	3548	78.10	400	11.27
美　　洲	630	13.87	350	55.56
欧　　洲	215	4.73	170	79.07
大 洋 洲	95	2.09	60	63.16
非　　洲	55	1.21	50	90.91
总　　计	4543	100.00	1030	22.67

资料来源：国务院侨务办公室政策法规司：《国务院侨办课题研究成果集萃（2007 ~ 2008 年度）》，2009，第 8 页。

综上所述，随着世界格局和中国形势的发展，海外华侨华人状况发生了重大变化，在国籍、政治经济地位、文化教育等方面都发生了一系列的变动，因而，带动认同发生了转变。

二　战后海外华侨华人认同的变迁

面对战后东南亚各国的独立及随之而来的民族主义情绪，加之冷战状态下诸多住在国未与祖（籍）国（中国）建交的变局，东南亚华侨被迫走上了当地化的道路，从"华侨"到"华人"，从"落叶归根"到"落地生根"，华侨经历了情感的挣扎，也遇到现实中的阻碍，华侨华人身份、情感及认同的变迁也经历了一个较长的历史时期才得以实现。直到 20 世纪 70 年代，伴随中美关系的正常化，东南亚许多国家相继与中国建交，许多华侨才实现了国籍的转换，从华侨转变为华人；法律身份的变化加之几十年在当地生活的经验，也使他们的情感在潜移默化中发生着变化，"落叶归根"的观念终于被"落地生根"的观念所取代。在这个老一辈华侨华人（老侨）、华裔新生代（新生代）以及新一辈华侨华人（新侨）共存的时代，华侨华人的认同也呈现出多元化的样态。具体来说，战后东南亚华侨华人的认同变迁主要表现在以下几个方面。

（一）法律身份的变化：从侨民到国民

王赓武教授在关于东南亚华人认同的研究中就指出，在 20 世纪五六十年代，"华人最突出的认同是政治认同"①，一般是指对国家的认同，即"一个国家公民对自己归属哪个国家的认知以及对这个国家的构成，如政治、文化、族群等要素的评价和情感"。② 实际上，国家认同的重要表现就是政治身份即国籍，在关于二战后华人政治认同转变的研究中，一般会"以绝大部分华人加入当地国国籍为标志"③。

20 世纪 50～70 年代，华人的政治身份逐渐发生改变，从侨民变成住在国国民。在这一变化过程中，最大的推力莫过于住在国政府实施的针对华侨的同化政策。如前文所述，战后东南亚独立运动此起彼伏，在其建构独立自主的民族国家的过程中，由民族主义思潮高涨、经济利益和中国与东南亚国家关系等因素引发的华侨问题亟待解决。为此，东南亚国家实行了不同程度的华侨同化政策，主要方式有二，其一是让华侨加入住在国国籍，成为该国的国民；其二是文化上的同化，试图通过限制华校、打击华语教育的方式来实现语言上、文化上的同化，以消除民族间的隔阂。相对而言，让华侨加入本地国籍的方式较文化上的同化更容易，一方面是文化的影响是根深蒂固的，在短时间内难以被取代；另一方面，模糊的身份和双重的国家认同使得华人在东南亚的处境十分艰难，政治身份的确认对处于当时社会背景下的华人而言是无法避免的。可国籍的选择为何是无法避免的呢？

首先，受冷战开始后两极对峙的世界格局影响，许多东南亚国家追随美国，处于西方阵营，实行敌视新中国的外交政策，致使从中国大陆到东南亚的移民几近断绝，当地华人受到的来自中国和中华文化的影响逐渐减弱，华侨所渴望的"落叶归根"在当时成了无法实现的奢望，只能转而

---

① 王赓武：《东南亚华人认同问题的研究》，《南洋资料译丛》1986 年第 4 期。
② 杨研：《地域主义与国家认同：民国初期省籍意识的政治文化分析》，天津人民出版社，2007，第 304 页。
③ 庄国土：《略论东南亚华族的族群认同及其发展趋势》，《厦门大学学报》（哲社版）2002 年第 3 期。

考虑"落地生根"。其次，随着中国政府取消双重国籍的政策出台，华人无可避免地要从中选择一个作为政治身份：1955 年万隆会议期间，中国与印度尼西亚政府签订关于双重国籍的协定，取消双重国籍，结果是 350 多万的印度尼西亚华人中，加入印度尼西亚国籍的就有约 200 万；① 次年中缅两国也签订协议取消双重国籍，到 1980 年公布的《国籍法》更是明确规定了不承认双重国籍，对东南亚华人造成了重要的影响。最后，东南亚各国政府颁布的带有民族歧视和限制的法案和政策，直接损害了华人的利益，也使华人认识到获得住在国公民身份对其生存和争取平等权利的重要性。以菲律宾为例，战后华菲族群关系一度十分紧张，其中经济上的不平衡是重要的原因，以 1952 年菲律宾工商业部门的统计，华人分别占有菲国国内商业（主要是批发零售业）的 40%、金融业的 80%、碾米业的 80% 和烟草业的 70%，而华人资本投资额也占菲国投资总额的 35.9%。② 就此，华人在经济上的优势被认为是殖民时代的残余象征，以及民族独立和发展的障碍。因而菲律宾政府把矛头对准华人，企图用各种方式来限制华人经济活动和限制华人就业范围。其中，菲律宾政府推行的一系列经济菲化案，比如零售业菲化案、米黍业菲化案的实施，直接打击了菲华社会的商业基础。

很显然，战后华人政治身份的转变是顺势而为之，从整体上看，新加坡和马来西亚是东南亚国家中最早解决华人入籍问题的，大约在 20 世纪 50 年代末；随后是缅甸，大部分华人都在 1962～1988 年加入缅甸国籍；印度尼西亚的情况与缅甸很相似，尽管 1955 年中印协议取消双重国籍后已经有 200 万华人加入印度尼西亚国籍，但直到 20 世纪 80 年代才基本解决华人入籍问题；而菲律宾直到 1975 年中菲建交前政府放宽入籍政策，才有成规模的华人入籍，大约到 20 世纪 80 年代后期，当地华人大部分成为菲律宾国民；越南和泰国的情况比较特殊，越南在统一南北越后大规模地驱逐华人，因而只有少数华人加入越南籍，而泰国方面由于泰华融合程度相对较高，以及在国籍法上实行地缘主义，凡是在泰国出生的

① 庄国土：《世界华侨华人数量和分布的历史变化》，《世界历史》2011 年第 5 期。
② 〔日〕李国卿：《华侨资本的形成和发展》，郭梁等译，福建人民出版社，1985，第 11 页。

华人自动获得本国国籍，因而早在二战前，就有超过 3/4 的华人拥有泰国国籍。

在东南亚以外的地区，情况大致相同，华人基本经历了从侨民到国民的身份转变。不过，在政局相对安定、政治环境相对良好的西方国家，华人融合于当地、成为该国国民的方式除了加入国籍以外，还体现在政治上的参与。以美国为例，尽管华工早在 19 世纪就进入美国，为美国西部大开发和经济的发展做出了重大贡献，但受到一系列移民法案的影响，大部分华人直到第二次世界大战结束后才获得美国国籍，并开始参与到当地政治活动中。战后初期，美籍华人参政主要局限于个别的华人精英，通过参与竞选议员和政府公职的方式来直接参与美国政治，代表人物有邓跃宁——1946 年成为美国历史上首位华裔州议员，谭福善——1948 年升任夏威夷毛伊郡郡长并 9 次连选连任，以及邝友良——1948 年担任夏威夷准州①众议院议长后被选为美国参议院议员。不过，随着华人入籍人数和土生华人人数的增加，以及 20 世纪六七十年代美国民权运动的影响，华人政治力量日益增强，逐渐改变了过去华人那种不参与、不过问政治的态度。因而，20 世纪 70 年代以后，由大批受过高等教育的美籍华人掀起了华人参政热潮，以反对歧视、保护华人正当权益，主要表现有三：其一是参与个人竞选以及被委任公职的华人精英人数逐年增长；其二是华人积极参与到选举登记以及投票中，既是履行国民义务也是直接参与政治的实践；其三则是华人政治性团体组织纷纷成立，起到凝聚华人各界力量、为华社发声、争取正当权益的作用，比较有代表性的社团组织有美国华人协会（1973 年）、百人会（1990 年）和 80～20 促进会（1998 年）等。②

（二）经济角色的变化：从侨民经济到国民经济

伴随着战后华人从认同中国到认同当地的转变，海外华侨社会也转变为华人社会。此外，这种政治认同的转变也带来了华人经济上的变化，即从侨民经济转为当地民族经济的一部分。事实上，华人经济一直受到其政

---

① 夏威夷于 1959 年才被美国国会批准加入美国联邦，成为美国第 50 个州，加入联邦的提议也是由以邝友良为议长的州议会提出的。——编者注
② 参见陆宇生《美国华人参政的回顾与前瞻》，《侨务工作研究论文集（一）》，国务院侨务办公室《侨情》编辑部，1990，第 270～280 页。

治地位的影响。

回顾海外华人发展史可知，国人移居海外的历史最早可以追溯到先秦时期，只是早期华侨主要是暂时寄居的贸易商，人数较少、流动性强，受到当地社会影响也很少。但进入近代，随着西方殖民者对东南亚地区殖民统治的开始，以及鸦片战争后中国国门打开，大批华工出洋务工，情况开始有所变化。当时大部分华侨以契约劳工的身份到南洋务工，有的在契约期结束后，转为小商贩或者零售商，其中有的又通过收购土产品和原料然后贩卖给殖民公司而逐渐成为中介商。随着资金的积累，到了19世纪后期，有的华商从中介商升为对外贸易商，或者是经营种植场和开设原料加工厂。但当时无论华侨经济如何发展，都受到殖民政府的限制。不同于殖民政府在东南亚开设的殖民公司，华商没有可以依靠的殖民政府，而当时中国已经沦为半殖民地半封建社会，正饱受西方列强的欺辱，根本没有足够的政治力量和军事力量来保护海外华侨，因而在西方殖民东南亚的时期，当华人的经营有利于殖民经济的时候，殖民政府便会大力支持；但是一旦殖民经济出现问题，华人经济一般是首当其冲，成为经济危机的转嫁对象。

以马来西亚独立前的华人橡胶种植业为例，马来西亚是东南亚地区橡胶业的鼻祖，是世界上最早种植橡胶的几个国家之一。事实上，尽管橡胶是殖民政府几经努力才成功移植的，但马来西亚橡胶种植业的开拓者和推动者却是当地华人。关于这一历史，被誉为橡胶大王的陈嘉庚在他的回忆录有过描述：

（橡胶）在百年前原产于中美洲，原为野生，继后以人工栽种。然后方知此物可宝贵，严禁胶子出口。距今约六十余年，英国用人头埋胶子三百粒，以一百粒种于印度之锡兰岛，一百粒种于马来亚怡保，又一百粒种于新加坡，然种后十余年，竟置之不闻不问，因政府未有领导提倡，南洋诸华侨及各色人士未知其利益，至我国光复前十余年，英国一农业专门家游历东亚，经新加坡，晤前本校长林文庆先生……十余年前经在此热带地方试种，成绩甚佳，现在树胶茂盛，利益甚大，然要经营须大规模栽种千余英亩至数千英亩，方能合英人股份公司承买。林君自己无许多财力，乃招马六甲侨生，友人陈齐贤出资合作向政府领地五千英亩栽种大茨及树胶。五六年间树胶共栽二千英亩。除大茨收成，垫去资本廿余万元，而售于英人之公司得二百万元。其时二百万元价值，不减于眼前二千万元之巨，由是南洋各处闻风而动，而尤以马来亚更为争先恐后，竞事栽种，多者千亩以上，少者数十百亩。英京亦多组公司，派人来马来亚开辟。继而荷印政府，竟硬迫土人，每家须栽种若干亩，加以汽车发展迅速，故树胶销路日广至称廿世纪为树胶世纪。①

事实上，正如陈嘉庚先生在自传中的这段回忆所言，马来亚华人橡胶业得益于林文庆先生号召组建橡胶公司，随后由陈齐贤试种成功并建立橡胶园进行大规模种植。随着陈齐贤等人的成功，大大小小的华人橡胶园在马来亚遍地开花，并形成了华人橡胶供应系统。总体而言，从1886年陈齐贤成功种植到第一次世界大战结束期间，马来亚橡胶种植业发展迅速，种植面积从1897年的345英亩，增至1910年的547250英亩，到1920年更增至2206750英亩。根据张应龙教授的研究，当时华人橡胶种植业的成功可主要归因于三点：其一是当地华人有从事种植业的基础；其二是得益于汽车、摩托车等新兴工业的发展，对橡胶的需求量大；其三是英国殖民当局对华人种植橡胶的鼓励政策。② 不过，华人橡胶种植业也有其不足的地方，一是资金不足，由于华人种植以独资经营为主，资金方面无法与后来进入当地市场的欧资橡胶园相比，遇到市场不佳便难以应对竞争；二是过分依赖海外市场，同时生产与销售脱节，出口和海外销售渠道为外国资本所控制。因此，当第一次世界大战结束，国际市场对橡胶等原材料的需求逐步下降，以外销为主的马来西亚橡胶种植业受到重击，销量和价格都急剧下降。为此，英国殖民政府便通过制定相关法案，即"史蒂文生限制条例"（Stevenson Schema），对每年橡胶输出量进行限定。但在实际运作中，殖民政府则利用该条例，无理限制华人橡胶园的出口额，以保证英

---

① 陈嘉庚：《南侨回忆录》，南洋印刷社，1946，第269~270页。
② 张应龙：《马来西亚独立前的华人橡胶种植业》，载暨南大学华侨研究所《华侨史论文集（第四辑）》，1984，第270页。

资橡胶园的销路。尽管华人商会试图就此与英殖民政府进行斡旋，但殖民政府并未做出任何改变。相反，当刚恢复一点生机的马来西亚橡胶业受到印度尼西亚橡胶业的竞争以及世界经济危机的冲击，再次出现危机时，英殖民政府仍然采取保护大橡胶园（以英资为主）、打击小橡胶园（以华人资本为主）的措施。可见，马来亚华人橡胶种植业在这20多年的发展中几经起落，其面临的主要阻力就是英殖民政府的压制，而马来亚华人经济在夹缝中成长所面临的种种困境，与华人在马来亚作为弱国侨民、在政治上的无力不无关系。

　　二战结束后，由于冷战格局以及中国国内政局的影响，中国与海外华人的联系几乎被割断，海外华人从"落叶归根"转向"落地生根"。在这一过程中，他们逐渐意识到华人的经济发展与住在国的发展息息相关，所以大部分华人都自愿地加入当地国籍，希望成为当地合法居民，在政治、经济和文化教育上获得平等的权利。以菲律宾为例，战后菲律宾政府通过了一系列经济"菲化"法案，对部分行业和职业进行了限制，严禁外侨涉足，而事实上当时90%的外侨都是华人，所以这实际上是以打击华人经济的方式来扶植菲律宾土著经济。菲律宾华人经济发展就此陷入危机，特别是零售业菲化案的提出，对以商业为主的菲律宾华人而言是沉重的打击，所幸华人抓住了菲律宾经济转型的机遇，有的从零售业转向经营批发和出口，有的转行搞工业、办工厂，以至于经济菲化政策在施行了近20年后，华人经济并没有被菲人所取代，反而是菲律宾国内经济被搞得一塌糊涂。马科斯上台后，为了解决国内发展问题，逐步调整对华侨的政策。新华侨政策中最重要同时也是影响最深远的一点，就是在1975年放宽华人入籍限制，并简化入籍手续、准许华人成批入籍。在这种形势之下，为了更好地发展，大部分华人都选择了加入当地国籍，到了20世纪80年代末，还保留中国国籍的仅剩不到10万人。可以说，随着绝大部分华人加入住在国国籍，战后菲律宾华人经济也从侨民经济逐步变成住在国国民经济的一部分。①

---

① 参见暨南大学东南亚研究院、广州华侨研究会编《战后东南亚国家的华侨华人政策》，暨南大学出版社，1989，第201页。

（三）心理认同的变化：从"落叶归根"到"落地生根"

祖　国

你的祖国曾是我梦里的天堂，你一次又一次的要我记住，那里的泥土埋着祖先的枯骨，我永远记得，可是母亲，再见了！我的祖国也在向我召唤，她在我脚下，不在彼岸，这蕉风椰雨的炎热的土地呵！这狂涛冲击着的阴暗的海岛呵！①

《祖国》是有"马华第一诗人"之称的吴岸先生在马来西亚独立前夕所写的诗歌，以子女的口吻，描述了母亲即将北上归国时的种种不舍，以及对生活的这片土地的热爱。如诗歌所说，母亲一直提醒自己要记住的那个祖国只是属于母亲的，对现在的"我"而言，出生和成长的这片土地才是自己的祖国，是无法割舍的。所以当母亲要北上归国之时，"我"强忍对母亲的不舍，选择与母亲告别，留在这片充满回忆和情感的土地。

事实上，诗歌反映了战后华人青年一代人的真实情感。二战后由于来自中国的移民补充几乎断绝，华人内部主要靠自然增长，大量华裔子弟在战后出生，而他们的成长过程与祖辈/父辈有很大区别，一方面他们远离中国，没有在中国生活、学习的经历，对中国的了解大都来自父辈甚至是祖辈的讲述；另一方面，他们的成长和教育是在住在国完成的，这片土地上有着属于自己的亲身经历和回忆，同时也更多地受到了住在国主流文化的影响。相比之下，源自祖辈/父辈的情感记忆远远不如自己切身的生活经历和情感经历来得真切。其实不仅仅是华裔青年，对于在中国大陆出生或者有短暂生活经历或者是受过系统的华文教育的第一二代华人而言，寓居海外数十年时间，已经习惯了在当地的生活，实际上也不愿意、不会离开自己经营了数十年的家庭和事业。因而，当住在国开放入籍的时候，大部分华侨都会选择加入当地国籍。可以说，战后华人心理上经历了从"落叶归根"到"落地生根"的过程。不过，值得注意的是，这个转变的过程并非一蹴而就，对华人而言选择就地扎根并不意味着要"忘本"，而是政治上认同住在国，文化上是融合中华文化与住在国文化，形成独特的华裔文化认同。

---

① 〔马〕吴岸：《吴岸诗选》，华艺出版社，1996，第 19~22 页。

第三节　海外华侨华人认同现状评估

海外华侨华人的认同问题十分复杂，不同时期、不同地区以及华侨华人内部不同代际、不同群体的认同存在很大差异，影响认同的因素也十分多元。

一　影响因素分析

对于认同的类型及影响认同的因素，学者们也有着不同的看法，比较权威的研究中比如王赓武教授就认为东南亚社会的认同可以分为历史认同、华人民族主义认同、民族（当地）认同、文化认同、人种认同、阶级认同这六种类型，并指出这六种认同并非独立存在而是重叠交叉的，也就是说战后海外华人认同应该是一种"多元认同"。[①] 对此观点，庄国土教授有不同看法，"王（赓武）教授将族群依种族和文化分归于政治类和文化类，反而模糊了东南亚华人的认同分类。我倾向将东南亚华人的认同分为政治（国家）认同和族群认同两类，其他各类认同，包括文化、历史、阶级、法律、社区、种族等认同，其实都可以归于这两类认同"[②]。关于认同的分类学界暂无定论，事实上也是无法定论的，因为华人认同的形成受到众多因素影响，其中主要涉及华人祖（籍）国（中国）、华人住在国以及华人自身三方面因素。

（一）华人祖（籍）国（中国）因素

中国在海外拥有着庞大的移民人口，从近代以来华人移民对祖（籍）国中国的发展做出了众多贡献，特别是改革开放之后，与中国的联系更为密切，华侨华人还是最早进入中国的外资资金的来源。与此同时，中国的发展也反过来作用于海外华人社会，具体表现在两方面的往来。其一是在经济层面，改革开放以来，随着中国经济的发展，中国制造的商品销往世

①　王赓武：《东南亚华人认同问题的研究》，《南洋资料译丛》1986 年第 4 期。
②　庄国土：《略论东南亚华族的族群认同及其发展趋势》，《厦门大学学报》（哲学社会科学版）2002 年第 3 期。

界各地，而事实上中国商品的销售有不少是通过华商完成的，通过经贸合作华人与中国的往来不断密切；而中国市场的进一步开放，与中国同文同种且有一定人脉资源的华商，在竞争中具有相对的优势。也就是说中国的发展吸引了海外华人的投资，在经贸合作的过程中也强化华商身份的认同。其二是在人员流动方面，中国经济的发展以及与华商经贸往来的密切，带动了中国大陆与海外华人社区的人员往来。一方面，中国经济的发展带来的商业机会以及国力的增强，吸引了众多以经商、求学、探亲、旅游为目的的国外友人，其中包括了海外华侨华人——到中国的大学留学或者参加短期的中文夏令营、寻根活动，对于增加海外华裔学习中文的兴趣以及加深对中华文化的理解大有裨益。另一方面，中国人到海外求学和经商的人数也逐年增长，这些被称为"新移民"的华人为当地华人社会注入新的力量，增强了中华文化的影响力，在一定程度上减缓了华人文化被同化的进程。

（二）华人住在国因素

1. 住在国与中国的关系

回顾海外华侨华人历史，华人住在国与中国的关系直接影响着华人在海外的生存状况，进而对华人的认同产生影响。比如中美关系的发展，就深刻影响着当地华人的认同。

太平洋战争后，中美两国在反法西斯战斗中的合作让两国关系持续升温，逐步改变了近代两国在外交上的不对等状态。比如1942年10月，美国方面宣布取消在华治外法权，并于次年与中国签订新约。受中美关系升温的影响，1943年12月17日美国总统罗斯福签署了"麦诺森法案"（Magnuson Act），废除了"1882年以来所有的排华法律和其他法律中涉及排斥中国移民的条例……允许华人和华人后裔入籍成为美国公民"，并提供给世界各国（包括中国在内）华人每年105个入境名额。这一法案为那些渴望获得美国公民权的华人提供了机会，而一般来说加入住在国国籍一般被认为是政治认同/国家认同转向最基本的条件。

待二战结束，特别是冷战序幕拉开，由于中国实行"一边倒"的外交政策，坚定地站在以苏联为核心的社会主义国家阵营，而美国实行对华遏制政策，即政治封锁、经济制裁、军事威胁等手段，中美关系直接跌入冰点。随后朝鲜战争和越南战争的发生，使得中美关系进一步恶化。在这一阶段，中美关系的恶化一方面断绝了华人"归国之路"，传统华人"落叶归根"的想法被迫放弃，转向"落地生根"；另一方面是来自中国的新移民几乎断绝，在美华人人口主要依靠自然增长，所以在移民和文化得不到补充的情况下，战后出生的华裔青年在政治和文化上更倾向当地——但中美关系的恶化催生了美国社会对华人的猜疑和不信任，华人甚至被认为是中国派遣在美国的共产主义间谍，因而当时华人的生活也是如履薄冰，在个人身份和族群认同中产生很多矛盾。

这一情况随着 1972 年时任美国总统的尼克松访华逐渐发生转变，中美关系的正常化直接影响了美国的华人政策，首先是在美华人在美国社会中的形象得到改善、信任度也得到提升；其次是华人移民配额得以增加，大陆移民配额得以恢复，移民人口的补充壮大了华人的力量。于是在美华人的参政状况也发生转变，在更宽松的社会政治舆论下华人更容易投身到政治参与中，推动了华人融入当地、认同于当地。此后二三十年间，东欧剧变后世界格局的变动以及对"中国的崛起"的恐惧，中美关系多次出现较大的起伏，而在美华人再次成为替罪羊，种族歧视和反华歧视再次掀起，比如 1999 年的"李文和案"①（即美国华裔科学家被控非法窃取美方机密）就是典型的事件。

在东南亚地区，情况亦然，东南亚国家与中国的关系直接影响到当地华人政策的制定。比如越南，二战后中越关系友好期间，中越两党就越南境内华侨问题通过协商来达成协定，双方同意"越南北方的华侨工作交由越南方面领导，按自愿原则逐步教育华侨成为越南公民；至于南方的华侨问题，待南方解放后交由双方协商解决"②。最初，在越南北方的确按照协定，华侨以自愿原则加入越南国籍。但是南北统一后，南方地区在经济上占优势的华侨华人成了社会改造的主要对象，越南方面撕毁中越关于南方华侨国籍的协定，变相承认过去南越政府强制华侨入籍的政策，使越南华侨境遇堪忧。进入 20 世纪 70 年代后，受中苏关系破裂、中美关系好

---

① 详见吴前进《国家关系中的华侨华人和华族》，新华出版社，2003，第 335～348 页。

② 邓永正：《东南亚与华侨华人研究文集》，（香港）天马出版有限公司，2011，第 283 页。

转以及越南战争结束影响，越中关系出现裂痕，越南当局在 1977 年发动大规模驱赶华人政策，将华人逼到越南境内偏远荒凉的地区；而在北方又推行所谓的"边境净化"运动，强行驱赶在中越边境的华侨，不少华人遭受殴打甚至丧命。受此影响大批越南华侨外逃，华人社会人心惶惶，更别提想要认同当地、"落地生根"了。显然，华人住在国与中国的关系会直接影响住在国华人的境遇，对华人的政治、文化认同以及经济角色起到积极或消极的影响。

2. 住在国的华侨华人政策

如上所述，华人认同的变迁与其住在国的政治和政策环境有很大关系，其中又以该国的华人政策的影响最大。如上所述，华人在 20 世纪上半叶形成了华人民族主义认同，并逐渐在华人社会中占据主导地位。二战后，这种华人民族主义认同仍持续影响着海外华人，各国政府的反应不尽相同，而其中不乏表示担忧或有威胁感的，比如东南亚的新兴民族国家。就此，各国因应国情和该国华侨华人状况制定了不同的华侨华人政策，但从整体上看，这些华人政策在不同程度上受到"同化论"的影响。按照同化论的观点，华人与当地民族同化是必然的，而这也是解决华人问题的唯一办法，因而华人同化政策的目标就是要完成华人认同的转向，实现华人与住在国民族的同化。各国华侨华人政策对华人认同的影响分别体现在以下方面。

其一，国籍归化政策下华人国家认同的变化。国家认同"是一个人认为自己归属于哪一个政治共同体的辨识活动，并对自己所属的政治共同体的期待，或甚至对所欲归属的政治共同体的选择"①；它在众多认同中是起到支配作用的，并通过国籍来维系。在东南亚国家，对华人国籍归化的政策可以分为三类：第一类国家是在相对平等的条件下，欢迎华侨自愿入籍，代表的是新加坡、马来西亚和北越等，其效果颇佳，华侨大都很快地归化当地；第二类国家是通过经济上对入籍与未入籍移民进行区别对待的方式来"诱惑"华侨入籍，代表国家有泰国、柬埔寨、老挝和南越等

---

① 江宜桦：《自由主义、民族主义与国家认同》，扬智文化事业股份有限公司，1998，第 9~12 页。

地，而对当地华人而言，为了获得与主体民族平等的权利和发展的空间，纷纷选择加入住在国国籍；第三类国家则相对复杂，在 20 世纪五六十年代对华侨入籍并不太欢迎，并设置了诸多障碍，直到七八十年代态度才有所转变，华侨入籍才得以基本解决①——比如菲律宾，就是典型的例子：入籍问题曾一度影响菲律宾华侨华人的融合问题，首要原因在于菲律宾的国籍法采用的是血统主义原则，规定菲律宾公民仅包括父亲是菲律宾公民的人，或者当母亲是菲律宾公民，本人成年后可以选择加入菲籍，所以当时有不少土生土长的华裔也难以获得公民权。但是战后不久菲律宾实行各项经济民族化的"菲化"政策，对华侨的经济参与和职业参与等造成极大的限制，为了获得平等竞争的权利，当时菲律宾华侨对于"归化入籍"都比较积极和热切。② 但菲律宾国籍归化法律条例非常苛刻，使得一般华侨入籍面临很多困难。首先，费时。从申请入籍开始到正式批准为止，需要 200 次签名，至少需要 3 年或更长时间③。其次，费钱。找律师、托人办手续，都要付高价。据菲律宾一位大学教授估计，入籍手续通常需要花费 3 万～5 万比索，这些钱足够买一部汽车。再次，费事。要能使用英文或菲文阅读菲律宾宪法、唱菲律宾国歌，这对于来自闽南农村、教育程度十分有限的广大华侨来说，无疑是一个难题。④ 这一情况直到 1975 年中菲建交前才有所改善，为了避免建交后菲华社会受到中国方面的过多影响和改变华侨在菲律宾的游离状态，菲律宾政府开始着手解决华侨入籍事宜，希望通过接纳大批华侨加入菲律宾籍，推动其在政治上认同菲律宾。于是，当时的马科斯政府先后发布了总统第 270 号令和 491 号令，宣布简化华侨入籍手续、降低入籍门槛并允许华侨成批入籍，据统计，到 1975 年 8 月，菲华社会中获得菲律宾国籍的华人约 50 万，占华侨华人总数的 80%。⑤ 到了 20 世纪 80 年代，

① 廖小建：《战后各国华侨、华人政策比较研究》，《史学月刊》2004 年第 3 期。
② 〔菲〕陈守国：《菲律宾 500 年的反华歧视》，世界日报、菲律宾华裔青年联合会，1989，第 30 页。
③ 有时申请甚至要拖 6 年至 10 年之久。见翟光华神父《菲律宾华侨问题研究论集》（英文版），合一协进会，1974，第 25 页。
④ 郭梁：《东南亚华侨华人经济简史》，经济科学出版社，1998，第 160 页。
⑤ 庄国土、陈华岳：《菲律宾华人通史》，厦门大学出版社，2012，第 536 页。

没有入籍的华侨已经很少了，可以说菲律宾华人对菲律宾的国家认同已经基本完成了。

其二，通过一系列文化层面的政策对华人进行同化，以消除华人与主流社会的隔阂。东南亚国家都在不同程度上通过限制华文教育来影响华人的文化认同，其中以印度尼西亚的政策最严、效果最为明显。1957 年由于政局变化，印尼开始严厉控制华校。该年颁布了第 989 号"关于监督外侨教育条例"，禁止印度尼西亚公民进入外侨学校，也就是说华校不允许招收印度尼西亚籍的华裔学生。这对华校教育打击很大，1957 年，全印度尼西亚共有 2000 所华校，共 425000 位学生，其中 250000 名是印度尼西亚公民；但第 989 号条例实施后，在 1958 年 7 月，华校仅剩下 850 所，其中 150000 名学生全部是华侨，此外，还有 1100 所华校被改为印度尼西亚语为教学媒介的国民学校。1965 年"9·30"事件之后，执政的苏哈托政府开始反共清洗行动，并指责北京政府支持印共，致使当地华人也受到牵连，华文学校也被关闭，华侨子弟在足足三年时间内失去上学的机会。直到 1969 年才设立了名为特殊计划国民学校，接受外侨和印度尼西亚公民的子女，但学生基本都是外侨。只是这类学校也没有维持很久，在 1974 年便被印度尼西亚当局全面接管，改为印度尼西亚的国民学校。① 华校被取消后，华人子弟大都进入印度尼西亚各级学校就读，他们接受的是印度尼西亚的国民教育，与华文以及中华文化几乎隔绝，相反在语言和文化上趋向于当地。1989 年《星洲日报》一位记者在实地采访调研后指出"三十岁以下的印尼华裔子弟鲜有能识得华文字者，许多连华语都听不懂，别说要讲"。② 此外，印度尼西亚《编辑》周刊在 1990 年刊登的一篇社会调查报告更直观地展示了该情况（下表 4-2），该报告对雅加达、万隆、三宝垄、日惹、泗水、棉兰及峇塘等七大城市的 129 名华人进行了调查。

---

① 〔印尼〕廖建裕：《印尼华人教育史》，载廖建裕《现阶段的印尼华族研究》，新加坡教育出版社，1978，第 60～66 页。
② 〔印尼〕肖依剑：《这一代印尼华人》，载蔡仁龙主编《印尼华侨与华人概论》，（香港）南岛出版社，2000，第 234 页。

表 4 - 2　印度尼西亚雅加达等七大城市华人中文能力调查

掌握中文的能力		人数（人）	所占比例（%）
1	流利地说、写中文和讲华语	7	5. 42
2	听懂（被动的）一些话语	47	35. 65
3	只认得一两句中文	50	38. 75
4	一点都不懂	25	20. 15
对中华人民共和国的态度			
1	仍当作宗祖国随时要去访问，保持中国风俗习惯	19	14. 72
2	当作值得怀念的宗祖国就行了	54	41. 86
3	中国是外国	56	43. 41
对印度尼西亚共和国的态度			
1	真正的祖国	121	93. 79
2	第二故乡	3	2. 32
3	经商贸易之地	2	1. 55
4	态度不明确	3	2. 32
对中、印邦交正常化的看法			
1	比较容易经商贸易	58	44. 96
2	比较容易互相探亲	8	6. 2
3	重新学习宗祖国文化的好条件	32	24. 8
4	对我生活毫无影响	31	24. 03

资料来源：蔡仁龙：《试论印尼华侨、华人的认同转向》，《南洋问题研究》1991 年第 3 期，第 6 页。

这一调查虽然人数和范围不够广，但在一定程度上还是反映了当时的情况，印度尼西亚华人不仅是无法熟练地使用华语，而且基本上都认同自己是印度尼西亚人。因为进入印度尼西亚国民学校学习，华人掌握了印度尼西亚语，更容易接触到印度尼西亚主流社会的文化、艺术、电影、音乐、舞蹈和宗教等，长久熏陶之下，这些出生和成长于战后的印度尼西亚华人身上逐渐失去了中华文化的特点，相反，与印度尼西亚土著民族的差别逐渐变小。又如新加坡，在东南亚社会中它的情况比较特殊但又十分典型。尽管它是中国以外华人血统占人口大多数的国家，华人及华人文化占据优势，但冷战格局的形成以及东南亚排华浪潮的兴起使得新加坡走上了自立求存的道路，而当地化就是首要措施。建国初新加坡的当地化政策意味着建立"新加坡人的认同"，即要华人脱离中国这一"母体"，自立求存。为此，新加坡政府采取了一系列措施，其中教育方面就是推行国民教育以取代移民教育，比如将华校逐步纳入国民教育，在语言教育中逐步推行以英文为主的双语教育，在历史教育中增加对东南亚历史以及新加坡历史的介绍，等等。这些政策获得了预期的效果，不仅在新加坡国内形成了"新加坡人"的认同和内在凝聚力，也得到了新加坡以外国家对"新加坡人"这一群体存在的认可。但毋庸置疑的是，这些政策也带来了一些负面的影响，最明显的是新加坡华人族群文化的危机——华族作为新加坡的多数民族却逐渐丧失了自己的民族文化特点，比如华文学校在1987年就被全部取消、华人社团日渐衰落、华文听读写能力急剧下降。单纯从一个民族的角度来看，如果丧失了对本民族的文化认同，是非常可惜的。①

可见，"同化论"为基础的华人政策在实际操作上的确取得了一些成效，但事实上对于同化政策的质疑从未停止过。在一些严厉执行同化政策的国家里，华侨华人的权利受到损害，也更容易受到歧视，造成华人与当地民族的隔阂，甚至激发群体间的矛盾，造成不必要的经济和人身伤害。因而，自20世纪70年代，澳大利亚、加拿大和美国等先后放弃过去采取的同化政策，取而代之的是"多元文化政策"——这一政策不仅保护一个国家内部不同民族都有平等的权利，并允许各民族保留自己的文化传统，更有利于民族间的融合。就如学者陈依范先生在研究中所言，在20世纪六七十年代在美国的华侨华人中发生了"认同危机"，即关于"我是中国人，还是美国人？"的思考，但到了80年代这个问题得到解答，即"我是美国华人"。② 在多元文化政策下，华人的文化传统得到政府和主流社会更多的尊重，这一态度也直接影响了年轻华裔，使得他们开始能够正视华人本身的文化，以及尝试去了解和学习中华文化。年轻华裔与老一辈

---

① 参见黄松赞《论战后新加坡华人自立求存的新道路》，《华侨华人历史研究》1993年第2期；郝洪梅、高伟浓《新加坡双语教育政策下的华文处境》，《东南亚纵横》2004年第10期；徐长恩《二战后至1970年代末新加坡华文教育衰落原因》，《八桂侨刊》2009年第1期。

② 〔美〕陈依范：《美国华人发展史》，殷志鹏、廖慈节译，（香港）三联书店，1984，第321页。

华侨华人往往在对待中华文化的问题上产生分歧，并造成华人内部的隔阂。所以，当中华文化的价值和重要性越是得到华人自身的认可，就越能强化华人作为一个群体的自豪感和自尊心，并淡化华人内部隔阂，进而强化华人对族群本身的认同。

3. 族群关系

一般而言，族群关系可以分为族群内部关系和不同族群之间的关系，此处要讨论的主要是华人与住在国主要族群之间的关系，是如何对华人认同和融合产生影响的。华人身处不同的国家，免不了要和当地主流社会特别是占大多数的族群打交道，相对良好的族群关系有利于华人在当地的社会参与，比如北美地区，在 19 世纪到 20 世纪上半叶一直蒙受着来自白人的种族歧视，这种明目张胆的歧视不仅体现在移民政策上对华人的排斥，还体现在华人族群与白人族群的日常接触中，比如 19 世纪下半叶不时发生的白人矿工袭击或者驱赶华人矿工的事件。来自社会的歧视以及白人族群的敌对行为给华人带来了经济上、身体上和精神上的伤害，在这样的情况下，连和平共处都无法做到就更别提融合了。直到 20 世纪六七十年代情况逐渐发生改变，随着美国民权运动的蓬勃发展，少数族裔的诉求得到正视，政府开始修改以往歧视性的政策，比如 1964 年美国林登·约翰逊总统签署国会通过的"民权法案"（Civil Rights Act），禁止在公共场所实行种族隔离，并设立平等就业委员会以监督和禁止在就业中的种族歧视。① 可以说，民权运动的发展促使了华人的族群意识的觉醒，而美国政府对以往带有种族歧视行为的修正为包括华人在内的少数族裔更好地融入美国主流社会提供了最基本的条件。不仅美国，加拿大、澳大利亚、新西兰等国在 70 年代后都实行了多元文化政策，这对于改变族群间不平等关系大有裨益。虽说这并不代表白人对华人等少数族裔的歧视就此完全消失，但可以肯定的是，族裔间地位的平等已基本成为所有族群的共识，而华人也能够通过合法的途径来维护自身权益，以及更多地参与到当地的政治经济文化中。

---

① 参见刘绪贻、韩铁、李存训《战后美国史（1945～2000）》，人民出版社，2002；蔡文辉：《美国社会与美国华侨》，台北东大图书公司，1989。

　　反之，相对紧张的族群关系会对华人在当地的发展和融合造成阻碍。比如在东南亚国家，族群关系相对紧张，特别是华人与土著/主体族群之间摩擦不断。造成这一状况的原因很复杂，不过最为主要的有两点。一是族群间经济的不平衡。作为少数族群（新加坡除外）的华人在经济上一直领先于土著民族，这在殖民时期"分而治之"的政策下倒没有造成族群间的矛盾，一旦东南亚国家脱离殖民统治建立民族国家，华人在经济上的优势往往被认为是殖民主义压榨土著民族的结果，华人则被视为独立的阻碍而受到排挤，太平洋战争时期携手对抗日军的友好情谊被抛之脑后，族群关系急转直下。二是受民族主义思潮高涨的影响。东南亚国家在脱离殖民统治建立独立的民族国家时，不同的民族对于国家的希望是不同的，东南亚本土民族作为住在国的大多数（新加坡除外），认为自己作为大多数，且长久居住在当地，因此应在国家政权中占据优势，各项政策应该照顾多数民族；因而提出"原住民优先"的主张。而除了新加坡以外，华人在东南亚各国属于少数族群，且经济上的优势使得土著民族对其产生敌视，所以在国家权力分配中华人一再受到限制和打压，比如马来西亚通过法律规定了主体的马来人在政治上的优势地位。除此之外，在经济上，马来西亚的"新经济政策"、菲律宾的经济"菲化"政策和印度尼西亚在50～60年代的经济政策，无不是希望通过抑制华人经济来提高土著民族经济的地位。这些政策对华人造成严重影响，也受到华人社会的谴责。在这一背景下，华人与土著民族间的矛盾不时被激发，严重的时候便发生排华运动，这不仅对华人的人身、财产造成损失，更伤害了华人的情感，阻碍了华人与主流社会的融合发展。在排华事件较为严重的时候，华人被迫要外逃，比如1965～1967年印度尼西亚的全国性排华运动，导致大量华人要逃离印度尼西亚，中国方面还要出动船只来接运难侨回国。

（三）华人自身因素

1. 相对规模与实力

　　当华人的规模（人口）以及实力（尤其是政治及社会影响力）与住在国主体民族相比占弱势的情况下，华人的族群意识往往不容易保持，被当地同化的进程也相对较快，不到几代人就基本上与当地融合了。比如印度尼西亚和菲律宾，华人所占的人口比例相对其他东南亚国家要小得多，再加上印菲两国政府推行的针对华人的同化政策，要维持华人的文化和意识比较艰难。就以华文教育为例，中文作为华族的民族语言，是构成华人族群文化以及族群认同的重要因素，而在印度尼西亚从 20 世纪 50 年代起华校曾长时间被限制甚至停止，使华文教育遭遇断层，以至于"三十岁以下的印尼华裔子弟鲜有能识得华文字者，许多连华语都听不懂"①；菲律宾的情况也比较严重，从 20 世纪 60 年代开始推行教育"菲化"后，华文教育逐步式微，在 90 年代后面临危机，曾有人这样描述："什么是华文教育的现状？以笔者的亲身经验，大多数华文学校的学生，不论小学生或中学生，除了极少数来自大陆、港台的学生，大多数都不会听普通话（国语），甚至闽南话，至于讲、读、写就更不用说了。这里说的'大多数'，可以说是 90% 以上。"② 此外，相对欧美文化，中华文化往往并不占据优势，所以尽管有一定的发展空间，但是华人移民二三代后也大都是融入当地文化。③ 相反，当华人的规模和实力较强，则华人的意识和族群的认同也能维持较长的时间，并且能够在与当地各种文化融合下，形成有当地特色的华人文化，比如马来西亚、新加坡等地。

2. 历史传统与记忆

族群认同一般由两方面因素所决定，一是种族特点，二是族群文化。种族特点指的是由遗传带来的体型、肤色以及某些心理素质④，但这些特点对华人的影响会随着异族通婚的增多而渐趋减弱——在二战前，华人与土著通婚就是很普遍的事情，并形成了庞大的混血儿群体，比如印度尼西亚、新马地区的伯拉奈干（Paranakan），男性称峇峇（BaBa）和女性称娘惹（Nyonya）、菲律宾的密斯蒂佐（Chinese Mestizo）、泰国的洛真（Luk Chin）等，尽管还保留着一定的华人种族特征，但他们在文化、宗

---

① 〔印尼〕肖依剑：《这一代印尼华人》，载蔡仁龙主编《印尼华侨与华人概论》，（香港）南岛出版社，2000，第 234 页。
② 〔菲〕黄庆麟：《切实改革，大有可为》，载菲律宾华教中心《新世纪华语教学序言》，马尼拉菲律宾华教中心，2000。
③ 庄国土：《关于华人文化的内涵及与族群认同的关系》，《南洋问题研究》1999 年第 3 期。
④ 庄国土：《略论东南亚华族的族群认同及其发展趋势》，《厦门大学学报》（哲学社会科学版）2002 年第 3 期。

教信仰和生活习俗上更倾向于土著民族。此外，在战后二三十年间，由于中国向外移民的停止，海外华人以内部自然增长为主，事实上不少华人血统都混有当地土著的血统。因而，在华人族群认同的形成中族群文化因素起到主导作用，是华人保持一种"华人意识"的重要基础。但华人身居海外，中国文化的辐射会逐渐减弱，而住在国主流文化的影响会逐步加深，那华人族群文化还能保存吗？华人在文化上是否会完全认同于当地？泰国华人情况在一定程度上能够回答这个问题，泰国华人与当地的融合程度向来比较高，这跟中泰友好的历史传统有一定的关系，而著名学者施坚雅在20世纪50年代末关于泰国华人社会的研究中曾预言泰华社会将会完全同化于泰国当地，但半个世纪过去了泰华社会依然存在，华人被同化的进程远比施坚雅所预言的要缓慢。后来的学者研究指出，尽管当地华人大都认可泰国的价值观、接受当地的风俗习惯，语言和饮食上也和当地人没有太大差别，但仍然保留着很大部分中华文化传统，阻止他们直接被泰国社会所同化，具体比如祖先崇拜、庆祝华人特有的节日、参与华人社团和使用方言等传统。[①] 换言之，历史传统的维持与华人族群认同是密切相关的，同时也能在一定程度上减缓华人的同化速度。

　　诚然，历史传统在华人社会发展中起到积极的作用，但事实上有的历史传统会成为华人发展的"负担"——最为典型的例子莫过于传统中国儒道思想对华人参政的消极影响。华人政治认同的转变过程中，国籍归化只是最基本的步骤，此后还应当积极参与住在国政治活动，比如投票、参选等。只是华人的政治参与的积极性并不高，比如在华人参政环境和参政条件相对良好的美国，华人在政治上的进步也主要体现在少数华人政治精英的政治成就上，而普通华人的参政情况则不容乐观，比如在2008年美国总统大选中，华人参政最为积极的南加州，华人投票率也仅仅是11.75%。[②] 华人已经移民美国不止一个世纪了，经济和教育能力都大大

---

① 参见饶尚东《东南亚华人认同转变的若干观察》，载《落地生根：海外华人问题研究文集》，诗巫砂罗越华族文化协会，1995，第19页；Chan Kwok Bun and Tong Chee Kiong, *Rethinking Assimilation and Ethnicity: The Chinese in Thailand*, The Chinese Diaspora（Singapore: Time Academic Press, 1988）.

② 王望波：《2009年海外华侨华人概述》，世界知识出版社，2011，第139页。

提高，为何政治参与还如此低？就历史传统的影响的角度来分析，首先，从华人历史来看，对待生存与发展，华人的态度是相当现实主义的。无论是清之前为"搏中人之富"而出国贸易的华商，还是清以后为求生存而出国务工的华工，都是为了经济的原因而背井离乡，因此，华人到海外，主要就是从事经济活动，加之本身边缘人、弱势群体的身份，更是小心谨慎地与主流社会保持距离，抱着一种"多一事不如少一事"的心态，除着力发展经济、积累财富外，其他一概不管不问，因而，在当地人眼中也形成了一种"华人就是'经济动物'"的刻板印象。着重发展经济，别不旁骛，尤其是敏感的政治问题，华人刻意疏离，由此造成了华人虽移民住在国多年，但参政并不积极的结果。其次，受中华传统价值观影响。中华传统的儒家重视道德，坚信道德是政治问题的中心、推崇道德高于政治的思想一直影响着中国人的道德观和价值观，在这种价值推崇下，只要保持道德上的端正并怀抱着对民间疾苦的关心，投身政治与否并不是那么重要的态度，这种思想在一定程度上影响了华人参政的积极性。再次，老庄思想中的"无为而治"，对国人的影响更是深远，老子强调"圣人处无为之事，行不言之教"，要取消一切"有为"；而庄子更是要求人类彻底回到大自然中，认为人类社会的一切（包括国家、政治和一切文明等）都是多余的，是对人的束缚。再者，华人在早期移民过程中，在异国他乡遭受过不少歧视甚至暴力对待，也没有强大的祖国作为后盾，所以在长久的移民经历中很自然地形成了"努力挣钱，少管闲事"的心态，在政治上也趋向于保持中立和不参与的传统。

3. 文化背景

文化背景指的是"对人的身心发展和个性形成产生影响的物质文化和精神文化环境"①，人类在不同历史阶段和不同地区，创造和发展的文化间存在着很大的差异，而这构成了人类生活成长的不同文化背景。文化类型的划分有很多种，比如历史学家汤因比在《历史研究》一书中曾将人类的文化分为26种类型，事实上同一类型的文化按照地区还能进一步细分，比如按照时期来分，中国文化可以分为先秦文化、两汉文化、隋唐

---

① 顾明远：《教育大辞典》，上海教育出版社，1990，第37页。

文化等，按照地区还能分为中原文化、岭南文化、吴越文化、巴蜀文化等。不同类型的文化形态及其构成的人的不同文化背景，会对人的价值观和认同等产生不同的影响，这对海外华人而言亦然。好比同一个国家不同时代的华人，由于成长的环境中受到的文化和教育的不同，影响了他们的认同状态以及对同化的态度。以菲律宾为例，第一代华人大都是早期从中国移民到菲律宾的，他们出生于中国，有在国内生活的经历，到海外谋生后仍与国内家乡有联系，并能保持华人的特性，支持华社三宝"华校、华社、华报"的发展，坚持对中国和华人文化的认同；第二代华人大部分出生于二战前后，或是在国内出生后到菲律宾，或是生于菲律宾，他们接受过华校华文教育，有的还进入菲律宾的大学接受西式教育，所以他们受到中华文化和菲律宾文化的双重影响，开始逐步融入菲律宾社会；第三、四代华人是二战后在菲律宾出生的，对中国的了解和记忆来自于祖辈、父辈的言传身教，尽管他们大都接受过华校教育，但华校被"菲化"后与菲律宾的学校也并没有太大的区别，与前两代人相比他们与"菲人"的接触更多，也更多地受到菲律宾主流文化的影响，因而在文化和价值观念上更倾向于认同菲律宾当地。

二　代际及群体差异

如前所述，华人认同的变迁与华人社会从"侨居"转向"定居"的过程大致吻合，但由于华人身处的各国国情不一，华人本身的文化背景也各不相同，仔细分析后会发现，华人内部认同是有所区别的，主要表现在代际间和群体间差异。

（一）代际差异

代际差异主要存在于老一辈华侨华人（即"老侨"）和新一辈华侨华人（即"华裔新生代"）之间，老一辈华侨华人多为第一代和第二代移民，新一辈华侨华人多为第三代以后的华人。二者的代际差异涉及的范围十分广泛，几乎能够囊括生活的方方面面，大到人生观和价值观，小到婚姻观、择业观。在上文对华人认同的分析中，也可以察觉到代际差异的存在。在认同方面，一般而言，二者的差异表现在：老一辈华侨华人在政治上认同当地、文化上认同华人文化，而华裔新生代在政治上、文化上均认同于当地。具体差异表现为如下二点。

其一，"政治认同"是指人们在社会政治生活中产生的一种感情和意识上的归属感，其核心是国家认同，体现为个人对国家所持有的情感和认识，是否拥有国籍被视为"政治认同"或"国家认同"的基本条件。就政治认同而言，尽管老一辈华侨华人基本都入籍当地，与华裔新生代一样，政治认同都已转向当地，但对前者而言，政治认同是经历了从对中国的认同转向对当地的认同的一个过程，即加入当地国籍、在政治上效忠当地，且并不代表就完全断绝对中国的关注。老一辈华侨华人多为第一代和第二代移民，其中，第一代从中国移民出去，大都对祖国和家乡怀有很深的感情，抱有叶落归根的观念，强烈认同中国和中华文化；第二代虽然出生于当地，但由于受父辈影响，加之接受华文教育成长，因此大都对祖籍国有一定认识和较深感情，对祖（籍）国也有较多关注。因而，相较于华裔新生代，老一辈华侨华人更关心祖（籍）国，他们也身体力行，帮助祖（籍）国的建设和发展，其中以捐资国内侨乡的公益事业最为典型，1978 年改革开放以后，许多老一辈华侨华人向祖籍地捐资兴办教育、医疗卫生、市政建设等事业，帮助改善了侨乡的面貌。以潮汕地区的教育事业为例，从改革开放到 1996 年间，整个潮汕地区兴建的 2839 所中小学校中，由华侨华人和港澳同胞捐资兴建的就有 2033 所，约占 72%。[①]相反，华裔新生代生于当地长于当地，对祖（籍）国的情感和记忆大都来自于祖辈、父辈的言传，所以不同于老一辈尚存对中国的关注，华裔新生代的情感和兴趣更多地系于当地，这就造成了他们更积极地投身到住在国的政治参与中，无论是参加选举、参与投票还是组建和参加政治性社团等方面。所以，从某种程度来说，毫无疑问，无论是老一辈华侨华人，还是华裔新生代在政治认同都是指向当地的，只不过，老一辈由于历史与情感的原因，仍对祖（籍）国有一定的关注和兴趣，而新生代则毫无保留地认同当地，二者在政治认同的程度上存在着差异。

其二，在文化认同方面，由于中华文化与住在国主流文化在老一辈华

---

① 杨群熙、吴坤祥主编《海外潮人对潮汕教育事业贡献资料》，汕头历史文化研究中心，2005，第 204 页。

人和华裔新生代身上的影响效果不同，带来的文化认同倾向也就有所不同。文化的影响是深远和长久的，难以在短时间消退，所以曾经受到中华文化浸染的老一辈华人身上早已打上了中华文化的烙印，尽管二战后有很长一段时间得不到来自中国的"文化补给"，面对来势汹汹的主流文化的冲击，这些老一辈华人并未就此被同化，相反是慢慢吸收本土文化中的养分，与中华文化相互融合，形成了独特的当地华人文化。而对于华裔新生代而言，中华文化的影响力和吸引力就小得多了，他们从小就受到主流文化潜移默化的影响，加之在国民教育中的进一步强化，所以从文化认同上看他们与本体主流族群并无差异，比如在语言上，新生代更倾向于使用住在国官方语言。以美国为例，在一个关于不同代际华人对英文的情感态度的调查中，随着年龄层向下走，对英文的好感度就越高；在宗教信仰上，新生代相对更容易接受住在国宗教信仰——主要是在信仰基督教、天主教和佛教的国家；在家庭和婚育观念上，以欧美发达国家为例，相较于华人传统的大家庭模式，新生代华裔更倾向于接受西方小型核心家庭模式，且对于族际婚姻更容易接受。

随着海外华社的代际更替，近些年，华裔新生代也成为我们侨务工作的一个重要的目标群体。而要做好华裔新生代的工作颇不容易，帮助他们"建构对祖籍国的认同"便是我们面对的首要课题。而这里所谓的建构认同的"认同"，指的应是文化认同而非政治认同。因为政治认同本身的"一元性"和"排他性"属性决定了，已入籍为住在国公民的华人在伦理和法理上其政治认同均应归属于住在国，这也符合华人在当地生存和发展的长期利益。相反，文化认同的"二元性"乃至"多元性"和"非排他性"的属性则为我们建构华人的中华文化认同提供了充足的伦理与法律空间，华人本身在种族与血统上的渊源则成为其建构中华文化认同的重要基石和情感渊源。我们就是要从这一逻辑推导出发，尽可能地促进新生代华裔建构中华文化认同，帮助他们从感知到认知，再到感兴趣和接纳中华文化，只有他们建立对中华文化的认知和喜爱，才能稳固侨务公共外交的基本面，否则，未来的涉侨工作就成了无本之木、无源之水。

因此，就文化认同而言，老一辈华侨华人因为对祖（籍）国有较深感情和一定认知，因而，比较认同祖（籍）国，故在这一人群中，认同祖（籍）国及华人文化者远多于不认同者。新生代华裔由于生、长都在当地，对祖（籍）国认识较少，情感也较为淡漠，认同指向当地，故在这一人群中，不认同祖（籍）国及华人文化者远多于认同者。

（二）群体差异

华人认同的群体差异，主要体现在老一代华人移民、华裔新生代与华侨华人新移民之间。华侨华人新移民又称"新侨"，指的是 20 世纪 70 年代初以来从中国大陆移民到海外的华侨华人，其中，尤以 1978 年改革开放以后移民者居多。

20 世纪 70 年代初移民者主要来自闽粤等传统侨乡，移民目的地也以侨乡人传统的移民目的地为主，如东南亚、北美。1978 年改革开放以后移民者的来源较为多元，几乎来自全国各地，尤以大学及科研院所较为集中的大型城市及省会城市为主，留学移民为新移民中的代表群体。经过在海外十多年的发展，到 20 世纪 90 年代后，新移民群体已在当地较为稳定，并有了一定影响力，因此，从 1995 年起，新移民在国内开始引起涉外、涉侨部门的关注，近 20 年已成为涉侨工作的主要对象之一。20 世纪 90 年代初，冷战结束之后，全球化迅速发展，全球化推进了人员、物资、资金、技术及信息在全球范围内的自由流通，也为中国商品走向世界提供了机遇，一大批携具有价格优势的"中国制造"走出中国的新移民在世界市场上崭露头角，这批"求发展"型的新移民汹涌而来，令人刮目相看。近十多年，这一群体还在不断壮大，脚步遍及世界各地，事业处于发展上升期。目前，这批"求发展"的新移民已成为除留学生之外最为引人关注的群体。

而就认同而言，可以说，华侨华人新移民是祖国的"天然盟友"。新移民主要为 20 世纪 70 年代尤其是改革开放后移民国外，基本都是在中国出生、成长并接受至高中或大学教育的，绝大多数还保留着中国国籍，故情感上强烈认同中国。其中不少人在从事着与中国联系紧密的经贸活动，也与家乡保持着密切联系，故基本不存在不认同祖国的现象。

我们可以从表 4 - 3 中清楚地看出华侨华人认同的代际及群际差异，把握这些差异，对于我们有针对性地开展侨务工作有着参考意义。

表 4 - 3 华侨华人认同的代际差异、群际差异

"草根"群体 文化认同	老一辈华侨华人（老侨）	新一辈华侨华人 （新生代）	华侨华人新移民 （新侨）
认同中国	+ > -		+
不认同中国		+ > -	

资料来源：朱东芹：《中国侨务公共外交：对象与目标探析》，《国际论坛》2016 年第 3 期。

　　鉴于老侨、新生代、新侨的认同存在差异，针对他们的侨务公共外交工作也应各有侧重：因为老侨大都认同中国和中华文化，故工作的重点应当放在通过人际交流和信息宣传，激发他们充当中国和住在国"桥梁"的积极性上。华裔新生代大都不认同祖（籍）国文化，有认同的障碍，故工作的重点应当放在加强信息传播、文化交流和引导工作，努力帮助他们建构对祖（籍）国文化的认同方面。新移民大都认同祖国，但形象较为复杂，包含负面因素，故工作的重点主要在于动员他们建立当代中国和中国人的正面形象。

第五章　海外华侨华人新移民研究

华侨华人"新移民"（New Immigrants）是指 20 世纪 70 年代后移居海外的中国大陆公民。新移民的出现源于 20 世纪 70 年代初中国外交政策的调整，1971 年对归侨侨眷出境政策的放松在侨乡掀开了对外移民的序幕，促进了侨乡新移民的形成。1978 年改革开放后，伴随全国范围内出境政策的放开，出国蔚然成风，尤其是自费留学相继出现"留美""留澳""留日"一波波热潮，形成了数量可观的留学生群体。20 世纪 90 年代初，世界进入后冷战时期，伴随着政治壁垒的消解和国际关系的宽松，全球化在世界范围内迅速推进，跨国的人口流动也以前所未有的加速度展开。得益于进一步开放的政策和全球化所带来的机遇，中国的海外移民群体也愈益壮大，无论是外出求学的知识型移民，还是通过投资、技术乃至非正常渠道出国"求发展"的移民，数量都急剧增长，形成了目前规模、实力及影响力都不容小觑的新移民群体。新时期移居海外的中国新移民以其可观的规模、不断凸显的实力和社会影响力，以及它背后日益强大的祖（籍）国成为世界瞩目的焦点、学界关注的热点，也是近年来我国侨务工作的一个重点。

第一节　何为"新移民"？

"新移民"这一概念最早由美国华人学者于 20 世纪 80 年代中期提出，之后，海外及中国国内媒体开始使用这一概念。90 年代以后，"新移民问题"引起了中国有关部门的关注，外交部、国务院侨办、全国政协等部门根据实际工作中遇到的情况，较早意识到了新移民问题的存在及其重要性，把对新移民问题的调研及做好新移民工作调整为其工作重点。全国政协台港澳侨联络委员会于 1995 年 11 月～1996 年 5 月组织了新移民专题调查，并于 1997 年 5 月召开了"新移民专题研讨会"，对这一问题进行深入的研究。[1] 自此，新移民问题开始引起学界及社会各界的关注。

一 "新移民"概念的争论

在学术界，20 世纪 90 年代中后期以来，新移民问题成为华侨华人研究的一个热点。围绕"新移民"概念的界定，学者们也产生了争议。主要涉及以下问题。①时间界限。有人主张应界定为"二战以后"或"新中国成立以后"，也有人主张采用"20 世纪 70 年代以来"或"20 世纪后期"作为时限的界定。主张以"二战以后"或"新中国成立以后"划分是因为二战以后及新中国成立之后直到 1966 年"文化大革命"开始前，这一时期中国大陆对外移民的现象仍然存在，且表现出不同于以往的特点；主张以"20 世纪 70 年代以来"划分，是因为在 1971 年 6 月，国务院颁布了《关于华侨、侨眷出入境审批工作的规定》，恢复了对归侨和侨眷的出国审批，使一些归侨侨眷得以申请出国，传统侨乡的对外移民得以恢复。②地域范围。有人主张"新移民"不仅包括中国大陆，还应包括港澳台的移民及东南亚等地的华人再移民。③身份构成。有人主张"新移民"不应包括以留学名义出国、学成后留居当地的原留学人员，特别是公派留学人员，因为他们是以求学为目的而不是以移民为目的的出国，尤其是公派留学人员承担着报效祖国的责任和义务，承认其移民身份不利于鼓励他们学成回国服务。④还有人对"新移民"这一称呼提出异议。提出为避免"敏感"和引起新移民与老华侨的矛盾，应称呼为"新华侨"，等等。

虽然存在种种争议，但大多数人还是认为，用"新移民"这一概念指代"改革开放后移居国外的中国大陆公民"还是较为科学的。因为：①从时间上讲，改革开放是大陆公民移民活动的一个重要分水岭。1949～

---

[1]　张秀明：《国际移民体系中的中国大陆移民——也谈新移民问题》，《华侨华人历史研究》2001 年第 1 期。

1978 年，因私出国者只有 21 万人，1978 年以后情况发生较大变化，尤其是 1986 年 2 月《中华人民共和国公民出境入境管理法》正式实施后，公民因私出国数量大幅增长。1986 年，全国共批准因私出国 8.7 万人次，到 2004 年，这一数据已增长到 447.95 万人次，是 1986 年的 51 倍。[①] 显然，这种重大变化是以改革开放为背景的。因此，界定"新移民"以"改革开放"划定时间界限是合理的。[②]从地域上来看，不主张包括港台移民，因为港台地区的移民与大陆移民虽然同属中国移民的范畴，具有文化和种族上的共性，但前者移民的背景、动机和类型都不同于后者，也就是说前者具有不同于后者的特点，因此不主张将其纳入"新移民"的范畴。至于东南亚等地的再移民更不宜包括在中国新移民的范畴之中，因为他们是属于第三国的移民活动。③身份构成，对原留学人员是否应纳入新移民或新华侨的范畴，有关部门一度有争议。实际上，将留学作为移民手段是许多发展中国家普遍存在的现象，而非中国所独有。而且，从现实情况来看，不少以留学始、以居留终的留学人员已取得所在国居留权，或已加入住在国国籍，据我国国籍法规定，他们具有华侨华人身份，因此，学成后留居当地的留学人员应视为新移民。④对于是采用"新华侨华人"还是"新移民"这一称谓，多数人主张采用"新移民"而不是"新华侨华人"的称谓，理由是"移民"不是一个法律概念，而是一个社会学的概念，其含义十分广泛，是国际通用的概念。因此，使用"移民"的称谓更科学、贴切。[②]

二　"新移民"概念的界定

如上所述，一般而言，"新移民"是指改革开放即 1978 年以来进行国际迁移的中国大陆人口，然而，如果对闽、粤、浙等传统侨乡地区的新移民详加考察，我们则会发现，无论是形成的时间还是呈现的特点，出自侨乡的新移民与一般意义上的新移民都有着显著的区别。

---

① 翟惠敏:《19 年间因私出国人数增长 50 倍》，原载《法制日报》，转引自新浪网，2005 年 11 月 23 日，http://news.sina.com.cn/o/2005 – 11 –23/08057514109s.shtml.

② 张秀明:《国际移民体系中的中国大陆移民——也谈新移民问题》，《华侨华人历史研究》2001 年第 1 期。

（一）新移民

一般意义上的新移民之所以以改革开放划界，是因为从时间上讲，改革开放是大陆公民移民活动的一个重要分水岭，甚至可以说"新移民"是改革开放的产物。新中国成立后到改革开放前，中国政府对公民出国限制较严，再加上冷战时期两大阵营的对抗，中国与西方阵营的大部分国家没有建交，这就使中国公民的出境实际上处于基本中断的状态，大规模的移民活动再次出现是在改革开放之后，因此，以"改革开放"划定时间界限有其合理性。1978 年实行改革开放政策后，我国的对外移民情况迅速改观。改革开放对新移民的重大影响主要表现在两个方面。一是政策方面。出入境政策放宽，特别是 1985 年 11 月《中华人民共和国公民出境入境管理法》的颁布及随后细则的出台，简化了出国手续，便利了中国公民的移居活动。二是观念方面。改革开放带来了人们思想观念的深刻变化，"海外关系"不再被视为"洪水猛兽"。中国重新回归国际体系，封闭已久的国门再度打开后，人们迫切希望了解外面的世界，纷纷寻找机会出国，于是出现了一轮又一轮的"出国热"，从而形成了目前颇具规模和影响的"新移民"群体。

（二）侨乡新移民

与一般意义上的新移民诞生于改革开放之后不同，传统侨乡新移民的出现要提前到 20 世纪 70 年代初。原因即在于在这个时间节点上，国家对华侨、侨眷的出入境政策进行了根本性调整，对侨乡移民产生了重大影响。

历史上，闽粤人就形成了前往海外谋生的传统。近代，大量闽粤人下南洋促成了东南亚华侨社会的形成，也在中国东南沿海地区与东南亚之间连接起一条移民通道。进入 20 世纪，"过番"下南洋仍然是闽粤人的生活常态，这条移民通道也日益成熟与通畅，直到二战期间为战争的炮火打断，虽在战后一度有所恢复，但不久随着冷战的兴起、中国国内的严格控制，移民传统几近中断。直到 1971 年，中国对归侨侨眷出国的新政策出台，侨乡的传统移民现象才再度发生了根本性的变化。而涉侨政策的变化主要源于国家对外战略与外交政策的调整。20 世纪 60 年代末 70 年代初，伴随美国外交战略的重大调整和中苏关系的彻底破裂，中国外交面临转折的契机，以官方接触为主导、民间往来为辅助，中美关系的解冻预示着中国外交即将重归国际体系，预示着中国将实施一种务实、灵活、非意识形态化的外交政策，此时在侨乡这一对外交往的"窗口区"恢复宽松的出入境政策，即可视为一种新型外交战略的先行先试。

1971年6月18日，在周恩来总理的坚持下，国务院颁布了《关于华侨、侨眷出入境审批工作的规定》，恢复了对归侨和侨眷出国的审批，对凡因要求夫妻团聚或需要出境继承直系亲属产业或协助管理业务的归侨、侨眷，遵照"从宽批准"的原则，准许他们经由香港或澳门出境转往国外定居。这一政策变化对传统侨乡影响甚大，虽然该政策要求出国手续复杂、条件严格，但毕竟一些归侨侨眷借此获得合法的机会得以申请出国，由此拉开了侨乡新移民的序幕。《福建省公安志》的数据显示：1971～1976年，福建全省批准出国11，067人。由于申请人数众多，程序复杂严格，到1976年底，全省申请出国和申请前往香港、澳门地区积压待办的有7万多件。[1] 由于当时侨乡人传统移民目的地大多尚未与中国建交，所以不少持出境证之归侨、侨眷需在港澳过境停留，等待前往目的国的签证，所以香港、澳门，特别是香港，就成为侨乡新移民的主要中转站。[2] 根据港英政府的年报，1971年获准移居香港的中国内地人为2530人，1972年猛增至20355人。[3] 侨乡新移民迎来第一个小高潮。

"文革"结束后，1978年9月1日，国务院又颁布实施了《关于放宽和改进归侨、侨眷出境审批的意见》，进一步放宽归侨、侨眷的出境审批，基本原则是：凡申请出国理由正当的，只要前往国家允许入境，一般

---

① 福建省地方志编纂委员会：《福建省志·公安志》，方志出版社，1997，第179页。

② 如闽南人即如此。历史上，菲律宾的中国移民多来自闽南地区，故闽南多菲律宾归侨及侨亲，1971年侨乡政策开放后，不少闽南人申请前往菲律宾探亲或定居，由于当时中菲尚未建交，故只能经由香港中转。等待办理赴菲手续的时间不一，短则数月，长则几年，期间，有些人觉得香港条件不错，因此长期滞留下来，后来，也滋生了一些以香港为移民目的地的人，他们名为申请出国探亲，实则以赴港为目的。因此，在20世纪70年代，出现了一波闽南人移民香港的潮流。彼时赴港的闽南人，大都聚居在香港岛北部的"北角"。二战前，北角人口不多，战后，随着来自上海的新移民的大量涌入，北角人口迅速增加，号称"小上海"。20世纪70年代末以后，伴随着上海人的迁出和闽南新移民的大量迁入，北角转型为闽南人社区，至今仍以"小福建""小闽南"著称。

③ 福建省地方志编纂委员会：《福建省志·公安志》，方志出版社，1997，第180页。

都从宽掌握，给予方便。紧接着，福建、广东、浙江各省公安部门即会同有关部门转发此《意见》，并且在各地（市）设立代表省厅审批发证的工作点，方便公民就近办理出国手续。同时，各地组织力量抓紧办理"文革"期间积压待办的审批工作，使公民因私出入境管理工作迅速恢复到正常轨道，出国人数大大增加。以福建省为例，仅 1978 年一年，泉州市（今泉州市鲤城区）就清理了 5.9 万多件积压待办出国申请材料，当年批准 18849 人出境；晋江县受理申请出境 8 万人，当年批准出境 9397 人。①据港英政府年报，内地赴港人数 1978 年又出现新高，达 7 万人以上。②侨乡新移民形成第二个小高潮。

进入 20 世纪 80 年代，伴随国家出入境管理法规的进一步宽松，尤其是 1986 年 2 月《中华人民共和国公民出境入境管理法》的实施及相关细则的颁布，侨乡各省的相关法规和措施也进一步宽松化、便民化，出国人数也持续增长。在福建省，1986～1987 年批准出国 17012 人；1988 年批准出国 46466 人，是 1949 年以来福建出国人数最多的一年；1989 年，福建批准出国 24128 人，批准率为 98.52%，是 1949 年以来出国批准率最高的一年。③

综上所述，一般而言，中国大陆的新移民出现在 1978 年改革开放以后，并随着政策的放开于 20 世纪 80 年代中期形成了大的移民浪潮；但就闽、粤等传统侨乡而言，这一时间点要提前到 20 世纪 70 年代初期，侨乡新移民在 1971 年出现，在 1972 年、1978 年前后就曾出现过小的高潮，在 80 年代中期以后，伴随我国出入境政策的进一步宽松又高潮迭起。

三　新移民出现的背景

几乎每一篇有关新移民的文章都会谈到新移民产生的背景，结论也大同小异。大多数学者有意无意地援引了英国人口学家莱文斯坦（E. G. Ravenstein）首创的"迁移法则"，即人口迁移的"推—拉"理论，认为

---

① 泉州市公安局：《泉州·公安志》，泉州市公安局，2004，第 87 页。
② 李明欢：《"侨乡社会资本"解读：以福建当代跨境移民潮为例》，《华侨华人历史研究》2005 年第 2 期。
③ 福建省地方志编纂委员会：《福建省志·公安志》，方志出版社，1997，第 180 页。

人口迁移是迁出国推力（或曰排斥力）与移入国拉力（或曰吸引力）共同作用的结果，其中，经济因素是造成迁移的主要原因，简单地讲：移出国较低的经济发展水平造成生存和就业上的压力形成推力，移入国较高的经济发展水平和收入水平形成拉力。承认"推力""拉力"是造成移民的重要因素，还有一个更重要的因素不能忽视，就是政策的因素，对于中国这样一个政策性非常强的国家而言，没有中国政策上的根本性变化，即使有再大的推力和拉力，恐怕也难以发挥作用。

就国内因素而言，20 世纪 70 年代初以来一系列放松公民出境限制政策的出台是关键因素，可以说，没有出境政策的宽松，就不可能有 1971 年侨乡对外移民的恢复，也不会有 1980 年后大规模的出国潮。就国际因素而言，一些国际性的背景及因素也对新移民的产生起着较大的作用。西方国家的移民政策对于吸引中国大陆的新移民产生了重要影响，这些政策包括：①放宽了接纳移民的政策，特别是废除了对华人的歧视性法令，放宽了中国公民的入境限制；②出于招揽优秀人才等需要，特别欢迎来自中国的留学生，对高技术人才的居留提供优厚条件；③对非法移民态度宽容，不时有非法移民"合法化"之举措。比如，美国在 1965 年颁布了新的《移民法》，取消了对中国移民的歧视性政策，给予中国 20000 人的移民配额，另外给香港 600 人的配额，但当时由于中国与美国没有外交关系，所以，这些配额都被台湾人和自称来自大陆的香港人所用。直到 1979 年中美建交，这部《移民法》才对大陆人有了意义，建交后，美国又单独给了中国大陆 20000 人的配额，至此，中国一共拥有了 40600 个移民配额，这还不包括美国公民在中国的父母及子女、所谓"难民"，这些额外名额的数量也相当可观，达到正式名额的 10% ~ 20% 。除此之外，美国政府每隔数年就会以各种理由对非法入境和滞留的移民给予特赦，使其拥有合法居留的身份。政府政策的宽松和社会的宽容给了非法移民在美国生存的空间。[①] 而欧洲国家在非法移民居留问题上表现的宽容态度也非常明显。厦门大学的李明欢教授长期关注华侨华人在欧洲的生存状况，在这一领域的成就引人注目，其中，欧洲移民政策也是其研究的重点之一。

---

① 庄国土：《近 30 年来的中国海外移民：以福州移民为例》，《世界民族》2006 年第 3 期。

在她看来，西方国家对待非法移民所表现出来的矛盾（或曰暧昧）态度也是吸引非法移民的重要原因。一方面，为了杜绝非法移民，欧洲政府强调，一旦发现非法劳工，本人必须被遣返，雇主必将被重罚；另一方面，有关国家又一次次地对非法移民实施"大赦"，使之居留打工合法化。20世纪80年代以来，包括法国、意大利、西班牙、葡萄牙等多次实施"大赦"，已使上百万的非法移民获得了合法身份。这种政策给无法通过正常渠道移民的人造成了合理的心理期待，这种政策所发挥的"社会暗示"作用不可小觑，因此，每次大赦过后，都会有随之而来更大规模的偷渡浪潮。欧洲政府的这种政策对20世纪80年代中期以后中国新移民在欧洲的大量出现也发挥了重要影响。①

　　如"推—拉"理论而言，经济因素还是最重要的。世界经济发展的不平衡性是引发国际移民的根本原因，可以说，世界经济发展的不平衡一直是移民活动发生的原动力。二战后国际移民活动的主流就是从经济欠发达国家移民到经济发达国家。谋求经济地位的改善，追求更好的生活一直是移民最主要的动因，这也成为中国大陆新移民的主要移民动机。有关新移民产生的原因问题，北京大学的丘立本教授提出应将其放到世界历史发展的大背景中进行研究，他认为世界移民的历史表明，人口稠密的国家，在工业化的初期和中期，新兴城市往往无法容纳大量离开土地的农民，结果必然造成人口外流的移民浪潮，西方学者的有关移民高峰出现的量化研究也可用来说明中国的问题。依据西方学者的研究，移民峰的起落是可以计量的。二战之后的移民峰起点约在人均收入1500美元，终点约在8000美元。人均收入低于1500美元的国家，国民太穷，无法支付出国费用，所以自由移民少；人均收入高于8000美元的国家，国民生活富足，没有向外迁移的愿望；而收入介于这两者之间的中等收入的国家，国民能够支付出国费用，为追求更高品质的生活，有可能选择移民。目前中国人均国民收入1000多美元，与西方发达国家的收入差距还相当大，正好处于这个"移民段"上。再加上中国人口数量大，目前工业化、城市化过程中无法吸纳大量的劳动力，出现了城乡劳动力都大量过剩的情况，国内就业

---

① 李明欢：《欧盟国家移民政策与中国新移民》，《厦门大学学报》2001年第4期。

压力大，这诸多因素必然造成在今后相当长一段时间里，中国人口大量外迁的现象不可避免。

值得注意的是，除了上述政策的影响、经济的因素之外，新移民的出现还受到追求西方国家良好的教育条件、自然与社会环境等因素的影响，而在新移民流出较为集中的"新侨乡"和传统侨乡地区，移民的出现则与移民网络的存在以及"崇尚出国"的外向型的社会文化、社会心理也有密切关系。

第二节　新移民的现状及特点

新移民是当前中国侨务工作的重要资源，因此，其数量、类型及特点等也是涉侨部门和学界关注的热点。

一　新移民的数量、类型、来源及流向

（一）新移民的数量

新移民到底有多少，因为统计上的困难，很难拿出确切的统计数据，各种说法之间也存在着一定分歧，我们可以依据学者及相关部门提供的数据做出估计。据庄国土教授的研究，世界华侨华人的总数在 20 世纪 50 年代初为 1200 万～1300 万人，90% 集中在东南亚地区；至 70 年代末，由于中国限制公民外迁，加之冷战时期许多国家也不接受中国移民，因此，海外华侨华人人数主要依赖自然增长，到 80 年代初约为 2000 万人；之后伴随大量新移民的出现，海外华侨华人的总数迅速增长，到 2008 年，世界华侨华人总数超过 4500 万人。[①] 截至 2011 年，为约 5000 万人。[②] 2014

---

① 庄国土：《世界华侨华人数量和分布的历史变化》，《世界历史》2011 年第 5 期。

② 2011 年 11 月 30 日，在上海举办的第二届中国侨务论坛公布的一项研究成果，首次较为明确地统计出全球华侨华人总数：2007～2008 年间已达 4543 万人，如今约为 5000 万人。主持国务院侨务办公室《华侨华人分布状况和发展趋势》课题研究的庄国土教授对新华社记者说，这两个数字是迄今为止对全球华侨华人总数"最接近真实的统计"，大大低于海内外曾经的测算规模，"对准确了解和把握侨情变化发展具有重要意义"。见《约 5000 万：全球华侨华人总数首次得出较明确统计数字》，新华网，2011 年 11 月 30 日，http://news.xinhuanet.com/overseas/2011－11/30/c_111206719.htm。

年3月5日，中国国务院侨办主任裘援平在接受媒体采访时表示，海外华侨华人有6000多万人。[①] 可见，从20世纪80年代初迄今，世界华侨华人的总数增加了约4000万，其中除了人口的自然增长外，还包含大量的新移民。新移民在20世纪70年代初出现，在80年代渐成规模，在90年代后随着我国出境政策、留学政策的进一步放松，越来越多的人走出国门求学、经商或务工而迅速壮大，2000年以后，受我国经济持续稳步发展的影响，移民潮仍持续升温，以出国留学、经商、务工、投资为主流的移民仍呈现增长势头。据估计，到2007年，新移民总数为约1030万。[②] 2012年初，时任国侨办主任李海峰在接受记者采访时也表示："仅改革开放后从中国大陆和港澳台等地区出去的新华侨华人就接近1000万人。他们分布地域更为广泛，除东南亚等传统的侨胞聚居地外，北美、西欧及巴西、澳大利亚、日本、南非等地区和国家，已日益成为海外侨胞新的聚居地。特别是北美与西欧，是新华侨华人主要分布的地区，约占新华侨华人总数的50%以上。"[③]

（二）新移民的类型、来源及流向

中国大陆的新移民主要是包括家庭团聚、留学、商务、技术和劳工，以及非法移民等几类，其来源、流向及职业选择各有不同。具体来说有以下五类。

1. 家庭团聚移民。从国际移民来看，家庭团聚类移民是永久性人口迁移的主流，中国的新移民有一大部分也属于此类型移民。中国人的家庭团聚类移民主要有两种类型。一是小家庭的团聚类移民。中国人口的国际迁移以男性为主，当男性在当地取得合法居住权和稳定收入后，就会将配偶接出定居，实现小家庭的团聚。二是大家庭的团聚类移民。当移民夫妇在当地生活稳定或有了子女之后，往往会考虑将父母接出去，一家团圆，并帮忙料理家务和照顾子女，从而实现大家庭的团聚。[④] 从来源看，家庭

---

① 《海外华人华侨已超6000万，分布于198个国家和地区》，中国网，2014年03月05日，http://news.china.com.cn/2014lianghui/2014－03/05/content_31685623.htm。

② 庄国土：《世界华侨华人数量和分布的历史变化》，《世界历史》2011年第5期。

③ 张冬冬：《解析中国"新移民图谱"：专访国侨办主任李海峰》，原载《中国新闻周刊》，转引自中国新闻网，2012年01月17日，http://www.chinanews.com/zgqj/2012/01－17/3611919.shtml。

④ 黄润龙、鲍思顿、刘凌：《近十年我国大陆海外新移民》，《人口与经济》1998年第1期。

团聚类型移民主要来自传统的重点侨乡，如福建、广东、浙江等，由于传统侨乡有众多的海外移民网络，新移民多以家属移民为主。据广东省有关部门 1997 年的调查，20 世纪 80 年代初至 1996 年底，广东省新移民人数为 37.8 万人（不含去港澳地区），以家庭、亲属移民为主体，约占总人数的 85%。而江门市的 18 万新移民中，家庭团聚移民的比例更高达 91%。浙江省的 20 万新移民中，94% 为家庭团聚类移民。厦门大学南洋研究院 1997～1998 年对福建省重点侨乡晋江的入户调查也表明，改革开放以后，许多晋江人是通过投亲靠友、继承财产、涉外婚姻等方式出国的①。在其他非重点侨乡，亲属移民也占有一定的比例。如据陕西省有关部门的调查，1978～1998 年，陕西省出国人员约 8 万人，已在国外定居的约 1.3 万人，其中，探亲、涉外婚姻及其他等占 33.2%。②而家庭团聚类型的移民主要流向西方发达国家，主要是北美的美国，大洋洲，还有西欧国家。

2. 留学移民。近代以来，中国人从"师夷长技以制夷"的观念出发，开始大规模地留学海外。新中国成立后，留学生主要派往苏联东欧国家，其中苏联占了绝大部分，人数不多，从 1950 年至 1965 年，平均每年派出 559 人，但回国率还是很高的，同期每年平均回国 513 人（约 92%）。"文革"开始后中断，1972 年恢复，1972～1978 年平均每年派出 297 人，回国 138 人（约 47%）。1978 年，邓小平做出增加外派留学生数量的决策。外派留学生工作恢复并重新起步。改革开放以来的留学生可分为四个阶段。①70 年代末到 80 年代初。是我国外派留学工作恢复和重新起步阶段。以高校和科研单位公派留学为主，派出的大都是年龄较大、思想可靠的业务骨干，这部分人都学成归国，基本不存在滞留不归的情况。②80 年代初到 80 年代中期。中国放开自费留学，引发"出国热"，特别是"留美热"升温，这一阶段留学生年龄开始偏小。③80 年代中后期到 90 年代初。"出国热"继续升温，"留美热"之外，又相继兴起"留澳热""留日热"，留学人员也开始泥沙俱下，鱼龙混杂，有些人借自费留学之

① 王付兵：《福建新移民问题初探》，《南洋问题研究》2002 年第 4 期。
② 张秀明：《国际移民体系中的中国大陆移民——也谈新移民问题》，《华侨华人历史研究》2001 年第 1 期。

名以达到出国打工或定居国外之目的，这一阶段开始出现人员滞留不归情况。④1992 年至今。中央颁布实施"支持留学、鼓励回国、来去自由"的留学政策，留学政策更趋宽松合理，留学也进入稳步增长和发展阶段。① 流往西方发达国家的留学生许多在学成后留在当地发展，最后转化为移民，成为新移民中最重要的一个组成部分。

与家庭团聚类移民主要来源于传统侨乡不同，留学移民主要集中在北京、上海等大城市及高校、科研院所众多的省会城市和中等城市。统计数据也表明，福建、广东、浙江等传统侨乡的留学移民不超过该省移民的10%，与之形成鲜明对比的是，上海仅 1978～1998 年，约 13 万新移民中留学移民就占 60% 以上；陕西省虽然地处内陆，历史上向外移民不多，但由于省府所在地西安是西北地区的文化中心，集中了一批著名高校和科研院所，新移民以留学人员为主，占总数的 60% 左右。② 就留学移民的流向地而言，中国大陆留学生虽然遍布世界 100 多个国家和地区，但主要仍集中在发达国家，如美国、加拿大、英国、日本、澳大利亚、韩国等国家，据统计，2013～2014 年度接收中国留学生最多的国家依次为：美国27.4 万人，加拿大 9.6 万人，日本 9.4 万人，英国 9.2 万人，澳大利亚7.1 万人，韩国 5.4 万人，法国 5.4 万人，德国 2.6 万人；2014～2015 年度排序为：美国 30.4 万人，加拿大 11.1 万人，英国 9.5 万人，日本 9.4万人，澳大利亚 7.6 万人，韩国 6.0 万人，法国 6.0 万人，德国 2.8 万人。③ 其中，美国是最受中国留学生欢迎的国家，中国留学生占美国国际学生比例也较高，2015 年达到 31.9%④，同样，美国也是中国留学生滞留和定居率最高的国家。一般而言，留学移民由于有良好的教育水平，往

① 程希：《关于全球化时代留学人员地位和作用的若干思考》，《中国发展》2002 年第1 期。

② 张秀明：《国际移民体系中的中国大陆移民——也谈新移民问题》，《华侨华人历史研究》2001 年第 1 期。

③ 见中国教育在线、教育优选联合发布的《2016 中国出国留学发展趋势报告》（数据来自：美国《门户开放报告》、加拿大移民局（CIC）、英国高等教育统计局及英国独立学校委员会、澳大利亚移民局、日本学生支援机构、韩国法务部），中国教育在线，http://www.eol.cn/html/lx/report2016/yi.shtml。

④ 见中国教育在线、教育优选联合发布的《2016 中国出国留学发展趋势报告》，中国教育在线，http://www.eol.cn/html/lx/report2016/yi.shtml。

往比那些因家庭团聚等身份出国的低层次教育水平的移民处境要好，在经济地位、社会地位及发展前景等方面都要好很多。

还有一个值得关注的现象是留学生的回归。早期留学生出国时，中国的经济还相对落后，各方面条件不如西方国家，因此，留学生回归的比例较小，近十多年，由于对中国发展前景预期良好，毕业后选择回国发展的留学生数量明显增多。据中国教育部统计，改革开放至 2007 年，我国累计留学出国人数为 121.2 万人，累计留学回国人数 32 万人，回流率仅 26.4%。到 2015 年底，各类出国留学人员总数达 404.21 万人，留学回国人数总量达 221.86 万人，回流率达 54.8%，比 2007 年提高一倍。[①] 这些人被称为"海归"（"海龟"），然而在回归后，由于预期与现实存在落差等一系列因素影响，有些"海归"未能及时找到合适的工作岗位，因而变成"海待"（"海带"），还有些人因为失落或无法适应国内环境而再度出国，也有人选择国外国内之间往来的生活方式。

近年来，随着中国经济的发展，出国留学的热潮仍持续升温，出国留学人数稳步增长，留学目的地更加多元，本科生取代研究生，成为留学生的主体，此外，还有一些家庭条件较好的学生选择出国接受中小学阶段的基础教育，留学低龄化的现象初见端倪。

3. 商务移民（包括投资移民和各类商贩）。出于自身利益的考虑，西方国家很欢迎投资移民，一般都制定了相应的政策，积极吸收投资移民。与此相对应，中国的新移民中也包括了一部分投资移民，虽然比例不是很高，但近几年呈快速增长态势。投资移民的主要流向仍然是西方发达国家，如美国、加拿大、澳大利亚、新西兰、英国等。20 世纪 90 年代中期以后，表现尤为突出的是加拿大。据统计，近 20 年，加拿大接收了 30 万投资移民，比世界上任何国家都多。这 30 万投资移民绝大部分来自中国大陆，其中有 6 万人选择在温哥华居住，第二个热门城市是多伦多。[②] 除

---

① 蒋明艳：《中国海归回流率已过半，8 年间提高一倍》，原载《京华时报》，转引自未来网，2016 年 08 月 17 日，http://news.k618.cn/edus/201607/t20160721_8232793.html。

② 《排华情绪正在加拿大发酵，700 老外召开"批斗中国人大会"！》，2 今日卡城（卡尔加里）中文网，2016 年 05 月 22 日，http://www.todaycalgary.com/portal.php? aid = 984&mod = view。

加拿大外，20 世纪 90 年代中期以后，新西兰、澳大利亚等国也吸收了较多来自中国大陆的投资移民。近几年，随着中国中产阶级的崛起，有能力办理投资移民的富豪数量增多，加之有些西方国家为提振经济加大了引进投资移民的力度，使得中国投资移民的流向格局悄然发生了变化。以往较少中国投资移民的西欧开始成为新的增长热点，其中，以英国最为突出，从 2008 年起，英国新的移民规则更加倾向于吸收富裕及精英阶层，致使在英中国投资移民比例上升。

早期的投资移民主要是一些个体户和工商业者，尚属真正的"投资者"，其目的是为了向外发展，或取得外商身份后再回国经营。投资移民的整体文化水平不如技术移民，但他们的创业意识却居各类移民之首。最有代表性的投资移民是温州移民。他们往往只有几千美元，就敢于贷款投资数十万美元乃至数百万美元开旅馆、办超市、购置房地产等。资金来源主要依靠温州人的互助网络，以"干会"（即没有利息的"标会"）的方式获得。截至 2003 年，在美国和西欧已有 70 多万温州新移民，他们是大规模的投资移民群体。[①] 而近十多年来，由于中国经济的发展和中产阶级的成长，中国对外的投资移民中真正的投资者的比例越来越高，他们除了追求西方国家较好的教育条件、自然和社会环境外，也有一些人有在海外投资发展事业的考虑。目前，中国的中产阶级尚在形成和发展之中，这个群体还在不断壮大，可以预见，未来中国有条件选择投资移民的人数还会不断增加。

投资移民一般门槛较高，投资额从几十万到几百万人民币不等，对于一般中国人来说仍是一笔较大的数额，所以，往往只有真正的富人能够承担这笔费用。实际上，目前在外打拼的中国新移民中有很大一部分人也具有"投资者"的身份，只不过他们不具备上述官方认可的"投资移民"资格，而是以个人身份在海外投资创业的一批人，就是典型的"求发展型"的新移民，以各种类型的中小商贩为主。这些人或者通过自己积累，或者通过借贷而拥有一笔资金，希望在海外这个更大的市场找到商机，所以，较之发达的西方国家，东南亚、非洲、南美洲等发展中和欠发达国家

---

① 郭玉聪：《经济全球化浪潮下的中国新移民》，《当代亚太》2004 年第 9 期。

对这种新移民更具吸引力，发展中和欠发达国家经济较为滞后，市场开发不足或尚未开发，对创业者意味着极大的商机和潜力，事实也证明，这些地方成为中国新移民创业的新乐土，许多人在这些土地上掘取了他们人生的第一桶金。目前，随着中国经济的持续稳步发展，未来有"闲钱"的中国人还会更多，因此，可以预料，这一类型的商务移民在未来还会持续增长。

4. 技术移民和劳工移民。与投资移民一样，西方国家也很欢迎技术移民，受西方国家招徕技术移民的政策影响，中国大陆在20世纪90年代后，开始有较多的技术移民外流，主要流向仍然是西方发达国家，如美国、加拿大、澳大利亚、新西兰、英国等。其中，加拿大是表现突出的国家，由于加拿大实行技术、独立移民政策，所以，20世纪90年代中期以后，中国大陆人移民加拿大持续增长，1999年，大陆移民加拿大者达2.7万人，超过香港移民加拿大者之首，其中有2万人属独立和自雇类移民，中国大陆成为加拿大最大的技术移民来源国。此外，包括美国、澳大利亚、新西兰、英国、德国在内一些西方国家也吸收了较多的中国技术移民。

劳工迁移不以改变国籍为目的，而是以增加经济收入为目的，因此不属永久性移民的范畴，但其中也有一部分人因此成为永久性移民。我国的劳务输出主要包括熟练技术工人或工程技术人员的输出，以及国内企业设立对外办事机构的外派人员。我国的劳务输出始于20世纪70年代末，中国的工程技术人员开始进入伊拉克、香港、澳门的劳务市场，80年代，数量有所增加，主要还是流向发展中国家。近十多年，随着中国国力的增强和技术水平的提高，在国际市场上的竞争力也加强了，中国企业"走出去"的步伐加快，能拿到的外包工程合同和劳务合作合同多了，因此，对外劳务输出的数量也显著增加，在东南亚、非洲、中东、南美洲等地表现明显。

以非洲为例，非洲由于路途遥远，经济发展相对滞后，历史上，前往非洲的华侨华人数量很少，除了19世纪末有少量华工和华商抵达南非、马达加斯加、法属留尼旺之外，其他地方几乎没有华侨涉及。而近十多年，情况发生了很大变化，中国赴非移民的数量快速增加。这与中非经济合作加强，中国加大了在非洲直接投资以及在非承包工程、开展劳务合作派遣了许多人员有密切关系。据商务部等相关部门提供的数据，1996～2007年间中国对非洲直接投资额（单位：百万美元）分别为：56，82，88，65，216，67，63，107，135，400，370，1010。可见，在2003年以后，中国在非直接投资开始稳步增长，2006年后增长加速。同期，中国外派赴非人员也呈增长势头。据《中国商务年鉴》公布的数据，1998～2007年中国在非从事承包工程和劳务合作人员的数量分别为：1998年3.9万人，2003年7万人，2004年7万人，2005年8.2万人，2006年9.5万人，2007年11.4万人。[①] 到2010年，投资非洲的中国国有和私营企业近1600家，涉及基础设施、公共工程、矿业、能源、通信、农业和服务业等领域。[②]

中国企业对外承包工程主要涉及通信、建筑、水电、路桥、港湾、铁路等行业，尤其以通信和建筑表现突出。在近几年中国企业对外承包工程百强的排行榜上，华为技术有限公司和中国建筑工程总公司一直名列前茅，2016年二者的完成营业额均突破百亿，华为以151亿元名列第一，中国建工以103亿元名列第二。[③] 可以预料，未来随着实力的加强和经验的积累，中国企业走出去的机会还会更多，加之中外合作的推进诸如中国与"一带一路"沿线国家合作的加强，还会有更多的中国劳工走出国门。但总的来说，与其他途径比较而言，外派劳工数量很少，而且多以短期迁移居多，通过劳工方式最终实现移民的也只是很少一部分人。

5. 非正常渠道移民。西方称无证移民，在我国过去俗称"非法移民"，这类移民的迁移方式主要有三种：①合法前往移入国短期居留，如留学、探亲、旅游、商务与文化活动等，但长期非法滞留；②以旅游、商务考察等合法手续出境，取道第二国偷渡进入第三国；③边境偷渡。20世纪90年代到2000之后的几年，我国沿海地区的非法移民现象非常突

---

① 何敏波：《非洲中国新移民浅析》，《八桂侨刊》2009年第3期。
② 李鹏涛：《中非关系的发展与非洲中国新移民》，《华侨华人历史研究》，2010年第4期。
③ 商务部对外投资和经济合作司：《2016年我国对外承包工程业务完成营业额前100家企业》，中华人民共和国商务部网站，2017年02月13日，http://hzs.mofcom.gov.cn/article/date/201702/20170202513553.shtml。

出。中国出现非法移民的根本原因是经济原因，直接原因是国外准入名额少，供求矛盾大，合法取得签证困难，不少人难以通过正常渠道移民，只好铤而走险，踏上非法移民之路。北美和西欧等国实行的非法移民合法化政策和所谓的"政治庇护"政策，在一定程度上刺激了非法移民。同时，移民网络及国际偷渡集团的存在则为非法移民的目的得以实现创造了条件。

从流向来看：20 世纪 90 年代中期以前，美国是非正常渠道移民的最大目的地，90 年代中期后，非正常渠道移民的目的地表现出以欧洲和大洋洲等新增长点地区为主导的全球化态势。就来源来看，沿海和边境省份是非正常渠道移民的主要流出地，其中，福建沿海地区和东北边境地区是非正常渠道移民的高发区。老侨乡周边的贫困地区往往是重点，在目前社会转型的过程中，这些地方由于自身自然条件差、经济基础薄弱，与紧邻的老侨乡的发展差距会进一步加大，由此引起的心理上的落差感和不平衡感也会加重，而这些地区又不具备老侨乡所拥有的成熟的移民网络（即"移民链"），因而，只能选择以非正常渠道出国。从非正常渠道移民的流向来看，某一区域的移民流向还具有相对的稳定性，也就是说大致有一个比较固定的目的地。如福建人一般移民到美国，浙江人到欧洲，江苏和上海人到日本，山东和辽宁人到韩国，内蒙古和东北人到俄罗斯，新疆人到中亚国家等。福建为非法移民的重灾区，从 1992 年开始一直到 2000 年以后的头几年的十多年时间里，福建的非法移民问题非常严重，包括闽东、闽西、闽北等地前往美欧等国的新移民不少都是以偷渡方式出国，尤其是闽东福州的马尾、亭江，以及福清、长乐、连江等地偷渡成风，一些村子甚至因为青壮年男子都偷渡了而成了只剩老弱妇孺的空心村。非正常渠道移民的大量涌入给西方国家带来了一系列的社会问题，也引起西方人的不安，而大量的福建人以偷渡方式入境也让西方人在"福建人"与"偷渡者"之间画上了等号，一时间，国际上流行着"美国怕连江，英国怕长乐，日本怕福清，台湾怕平潭，世界怕福建"的说法。但最近十多年，随着中国经济实力的增强，百姓的收入和生活水平较以前有明显提高，因此，很少有人愿意再像以前那样花极大的经济代价和冒较高的安全风险去偷渡，因此，偷渡出国的现象已大大减少。

二　新移民区域分布概况

20 世纪 70 年代初出现的中国新移民现在分布于世界各地，但不同区域的新移民在移民时间、类型、人数、分布、职业选择及发展状况和面临的问题等方面还是存在着一定差异，现按区域分述如下。

（一）亚洲

在亚洲，中国新移民主要分布在东南亚国家和东亚的日本和韩国。新移民前往东南亚的时间较早，20 世纪 70 年代初侨乡出入境政策开放后，就有归侨侨眷申请出国，形成了侨乡新移民赴东南亚国家的一个高潮；新移民前往日本的热潮在 20 世纪 80 年代中后期兴起，以留学生为主体；前往韩国的热潮在 90 年代中后期兴起，以务工者为主体。

从 20 世纪 70 年代至今，中国赴东南亚的新移民大致可以分为两波，第一波是在 20 世纪 70～80 年代移民，主要出自闽粤侨乡，通过亲属团聚方式，流往当时已与中国建交的国家如菲律宾、泰国等地，总体数量较少，目前这些人已基本融入当地华人社会。第二波是在 20 世纪 90 年代以后出现，在 2000 年以后增长迅速。这波移民中最主要的是求发展型的移民，即拥有一定资本到东南亚国家经商或投资者，其次还有不少务工者和留学生。视各国国情及政策环境差异，中国新移民进入的时间、类型及发展的状况也各异。其中，新加坡和马来西亚的中国新移民来自全国各地，以留学、劳务、技术与投资类型居多。[1][2] 菲律宾的中国新移民则主要来自闽南地区，以商贩为主。新移民大量进入泰国、缅甸、越南、柬埔寨、老挝等国基本上是在 2000 年随着大湄公河次区域建设展开之后，移民类型主要包括两种：①商务移民类型的商贩和投资者，②务工者。涉及的行业领域比较多元，除了中国商品的批发和零售外，还涉足旅游、酒店、餐馆、木材及其加工、纺织、橡胶、金融等行业。据估计，中国新移民在泰

---

① 李涛：《20 世纪 90 年代以来新马华人社会的变化及其原因探析》，《八桂侨刊》2008 年第 4 期。

② 《马来西亚"第二家园"计划参与者中国人最多》，中国新闻网，2013 年 11 月 26 日，http：//www.chinanews.com/gj/2013/11－26/5550089.shtml。

国约为 30 多万人（2008 年）①，在缅甸（主要在缅北）约为 100 万～200 万人（2011 年）②，在越南，仅台资企业（劳动密集型产业如制衣厂、制鞋厂等）中的中国大陆务工者就有近 10 万人（2008 年）③，在柬埔寨，仅 320 家制衣厂就有中国的技术指导工约 2 万人（2008 年）④。新移民在东南亚的问题主要是住在国政策不够稳定，在当地发展存在隐忧。如 2014 年在越南，受中越南海领土争端影响，越南发生排华暴力事件，中国工厂及新移民受到冲击，被迫大规模撤回国内，损失巨大。⑤ 又如近几年缅北边境地区武装冲突不断，新移民事业不时陷于停顿。

　　日本的中国新移民在 20 世纪 80 年代中期后开始大量出现，主要为自费留学热潮中赴日的留学生，而留学热潮延续至今，留学生仍是赴日新移民的主体。⑥ 留学生（包括留学生、技能实习生和研修生）之外，其次为就劳型专业人士，再次为家庭团聚型人士。⑦ 新移民主要分布在东京、大阪、京都、名古屋等大城市，与老一辈华人抱团聚居不同，新移民多呈现散居状态，从事的职业也不再局限于传统服务业，而向气功针灸、按摩、休闲娱乐等现代服务业，特别是旅行、教育培训、传媒、文化、咨询、IT 等知识型服务业大幅扩展。⑧ 韩国的中国新移民是在 1992 年中韩建交后

① 陈建荣：《泰国新移民的群体特征——曼谷地区新移民个案研究》，《东南亚研究》2008 年第 4 期。

② 马欢：《在缅中国人：缅甸开放，挡也挡不住》，《时代周报》2011 年 10 月 13 日。

③ 网友"真实的越南"的博客：《在越南打工的中国人》，2008 年 07 月 17 日，http：//blog. sina. com. cn/s/blog_ 5073509b0100a3qw. html。

④ 赵凌云：《1980 年代以来柬埔寨的中国新移民研究》，硕士学位论文，厦门大学，2008 年，第 24 页。

⑤ 《越南排华民众打砸中资企业，华商：千万投资打水漂，打死不回越》，观察者，2014 年 05 月 18 日，http：//www. guancha. cn/local/2014_ 05_ 18_ 230490. shtml。

⑥ 据统计，截至 2016 年 5 月 1 日，日本的大学和语言学校等在籍外国留学生达 239287 人，其中，来自中国大陆的留学生人数最多，达 98483 人。马丽：《近一半！日本外国留学生达 24 万，中国大陆学生占近 10 万》，环球网，2017 年 04 月 06 日，http：//world. huanqiu. com/exclusive/2017 - 04/10434438. html。

⑦ 统计数据表明，截至 2015 年 12 月末，在日中国人的中长期居住者人员构成为：留学型人士为 197674 人，就劳型专业人士为 96038 人，家庭团聚型人士为 11889 人。张慧婧：《从"职住空间"到"社会空间"——在日中国新移民的生存适应策略探讨》，《华侨华人历史研究》2016 年第 3 期。

⑧ 张慧婧：《从"职住空间"到"社会空间"——在日中国新移民的生存适应策略探讨》，《华侨华人历史研究》2016 年第 3 期。

开始大量出现，主要为来自中国东北靠近中朝边境的朝鲜族（吉林省延边朝鲜族自治州），在韩主要从事服务业及建筑业等工作，2002 年以后，随着韩国进一步放宽中国人赴韩务工的政策，这一打工群体继续壮大。[①]除务工者之外，90 年代末以来，受"韩流"文化影响，中国前往韩国的留学生也持续增加，目前，韩国已成为亚洲仅次于日本的最受中国人青睐的留学目的地。

（二）北美洲

20 世纪 80 年代后，中国新移民开始大量流往北美。其中，流向美国者主要分布两地，即美国东北部以纽约为中心的美东地区和美国西海岸以洛杉矶为中心的美西地区。在美东者以来自福建省福州地区的非法移民为主，偷渡始于 80 年代，在 90 年代达到高峰，进入 2000 年以后，偷渡者大多获得合法居留身份，随之引起一波亲属团聚的潮流。目前，偷渡者的第二代也已经成长起来，许多在美国接受了良好的教育，开始积极融入主流社会，并在很大程度上改变着当地人对中国移民的认知。美东的福州人主要经营餐馆，以自助餐和外卖为主。在美西者以留学转移民或技术移民者居多，不少人在硅谷及周边从事与 IT 业相关的技术性工作，这些人的生存条件远好于那些艰苦打拼的偷渡者。目前，在赴美移民中，留学生仍是主流，美国是最受中国人欢迎的留学目的国，每年美国所招收的国际留学生约有 1/3 来自中国，而且，近几年，留学生的低龄化趋势日益明显。

流往加拿大者在 20 世纪 90 年代中期以后表现明显，以技术移民和投资移民为主，主要分布在温哥华、多伦多、蒙特利尔三大城市。虽然这些移民中大多数人受过较好教育，但他们在加的发展普遍并不如意，从事加拿大华侨华人问题研究的郭世宝博士用"三重玻璃效应"来形容中国新移民融入加拿大社会时遭遇的障碍——第一重是"玻璃大门"：由于中国学历不被认可而无法进入专业工作领域；第二重是"玻璃房门"：由于经验不被认可，甚至肤色、口音，而不被高薪公司接纳；第三重是"玻璃

---

① 根据韩国法务部统计，中国公民在韩人数自 1990 年为 147 人，到 2011 年增长为 536699 人，其中，朝鲜族 389398 人。吴昊：《简析延吉市"旅韩新侨乡"的崛起——兼论朝鲜族新移民》，《成都师范学院学报》2014 年第 4 期。

天花板"，因为移民身份而被限制向管理层职位流动，结果造成了华人移民向下层社会的流动。① 加拿大中国新移民的案例颇具典型意义，反映了新移民在西方国家生存的基本样态，而这种状况至少在移民第二代以后才会有所改善。

（三）欧洲

近代历史上，欧洲华侨主要来自广东的珠三角地区及浙江的温州地区，20 世纪 70 年代初，侨乡出境政策放开之后，就有一些广东人、浙江人以申请亲属团聚的方式赴欧，但总体数量非常少。移民开始较大规模地流向欧洲是在 80 年代中后期之后，随着中东欧国家如匈牙利等国入境政策的宽松，许多人希望以此为跳板，借道前往经济更为发达的西欧，所以，在 80 年代末到 90 年底初之间，中东欧一些国家一度迎来了大量中国人，但很快这些人就四散了，有的回国，有的到了欧洲其他国家，留下来的不多。进入 90 年代，一些没有亲属关系的人希望前往欧洲，只有采取偷渡的方式，以浙江丽水的青田人、温州的文成人、福建福清人、明溪人、南平人为代表，他们主要进入西欧的法国以及南欧的意大利、西班牙、葡萄牙等国，因为这些国家不定期的"大赦"政策给了他们将非法身份合法化的机会，客观上刺激了非法移民，也是导致这些国家成为非法移民的主要目的地的重要原因。长期从事欧洲华侨华人问题研究的李明欢教授认为，如果将欧洲华侨华人的人口规模按国别进行划分，则大致存在三个不同层次：第一层次是法国和英国。按照比较保守的估计，入英、法两国的华侨华人群体各已形成大约 40 万人的规模，但也有人认为，已分别达到 60 万人以上的规模。第二层次是荷兰、德国、意大利、西班牙。这些国家的华人总数分别在 10 万～20 万人之间。其中，德国、荷兰的华人人数基本上属于稳步增长，而意大利、西班牙则因为多次大赦非法移民，使华人人数呈现突兀性增长。第三层次则是一大批华人人口总数在 3 万人以下的国家。比利时、瑞典、奥地利等国的华人人数大约分别在 3 万人左右，这些国家移民的入境控制较严，也没有实施过大规模的大赦，中

---

① 郭世宝著《加拿大二线城市华人新移民经济融合研究——"三重玻璃效应"与移民向下层社会流动》，万晓宏译，《华侨华人历史研究》2014 年第 3 期。

国新移民进入的渠道有限。① 与此相应的是，第一、第二层次的几个国家不仅是华侨华人最多的国家，也是大陆新移民最多的国家。②

从职业选择来看，新移民除了也进入老一辈华侨华人占主导的餐馆尤其是中餐业、零售业之外，还开始进入一些新的行业如进入当地人的传统优势产业如制衣业、制鞋业、皮革加工业等，还有开超市、做旅游、中介等等。在不同国家，移民类型和来源会有所差异。如在南欧的意大利、西班牙以及西欧的法国，主要是 90 年代移入的非法移民及其身份合法化后带来的亲属移民，这些人主要来自浙江和福建，尤以浙江青田人居多，福建福清人居其次，可以说基本是求发展型的商务移民（中小商贩及投资者）和务工者，文化层次不高。而在英国、德国，还有法国，除了有较少非法移民外，主体还是通过合法方式迁移的家庭团聚移民以及技术移民、留学生和投资移民。以往技术移民的比例较高，近几年，随着中国经济的发展及西欧国家对留学生和投资移民政策的放松，这两者所占的份额在不断上升。如在德国，截至 2012 年 6 月，德国的中国移民总数为 87862 人③，2014 年，德国华人总数达 110284 人④，2016 年达到约 15 万人。⑤中国在德国移民数量快速增长的主要原因就包括：德国推出针对高学历人才的欧盟蓝卡政策（专门为引进高级人才颁发的工作签证，三年后可以申请永居身份），大大推动了移民德国的人数的增长；中德关系的发展及双方经贸往来的密切吸引了一批中国投资者在德国开设公司和安置新家，形成了一个人数不断增长的新型两栖移民群体，在中德两地同时发展。⑥

---

① 李明欢：《欧洲华人社会剖析：人口、经济、地位与分化》，《世界民族》2009 年第5 期。

② 傅义强：《欧盟国家的中国大陆新移民述论》，《南方人口》2008 年第 3 期。

③ 《德国移民人口近 1100 万，华人逾 8 万人数增两成》，中国新闻网，2012 年 12 月 20 日，http：//www.chinanews.com/hr/2012/12 – 20/4423669.shtml。

④ 李媛、赵静：《德国浙籍华人新移民的跨国公民身份研究》，《德国研究》2016 年第4 期。

⑤ 青木：《德国报告：中国移民 2/3 干技术活，比例位列各国之首》，《环球时报》，2017 年05 月 16 日，http：//oversea.huanqiu.com/article/2017 – 05/10755010.html。

⑥ 《"两栖型"新式中国移民开拓德国空间》，瑞禧中德商服微博，2017 年 07 月 20 日，ht-tp：//www.weibo.com/u/6307827372？is_ all =1#_ rnd1503422886202。瑞禧中德商业服务公司是一家总部位于德国柏林，提供中德投资并购、商业贸易、投资理财、移民留学、游学考察等专业服务的公司。

而在英国，由于 2008 年以来的政策倾向于富裕及精英阶层，因此吸引了更多来自中国的技术和投资移民。根据新移民政策，"高价值移民"才能获得"一级签证"，这些移民必须是"国际公认的或潜在的领军人才"：如想创建或收购业务的企业家；或是有国际水平的创造力或商业才能、希望在英国创业的高校毕业生；或是想要在英国进行至少一百万英镑巨额金融投资的投资者。① 据英国国家统计局数据，截至 2015 年 6 月的前一年里，欧盟以外地区移民英国来源最多的是中国，共有近 9 万人（89，593人）。② 可以预见，未来这两种类型的移民还会进一步增加。

（四）大洋洲

20 世纪 80 年代后，澳大利亚积极鼓励技术移民，开始推行给申请者的技术以更多积分的评估体制，从而吸引了更多的技术移民，中国大陆的技术移民也在 20 世纪 90 年代后大量进入澳大利亚。之后随着政府进一步放宽技术型移民政策，加之中国经济的崛起，近十多年，赴澳的中国新移民快速增长，到 2001 年，中国在澳新移民已达 23 万人，到 2011 年，增至 42 万多人。③ 除了技术移民外，新移民中还有大量的留学生，总体来看具有年轻化的特点。新移民主要集中在新南威尔士、维多利亚、西澳和昆士兰等州；华人在职业上存在较大差异，来自中国香港、台湾地区的新移民由于受过专业训练，英语流利，所受教育得到澳大利亚政府的承认，因而能够进入"白领"职业领域，而来自中国大陆的不少人则遭遇到"三重玻璃效应"，有些人是由于英语较差，有些人是由于学历得不到承认而无法进入高新技术领域，只能从事技术性不强的职业。④

新西兰的中国大陆新移民群体肇始于 1987 年，当年新西兰颁布了摒弃种族歧视的新移民法案，鼓励接纳其他种族移民。1991 年后又开始实

---

① 《过去一年 9 万中国人移民英国》，原载《齐鲁晚报》，转引自新浪网，2015 年 08 月 30 日，http：//news. sina. com. cn/o/2015 - 08 - 30/doc - ifxhkaeq8886289. shtml。
② 程君秋：《英国净移民数量达 33 万人，近 9 万来自中国》，中国新闻网，2015 年 08 月 28 日，http：//news. xinhuanet. com/overseas/2015 - 08/28/c_ 128175547. htm。
③ 颜廷：《近年澳大利亚华人新移民离境与回流分析——以澳大利亚移民部相关数据资料为研究中心》，《东南亚研究》2014 年第 5 期。
④ 张秋生、孙红雷：《20 世纪 70 年代以来澳大利亚技术型移民政策的演变及其对华人新移民的影响》，《世界民族》2006 年第 6 期。

行移民"计分"制，受益于计分政策，新西兰出现中国移民的第一次高潮，技术移民为主体，然而，由于在中国获得的学历和专业资历不受新西兰的就业市场认可，很多人面临求职难的困境。2000 年以后，新西兰又出现中国移民的第二次高潮，来源主要有三个：一是受有利政策影响，大批留学生转化成技术移民；二是以投资者为主的商业移民；三是家庭团聚类的移民。数据表明，1997～2009 年，共有来自中国大陆的 50956 名商业和技术移民、32679 名家庭团聚移民来到新西兰。新移民大都定居于奥克兰、惠灵顿、基督城和汉密尔顿等大城市。后一波新移民具有较好的经济条件，决定了他们有更多的事业选择，从小规模的餐馆、零售店、旅馆和网吧，到具有相当规模的房地产开发，均有人涉足，带动了新西兰华人社会经济以及相关产业（如媒体业）的繁荣。[①]

（五）非洲

非洲大陆幅员辽阔，资源丰富，加之未充分开放，市场广阔，商机众多，被誉为"一个充满希望的大陆"，近些年来，随着政治形势日渐稳定，经济建设稳步发展，投资环境不断改善，投资政策相对优惠，这里正在成为世界上新的投资热点，中国很多持乐观态度的移民将非洲称为"世界上最后的投资边疆"。20 世纪 90 年代尤其是进入 2000 年以来，前往非洲求发展的中国移民日益增加。据北京大学李安山教授 1996 年的估计，当时在非华人华侨约为 13.6 万人，又据中国社会科学院李新峰教授根据其在非洲工作八年掌握的资料和访问 30 个非洲国家了解到的情况做出推算，至 2012 年底，在非华人总数大约为 110 万人，2012 年新华社非洲总分社的统计也是 100 万人。[②] 不过，也有人认为，至 2010 年，在非华人最保守的估计已超过 200 万人。[③]

从分布上看，南非是非洲华侨华人人数最多、最集中的国家，至 2013 年，估计为 30 万人。其次是安哥拉，2002 年，安哥拉持续 27 年的

---

① 李海蓉：《新西兰中国大陆新移民初探》，《华侨华人历史研究》2011 年第 3 期。

② 周海金：《非洲华侨华人生存状况及其与当地族群关系》，《东南亚研究》2014 年第 1 期。

③ 高美、韩旭阳：《尼日利亚华商：中国人在非洲"不是捞一把就走"》，《新京报》，2014 年 05 月 08 日。

内战宣告结束，之后便吸引了成千上万的中国人前来"淘金"，安哥拉也成为近年来新移民数量增长最快的非洲国家。安哥拉内政部资料显示，至2012年，安哥拉的华侨华人总数已达26万之多，而在网上安哥拉华人聚集的论坛里流传的数字是30万人到40万人。[①] 再次是尼日利亚，据尼日利亚官方掌握的数据，2012年在尼华人华侨约为18万人，若将非法移民考虑进来，至少为20万人。以上三个非洲国家的华人华侨总数是非洲华侨华人总数的3/4，也是非洲华侨华人最集中的三个国家。此外，毛里求斯、马达加斯加、加纳、刚果（金）、坦桑尼亚和留尼旺的华侨华人数量也都在3万至5万之间。除了来自广东、浙江和福建之外，非洲的中国新移民还主要来自北京、天津、上海等一些大城市以及东北和华中地区的一些省份。除了直接来自中国外，还有一些是由欧洲转移而来的二次移民。[②] 移民类型则主要包括两种：一是商务移民，即为求发展前往非洲创业的中小商贩、投资者；二是劳工移民，主要是在当地承担公共建筑工程和大型基础设施项目的中国公司外派的员工。

新移民在非洲的事业基本都处于起步阶段，加之当地条件艰苦，新移民的生活与工作都很不容易，但最让他们担心的还是安全问题。非洲除少数国家治安尚可，其他绝大多数国家治安状况不好，刑事案件频发，新移民作为外来移民，是弱势群体，加之又被认为是"有钱人"，常常成为暴力抢劫的目标，尤其是在南非、安哥拉、尼日利亚这几个新移民较多的国家，针对新移民的人身和财产伤害事件不断，不光指向个体商人，而且指向大型国企的驻地，当地治安形势之恶劣可见一斑，安全得不到保障已经成为困扰新移民在当地发展的首要问题。

（六）中南美洲

历史上，中南美洲的华侨华人主要来自广东的珠三角地区，还有少量来自浙江青田和福建。20世纪70～80年代，侨乡出境政策放开后，历史上的移民链被重新启用，一些广东人、浙江人和福建省以申请亲属团聚的

---

① 雷磊、谢雪、袁幼：《揭秘非洲福清帮：只抢中国人不抢本地人》，《南方周末》，2012年09月10日。

② 周海金：《非洲华侨华人生存状况及其与当地族群关系》，《东南亚研究》2014年第1期。

方式移民，其中，广东人数量最多，移民流向也颇具特点：台山人主要前往巴西①；恩平人主要前往委内瑞拉②、（荷兰属）阿鲁巴岛③；花都人主要前往巴拿马④；东莞人主要前往苏里南和牙买加，后又把活动范围扩展至周围的几个小国如圭亚那、皆因（法属圭亚那）等⑤。福建人则主要前往阿根廷和巴西，与广东人不同，福建人的新移民与传统移民链没有多少联系，20世纪90年代初赴中南美洲的福建人不少以申请技术移民的方式入境，入境前许多人还有以此为跳板转往日本或美国等发达国家的考虑。而除了这些来自传统侨乡的人之外，20世纪90年代以后赴中南美洲的新移民还有不少来自内地其他省份者，大都为抱有创业心态的个体商人和投资者。

　　就分布和数量来看，巴西的华侨华人总数约近30万，其中，约20万人居住在圣保罗市，这里也是巴西华人最集中的地方。巴西的华侨华人主要来自广东、台湾和浙江等地，浙江人中又属青田人最多，移民历史最早，20世纪初首批移民巴西的青田人，曾在欧洲从事沿街叫卖珠链的生意，来到巴西后，他们继续提着包沿街兜售珠链，这就是华侨最早的"提包"生意，通过这个小本生意，一些人积累起了发展的资本。⑥ 早期华侨华人集中在里约热内卢，20世纪90年代后，随着越来越多的新移民到来，新移民也逐渐向巴西经济中心圣保罗转移。初期新移民也多以提包

---

① 袁一平：《华人移民巴西二百周年简史》，巴西侨网，2012年12月23日，http://www.bxqw.com/userlist/hbpd/newshow－24081.html。

② 乔志华：《委内瑞拉恩平籍新移民研究——以牛江侨乡为中心》，暨南大学硕士学位论文，2015，第17页。

③ 《广东恩平籍侨胞在南美洲阿鲁巴岛建成中华会馆》，中国新闻网，2009年04月19日，http://www.chinanews.com/hr/kong/news/2009/04－19/1652732.shtml。

④ 据不完全统计，目前在巴拿马有约16万华人，其中80%是（广州市）花都区人，这些人中绝大多数是改革开放以后出去的新移民。张彬：《巴拿马新移民：广州花都区儒林村侨乡调查》，硕士学位论文，暨南大学2013年，第2页。

⑤ 根据凤岗镇和黄洞村委会的调查，至2005年，黄洞村共有华侨华人3785人，其中位于中南美洲的巴拿马、牙买加、苏里南、千里达（即特立尼达和多巴哥共和国）、皆因（法属圭亚那）、巴西等国共有800人，而这中间牙买加和苏里南的华侨占据总人数的79%。苏小美：《奔向中南美洲：东莞凤岗镇黄洞村新移民研究》，《八桂侨刊》2013年第1期。

⑥ 《华人百年前，靠提包起家》，原载《法制晚报》，转引自凤凰网，2016年08月03日，http://news.ifeng.com/a/20160803/49712392_0.shtml。

生意起步，之后便开始在3月25街①和布拉斯一带（华人区）开店或摆早市，当有了更多的资金后，便与人合伙拼货柜，或单独进货柜，做起了进出口生意。如今，仅青田的华商每年进口的货柜可达几千个，年进口数百或过千集装箱货物的公司已达数十家。② 除了经营进出口贸易，开餐馆、零售百货也是巴西新移民的主业，近些年还有人开大型电器商场，办养殖场和开医疗诊所。阿根廷的华侨华人主要来自广东、福建和上海，其中，20世纪80年代之后来的新移民占绝大多数。在阿根廷，福清人占有较大比例而且事业发展顺利，据统计，目前，有7万~8万福清人在阿根廷定居，主要来自福清的江阴、江镜、海口等乡镇，福清人以超市、餐饮为主业，开超市约1万家，占阿超市总数逾四成。③ 在阿新移民还有从事进出口贸易、种植、加工等行业的。苏里南是位于南美洲北部的一个国家，虽然国家很小，却有一个较大的华侨华人群体，其中有一部分就是20世纪80~90年代来自中国大陆的新移民，目前当地共有华侨华人约5万人，占当地人口的10%，其中有2万人已经入苏里南国籍，还有约3万人的华侨，主要为来自浙江、福建、广东和海南的新移民。华侨华人主要在此经商，以从事零售业为主，目前新移民在当地的小型超市已经超过5000家。④ 此外，在秘鲁、委内瑞拉、巴拿马、苏里南、哥斯达黎加、圭亚那、（荷属）阿鲁巴岛等地也生活着从几万到几千人不等的新移民，他们大多在20世纪80~90年代到来，大多从事餐馆、超市、杂货店、进出

---

① 亦称"25街"，3月25日大街这个名称来源于巴西行宪纪念日，30多年前这里还是阿拉伯和犹太富商主宰的地方，后来一批来自中国台湾的商人逐渐垄断了这里的生意，随后来自中国大陆的移民又逐渐控制了全部的交易。如今，这里是清一色的中国商人和小贩，是巴西最大的批发市场及百货集散地。华人凭借勤劳与智慧，用葡语、广东话、闽南话、温州话、上海话、四川话，将中国日用品、亚洲小电器等货物销售批发到圣保罗各处甚至巴西各州。《华人巴西淘金，昔日"提包客"杀出25街》，原载《信息时报》，转引自凤凰网，2014年06月30日，http：//news. ifeng. com/a/20140630/40947342_0. shtml。

② 袁一平：《华人移民巴西二百周年简史》，巴西侨网，2012－12－23，http：//www. bxqw. com/userlist/hbpd/newshow－24081. html。

③ 陈长森、何珍：《福清人在阿根廷开万家超市，真的那么好赚钱？》，《福州晚报》，2016年06月06日，http：//fj. sina. com. cn/minshang/tttj/2016－06－06/093332026. html。

④ 王燕、李莎：《南美洲苏里南国骚乱波及当地华人》，原载《法制晚报》，转引自新浪网，2009年12月30日，http：//news. sina. com. cn/w/2009－12－30/155419369581. shtml。

口贸易等行业。

新移民在当地通过辛勤的劳动积累财富，但同样也面临新移民在其他地区可能遇到的困惑，包括文化上和利益上的冲突，还有更为严峻的安全问题。南美洲的情况与非洲有相似之处，即治安状况不良，新移民时常受到敲诈勒索，但比非洲好的是，南美洲的歹徒不会动辄枪杀受害者，所以，多数情况尚能保全性命，但总的来说，治安不良，加上有的国家政局动荡，经济恶化，新移民就会成为替罪羊，在群体暴力事件中受到伤害。由于人身和财产安全得不到保障，许多人因此无法安心生意，无奈之下，有些人甚至选择放弃以往的基础，转往其他国家发展或回国谋生，事业遭遇挫折。

三　新移民的特点

新移民的文化水平和生活境遇虽然有较大差异，但作为一个群体，具有不少共同点。

（一）文化层次较高

新移民的整体文化水平均高于老一辈华侨。早期出国的华侨大多为贫苦农民，基本未受过教育，而现在的新移民，即便是农民出身者，至少也都接受过中学教育，而新移民中还有较高比例的留学生，他们拥有良好的教育背景，在住在国社会的接受度较高，能进入很多专门的职业领域，较之一般移民拥有较高的社会地位和影响力。新移民之所以成为近年来侨务工作的重点，跟这一群体的存在有较大关系。

（二）职业更为多元

新移民中年轻人占有相当比例，他们思想开放，视野开阔，适应新环境的能力也较强，富有创造性和开拓精神，能迅速在当地立足发展，加之一般都接受过教育，尤其是由留学生转化为移民者有着良好的知识背景，因此，较之老一辈华侨，新移民的职业选择更为多元，就业领域不断扩展，已经突破了老华侨以"三把刀"为主的传统行业，在经贸、文化、科技、金融、教育、医疗等领域有所建树。特别是在北美、西欧和日本等发达国家和地区，掌握各种知识和技能的华侨华人专业人才群体不断壮大，华侨华人高科技企业成长迅速，表现出良好的发展前景。

（三）与祖（籍）国联系密切

新移民基本都在新中国成立后出生，绝大多数人对祖（籍）国怀有深厚感情，与祖（籍）国保持着密切联系，有强烈的民族认同感，更加关心中国的前途和命运，热心于维护祖（籍）国的尊严和利益。许多人从事中外经济、文化和科技等方面的交流工作，与中国的联系密切，在促进中外交流与合作中发挥了积极作用。

（四）融入更为积极

老一辈华侨为谋生远赴海外，受语言障碍、文化差异以及当时住在国种族歧视等因素的影响，基本处于一种相对封闭的状态，生意圈子、生活圈子局限于华侨华人社会，受传统观念影响，有强烈的客居和落叶归根的心态，因此，与主流族群交流较少。新移民为发展远赴海外，加之有较好的教育背景和适应能力，因此，为了给自己在住在国生存和发展创造更好条件，往往在参与主流社会事务方面表现得更为主动积极，较之老一辈华侨，有着更强的经济、社会、政治诉求和"落地生根"的意识。[①]

第三节　有关新移民问题的思考

考察近十多年出国的新移民，我们也能发现，他们出现了一些与以往新移民不同的新的变化和特点。

一　近年来新移民的变化

（一）数量的变化：数量显著增加

华侨华人总数越来越多，主要是新移民数量增加。在历史上，东南亚是华侨华人的主要迁移目的地，因此，从比例上看，东南亚华侨华人也在全球华侨华人总数中占有绝对优势，20世纪50年代，占世界华侨华人总数的90%以上。改革开放以后，随着流往西方国家的新移民人数的剧增，东南亚华侨华人所占比例呈相对下降的态势，近几年，这一趋势更加明

---

① 参见张冬冬《解析中国"新移民图谱"：专访国侨办主任李海峰》，原载《中国新闻周刊》，转引自中国新闻网，2012年01月17日，http://www.chinanews.com/zgqj/2012/01-17/3611919.shtml。

显。根据庄国土教授的研究：20 世纪 70 年代以来，大规模的中国新移民决定性地改变了世界华侨华人高度集中于东南亚的格局。到 2008 年，世界华侨华人总数约 4543 万，其中，东南亚有 3348.6 万人，约占全球华侨华人的 73.5%，[①] 较之以前呈下降趋势。到 2011 年，世界华侨华人总人数当在 5000 万左右。发达国家的华侨华人数量激增，日本和韩国的华侨华人数量增长最快。北美华侨华人多达 530 万人，从 80 年代以前占世界华侨华人总数的 4% 增至 2007 年的近 12%。欧洲华侨华人从 80 年代以前占华侨华人总数不足 1% 增至 2007 年的近 5%。[②] 冷战近半个世纪的时期里，华侨华人人口的增长主要依赖自然增殖，而 20 世纪 80 年代后尤其是 90 年代后的后冷战时期，则主要依靠新移民人数的增长。目前，国侨办对外公开的世界华侨华人总数为 6000 万，而 80 年代初为 2000 万，近些年人数的快速增长主要得自新移民的贡献。

（二）出国动机的变化：从"谋生存"到"求发展"

如前所言，在研究移民动机时，英国人口学家莱文斯坦首创的"迁移法则"即人口迁移的"推—拉"理论是最常为引用的理论，世界经济发展的不平衡性是引发国际移民的根本原因，二战后，国际移民活动的主流就是从经济欠发达国家移民到经济发达国家。谋求经济地位的改善，追求更好的生活一直是移民最主要的动因，这也成为大陆新移民的主要移民动机。因此，早些年，国人移民欲望很强烈，主要原因就是中外对比差异大，尤其是经济发展差距大。而近些年，改革开放成果显现，中国经济有长足进步，人们生活水平提升，中外差距缩小，加之出国也要付出各方面成本，因此，许多人觉得不如在国内发展，出国意愿没那么强烈了。

（三）出国流向的变化：流向日趋多元，甚至在全世界遍地开花

从近几年的发展来看，新移民出国流向的多元化表现非常明显，未来这一趋势还有可能进一步加强。以福建的福州地区为例，据统计，2005 年福州地区的华侨华人分布在 146 个国家和地区，现在统计是 160 个，增长较多。这其中，尤其是福清人，流向更加多元，几乎是全世界范围内遍

① 庄国土、张晶盈：《中国新移民的类型和分布》，《社会科学》2012 年第 12 期。
② 庄国土：《世界华侨华人数量和分布的历史变化》，《世界历史》2011 年第 5 期。

地开花，体现了福清人敢闯敢拼的精神。此外，在近十多年，受住在国环境变化影响，新华侨华人出现再移民情况、流向发生变化的现象比较普遍。最典型的比如：2009 年以后，由于欧洲经济萧条，生意难做，一些旅居西班牙的新移民转战南非等地，寻求新的商机；2009 年，俄罗斯实施关闭切尔基佐沃市场的"灰色清关"行动后，闽西三明地区及闽北南平地区的一些新移民也选择离开俄罗斯，或转到其他国家如匈牙利、意大利、阿联酋、南非发展，或回到国内。还有在南非或南美洲的一些国家，由于移民相对饱和后，造成竞争激烈甚至恶性竞争不断的情形，有些人因此离开原地向周边国家迁移，如离开南非，向中非、东非等地发展。相比以前，新移民的流动性更强。

（四）出国方式的变化：从"非正常渠道"到"正常渠道"移民

改革开放以后，在强烈的出国愿望的驱使下，20 世纪 80 年代尤其是 90 年代到 2000 以后的头几年，偷渡方式出国的非法移民问题非常严重，福建省尤为典型，包括闽东、闽西、闽北等地前往美欧等国的新移民不少都是以此方式出去，尤其是闽东福州的马尾、亭江，以及福清、长乐、连江等地，是非法移民的重灾区。即使在政府的严厉打击下，仍然不断有人冒险犯难。但 2005 年以后的这些年，随着国内外环境尤其是国内经济条件的明显改善，愿意冒巨大风险并付出巨大经济成本偷渡的人越来越少。虽然近几年还会看到一些有关偷渡者的新闻：如 2009 年 7 月，一艘载着约 200 名偷渡客的船只在海地附近的加勒比海海域翻船，数十人丧生，偷渡客来自福州的琅岐、亭江以及长乐和连江，罹难偷渡客中，仅琅岐就有 14 人。[①] 又如 2010 年 1 月，海地地震后，据报道来自福建省福州马尾、长乐和连江的数百名偷渡者滞留当地生死不明。总的来说，随着这些年国内经济发展，收入增加，愿意冒险并支付巨额偷渡费出去的人已大大减少。在从前偷渡成风的闽东地区，早期偷渡出去的人站稳脚跟后，通过合法手段申请办理家庭团聚类型移民，引起了一阵亲属移民潮。以福州地区的长乐市的猴屿村为例，近些年对外移民的模式已发生了根本性变化。20

---

① 韩福东、张扬：《"偷渡海难"，低调的"死者"家乡》，《南方都市报》2009 年 10 月 31 日。

世纪 90 年代，猴屿村偷渡盛行，由于年青男性都出去了，村里出现了
"老人多、女人多、儿童多"的三多现象，而这几年，亲属移民陆续增
加，原来留在家里的老人、妻子、子女都陆续出国，村里的人口结构及生
态发生很大变化。近几年，以猴屿村为代表的"偷渡村"刮起了一股亲
属移民风。有资料表明，2011 年，猴屿村有居民 700 多人，当年村里就
有约 100 人申请了亲属移民；① 到 2014 年年初，这个全村人口 6000 多人
（含海外）的村子，常住人口仅剩 500 ~ 600 人，② 由于大量人口外迁，猴
屿村成了一个空心村。③ 可见，非正常移民方式为正常的移民方式取代，
其他出国者也大都以旅游、投资、务工等合法方式出国。

（五）谋生方式和生存状态的变化和差异：职业选择的多元化和生活水平的优化

早期，华侨华人出去以打工为主，尤其是偷渡前往西方国家的人，大
都从事的是当地人不愿意做的危险程度高、劳动强度大、环境差、工资低
的工作，基本上靠出卖劳动力；而现在除了打工的，越来越多的人是带着
本钱出去"淘金"的。可以说，与之前相比，谋生方式有了质的变化。
在菲律宾首都马尼拉，活跃着近 20 万来自闽南地区尤其是晋江的新移民，
他们都是手中有些闲钱，希望能以钱生钱的生意人。他们所做的便是将具
有价格优势的"中国制造"从义乌、广州、晋江运到马尼拉的各大批发
商场，再卖到菲律宾人手中，以此积累财富。因此，与老一辈华侨背井离
乡是为了"活下去，求生存"不同，新移民远赴海外是为了"活得好，
求发展"。可以说，在近十多年的新移民中，"求发展"已成了主要类型。
如福建省福州地区（长乐人多前往美国东部、福清人流向世界各地）、浙
江省温州地区（青田、文成、丽水人多前往欧洲尤其是南欧）、广东省珠
三角地区（如东莞、花都、恩平人多前往南美洲国家），应该说，这些人
温饱有余，在国内条件并不差，但大多数人（主要是农民和一小部分无
稳定职业的城市居民）在国内缺乏发展的出路，因此，愿意筹措一些资

---

① 冯军：《猴屿村"打洋工"记》，《新京报》2012 年 12 月 06 日。
② 中央电视台：《远方的家·江河万里行》第 15 集有关侨乡猴屿村的采访，摄于 2014 年 1 月。
③ 长乐市侨联主席张振灿先生、侨办副主任吴先生对长乐侨情的介绍，2014 年 6 月 25 日。

金出国谋求发展。尤其是一些发展中国家和欠发达国家，经济落后，商品缺乏，充满机遇，对新移民形成了强大的吸引力，加之价格低廉的中国商品在国际市场上颇具竞争力，造成了目前中国新移民遍布世界的状况。由于敢想敢拼，加之本身就拥有一定的"资本"，所以，这一些新移民往往在职业选择和事业规划时更有自主性，职业选择也较为多元，生活水平也较一般白手起家、尚在起步者为佳。

二　凸显的新移民海外安全问题

进入 21 世纪，随着全球化的推进及中国经济的发展，"走出去"的中国人还在不断增加，尤其是到海外"求发展"的新移民群体日益庞大，他们的足迹遍及世界各地，甚至一些较为偏僻但潜藏商机的地区也吸引他们前去，随之而来的安全问题引人关注。进入主流社会，中国新移民不可避免地与主流族群冲突，目前看来，冲突原因大致分为三类：利益的争夺、文化的差异、本身较差的治安条件。

（一）利益冲突

20 世纪 90 年代以后，中国大量的新移民走向国外，能在世界市场上获得一席之地，靠的是拥有价格优势的"中国制造"。这些价廉的中国货帮助新移民在海外站稳了脚跟，进入了当地市场，同时也对当地传统产业造成重大冲击，严重影响到当地人的经济利益，因而引发反感和冲突。最典型的事例莫过于 2004 年西班牙埃尔切的烧鞋事件和 2009 年俄罗斯政府对莫斯科切尔基佐沃市场的关闭。

西班牙小城埃尔切以制鞋业闻名，制鞋业为其传统产业和支柱产业。20 世纪 90 年代后，来自中国温州的鞋子开始大量进入西班牙，由于中国鞋具有成本低①的优势，大量进入西班牙市场后，使当地传统的制鞋业遭受沉重打击。据统计，2003 年，中国向西班牙出口鞋子 6190 万双，等于西班牙市场全年销售量的 47%。中国鞋子大量进入后，西班牙鞋厂工人失业人数剧增，素有"欧洲第一鞋城"之称的埃尔切市的制鞋

---

① 一双中国生产的鞋，海运到西班牙后，只卖 5 个欧元，甚至 2 欧元，而在西班牙生产的同等质量的鞋，最便宜的也要 8 个欧元，相比之下，中国鞋具有明显优势。张锐：《中国商人的西班牙之殇》，《华人时刊》2004 年第 11 期。

业一蹶不振。2002 年埃尔切有 12 个西班牙鞋厂破产，2003 年增加到 14 个，2004 年头七个月猛增到 26 个，超过 1000 名西班牙当地鞋工在这波鞋厂倒闭浪潮中失业。[①] 最终，西班牙人点燃怒火，于 2004 年 9 月 16 日晚，焚烧中国人的鞋店、仓库，造成当地华商 17 个集装箱价值 100 多万欧元的损失。[②] 有报道称，这是"西班牙有史以来第一起严重侵犯华商合法权益、野蛮排斥华人的暴力事件"，而事件之后，"将中国商人赶出去"的口号不绝于耳。埃尔切"烧鞋事件"集中反映了中国商品进入西班牙传统产业后所带来的族群间的激烈的经济竞争及冲突，平心而论，中国新移民并没有错，然而当西班牙人对市场这只无形的手的操控感到无能为力时，便只能诉诸暴力，这是一起民间"经济排华"的典型事例。

2009 年俄罗斯政府对莫斯科切尔基佐沃市场的关闭则是一起官方"经济排华"的典型事例。切尔基佐沃市场又称"一只蚂蚁"市场，是欧洲最大的零售批发市场，有 20 年的历史，由俄罗斯寡头伊斯梅洛夫创办。自创办以来，这个市场就是外国人在俄进口货物的目的地。俄政府曾与其国内清关公司签订协议，让清关公司代办进口业务。长期以来，清关公司与俄海关暗箱操作牟利，将本该透明的清关渠道做成"灰色清关"，在 2009 年 6 月 29 日俄罗斯政府打击"灰色清关"的行动中，华商成为替罪羊和最大的受害者，许多人损失殆尽甚至负债累累。据统计，来自福建省明溪县的 1200 多名华商在该次事件中货物损失约合人民币 6 亿元，资产损失约 15 亿元，共计损失高达 21 亿元。事件对在俄新移民华商的事业发展也产生了重大影响，许多人对在当地发展失去了信心，一些人选择回国，还有不少人转赴他地如中欧、南欧和中东等国发展。

（二）文化冲突

新移民前往异域，也进入一个异质文化空间，其价值观念和行为方式不可避免地与住在国主流族群产生冲突。主要表现在：①国人的不文明行为与当地人格格不入，遭到反感，甚至引发冲突；②国人未能入乡随俗，

---

① 张锐：《中国商人的西班牙之殇》，《华人时刊》2004 年第 11 期。
② 林国阳：《西班牙排华问题——以浙江籍青田新移民为例》，硕士学位论文，暨南大学，2014 年。

不合当地风俗和法律的一些行为让人难以接受，饱受批评和诟病。比较典型的如中国人的勤劳秉性被新移民带到国外，为事业打拼，加班加点、超时工作是常态，别人上班时我们在工作，别人下班了和家人在一起时、度假时、礼拜时，我们仍然在工作，以当地人的价值观、风俗和法律来衡量，"勤劳"就不再是一种优良品质，反而是一种唯利是图、不可理喻，甚至违法的行为。此外，国人爱耍小聪明、投机取巧，以一些不正当甚至非法的手段去竞争获利的做法，也为当地人所不齿。

（三）安全问题

新移民的活跃及广泛分布也使新移民的海外安全问题进一步凸显，近年来，有关新移民在海外遭遇突发事件，导致人身伤亡、财产损失的新闻时常见诸媒体，可以说，新移民在海外的安全形势不容乐观，安全问题已经成了威胁他们在海外生存发展的首要问题。造成安全问题频发的原因是多方面的，既有上述新移民与主流社会居民的利益与文化冲突，也与所在国家的治安形势相关，所以，在治安状况相对较差的国家，中国新移民面临的形势就更严峻些，这主要是在非洲、南美洲等地区的发展中国家，比较典型的如南非、阿根廷。

根据《华侨华人研究报告（2013）》显示，在世界涉侨突发事件数量统计中，非洲政治骚乱和武装暴力相对于其他各洲最为突出，并时常伴有人员伤亡和财产损失。在非洲，市场大，危险也大。南非华人圈流行一句话："如果没被抢过，就不是南非华侨。"① 造成南非社会治安状况恶化的原因很多：首先，南非枪支管理松懈，一般人都能自由持枪；其次，南非失业率高，贫富差距大，导致一些人寄希望快速致富而铤而走险；此外，南非法律中没有死刑，在一定程度上助长了恶性犯罪案件的增长。② 加之华人被当地人认为是"有钱人"，且喜欢使用现金，因此针对华人的案件频频发生。不少做小商品生意的福建人居住在远离市区的乡下，且离黑人的聚集区较近，因而在南非华人的非正常死亡统计中，福建人的比率历年

---

① 《南非华人：险中求富贵》，原载《南方都市报》，转引自新浪网，2012 年 09 月 21 日，http：//fj. sina. com. cn/news/b/2012 - 09 - 21/15149794. html。

② 王起鹍：《走近南非，透视华人社会（二）》，厦门侨声，2007 年 10 月 10 日，http：//www. xmqs. org/old/2007 - qs - tw/2007 - qswy/2007y - qswy/071010 - wqk1. htm。

都是比较高的。^① 2003 年全南非有 20 多名华人非正常死亡，其中遭抢劫被杀者占 2/3；2004 年为 24 人，2005 年为 14 人，甚至还有灭门谋杀这样的重大恶性案件发生。又据不完全统计，2008 年，共有 17 名南非华人被枪杀；2009 年，死于恶性案件（主要为枪杀）者有 10 人，2010 年，死于恶性案件者 12 人。^② 此外，在安哥拉、尼日利亚、刚果（金）等国中国新移民遭受人身伤害的事件也常见诸报道。

南美洲与非洲一样，治安状况较差，中国新移民遭遇的财产和人身伤害事件也较多。在阿根廷，福清人很多，开超市的比例非常高，福清人用"富贵险中求"来形容在当地的生存状况。以开超市为生的游先生坦言：（在阿根廷）"抢劫就如同'家常便饭'，有的超市一个星期甚至会被抢劫两次。"钱虽然相对好赚，但是诱惑与危险并存，自己能够平安回国，都觉得是幸运儿。"在那边五年时间，虽赚到了三四百万元，但是每一天都过得提心吊胆。""在阿根廷的每天晚上，几乎都没睡过好觉，为了防范自身安全，我都会备好两把手枪，以防万一。"^③ 给新移民制造麻烦的，不仅有当地的不法分子，也有华人中的黑道人物。"貔貅"（Pixiu）是阿根廷最大的华人黑帮组织，形成已有 10 年之久，头领是华人，成员中也有很多玻利维亚人、哥伦比亚人和秘鲁人，通常的手法就是以威吓和暴力敲诈勒索华商。2016 年 6 月，阿中警方联合行动，共逮捕 40 人，缴获 14 支手枪、14.9 万比索、3700 美元和 4 辆轿车以及毒品，一举捣毁"貔貅"。^④ 除阿根廷外，巴西、委内瑞拉、哥伦比亚、圭亚那等国中国新移民受伤害的事件也曾见诸媒体。2016 年，由于不满华商抢了生意，在哥伦比亚首都波哥大市中心的 Gransan 市场就发生了当地商贩抗议和排挤华

---

① 《解密福建一家人南非遇害，四黑人挥刀致灭口惨剧》，原载《海峡都市报》，转引自福建新闻网，2012 - 09 - 19，http：//www. fj. chinanews. com/news/2012/2012 - 09 - 19/206660. shtml。

② 陈肖英：《南非中国新移民面临的困境及原因探析》，《华侨华人历史研究》2012 年第 2 期。

③ 陈钦祥：《3 万福清人在阿根廷经商，抢劫如"家常"，手枪防身》，原载《东南快报》，转引自腾讯网，2014 年 09 月 11 日，http：//fj. qq. com/a/20140911/003428. htm。

④ 《开超市是阿根廷华人的唯一出路？》，新浪微博《iWeekly 周末画报》，2016 年 06 月 15 日，http：//www. weibo. com/2316796262/DAn4J6haE？mod = weibotime&type = comment#_ rnd1468084964979。

商的事件。而在委内瑞拉，近三年由于国内政局变化，社会动荡，经济形势恶化，商业机构受到冲击的事件也时有发生，华商未能幸免，一些新移民生意受到影响，甚至有人回国或转往他国发展。①

总之，在文化冲突、利益冲突和治安较差三个因素之中，又以后两者为影响中国新移民海外安全的主要因素，其中，利益冲突在发达国家如欧洲国家表现较为明显，而治安引发的问题在发展中和欠发达国家如非洲和南美洲表现较为突出。

三　有关新移民发展道路及中国形象的思考

新移民在海外的生存发展，关键在于与住在国主流族群的和谐相处，如前所言，目前问题还相当严重，反思发展道路并重塑中国形象，将有助于这一问题的解决。

（一）反思并调整发展模式

如上所述，新移民与主流族群冲突的原因主要源于利益和文化冲突，其中，又以利益冲突为主。新移民携价廉的国货占领当地市场，短期内能够通过价格优势占领市场，但长期来看负面影响相当大。价廉的国货往往质次，质次的产品会伤害消费者，最终导致消费者的反弹并丢失市场，目前，许多新移民便面临这样的问题，通过打价格战、以量取胜的市场业态不复存在，中国新移民商人携廉价的"中国制造"横扫世界市场的黄金时代已经过去，消费者对价廉但质次的中国商品不再买账，"中国制造"成了"质量差"的代名词，不少以经营"中国制造"为主业的新移民面临生意困难。如在菲律宾，以经营中国商品为主的新移民的生意状况明显不及前些年。笔者2014年7～8月在菲调查时便有此感：与往年相比，新移民批发商场的客流量明显减少，生意远不如往年，甚至有些商场几可用门可罗雀来形容，店员要比客人多。新移民商人自己也感慨："以前（华人批发）商场里生意非常火爆，做什么都赚钱，现在不一定能赚到钱，

---

① 孙梦文、吴东雪：《委内瑞拉局势持续动荡，大量中国移民"梦碎"被迫离开》，中华网，2017年08月17日，http://news.china.com/shendu/13000808/20170816/31107353.html。

很多人还亏钱。"① 面对目前的困难,在菲新移民正经历一个过渡期:从经营上来看,除极少数新侨经受不了打击,觉得前途无望,已经或正在考虑回国发展,少数成功者正尝试转型,如进入房地产、制造业等领域外,大多数新移民仍在商场苦苦支撑,等待菲经济形势的好转与政策的放松;还有些新移民选择向华人和新移民高度集中的马尼拉之外发展,尝试到首都圈之外的省市②寻觅商机,新移民流向的多元化初见端倪。而就世界范围来看,新移民事业发展遭遇瓶颈的问题在近几年已十分普遍,改变经营思路和发展模式,以优质的产品和服务赢得市场、避免低端同质性产品的恶性竞争以寻求可持续发展,是值得新移民认真思考的问题。

(二) 帮助重塑中国形象

改革开放后移居国外的新移民数量庞大,目前多为青壮年,不少人已生活稳定,事业有成,是我国当前涉侨工作的重点。新移民出国不久,大都心向祖国,是一支我们足以依靠和信任的力量,近些年我们强调新移民的重要性也与此有关,主要强调其所带来的积极影响。但实际上,对新移民也应该有全面的认识,国际上对来自我国的新移民不仅有正面评价,也有不少负面的评价。外国人形成对中国人的认知不外乎几个途径:海外华侨华人、唐人街、媒体、影视剧,以及近些年大量出国的旅游者和新移民。新移民甫离国门,许多外国人也是通过他们,形成了对"中国"和"中国人"的第一印象。而显然,这一印象是复杂的,掺杂了不少消极的因素。这些年,海外不断有针对华商的突发性伤害事件就是明证。而我们通过新移民这个媒介需要改变的至少包括两个方面。

1. 人的形象。进入 21 世纪后,伴随中国经济的快速增长,中国及中国人引起了世界的关注,中国人形象也通过媒体进入外国人的视线;加之大量新移民生活在国外以及近些年大量国人出境旅游,给予了外国人有关

---

① 2014 年 8 月于马尼拉,朱东芹对旅菲华侨工商联合会理事长周经伟先生访谈记录。

② 在菲律宾,华人称首都大马尼拉市为"大岷区"(即大岷里拉、大马尼拉),由(小)马尼拉、奎松、马卡蒂、加洛干等 17 个市和行政区构成。"大岷"以外的地方,华人统称为"外省",更常用的说法是"山顶州府"或简称"山顶",盖因菲律宾地貌多山,尤其是首都大马尼拉以北的吕宋岛中北部群山高林密,以南的米沙鄢群岛和棉兰老岛也多山地,称为"山顶",乃实话实说。此外,称"外省"为"山顶",也隐含"乡下"之意。——编者注

中国人的第一印象。归结起来，主要包括这些方面：不文明，行为粗俗、不拘小节；缺乏公德、不自律；缺乏诚信、不守规矩；缺乏信仰、拜金主义、暴发户，等等。总的来说，负面评价居多。虽然不能说这些评价完全客观，因为确实存在有些媒体妖魔化中国人形象的现象，但不可否认的是，中国人自身确实也存在问题。诸如素质不高、不文明、缺乏公德意识等，不仅是外国人的看法，就是我们中国人自己看自己，这些问题确实也是普遍存在的。新移民作为普通的中国人，不可避免地把现实生活中中国人"丑陋"的一面带了出去。所以做新移民的工作应该不仅仅针对新移民群体，而应该将其与全体国民素质的提升联系在一起，国外与国内同时努力，标本兼治，才能达到重塑中国人形象的目的。

2. 物的形象。后冷战时期，全球化的发展为中国产品流向世界各地创造了商机，中国制造以其低廉的价格赢得了世界市场，中国成了"世界工厂"。而横扫世界的"中国制造"并没有在知名品牌的排行榜上留下印记，相反，获得的却是"廉价质差""假冒伪劣"、血汗工厂之类的坏名声。普通的外国人直接接触中国人的机会不多，中国制造的"物"便是他们认知中国的一张名片，这张名片会给人怎样的印象，取决于国人的书写。前驻法大使吴建民的一些回忆引人思考——

> 我有一个法国朋友，他到中国来了 80 次。每次来中国，他都要购买一些中国人的日常用品带回去，办一个展览会，或在商店里销售。这些东西在我们看来是不起眼的，我感到迷惑不解。我问他："你为什么要买这些东西？"他的回答是："你们 5000 多年的文明不是空的，它必然会积淀到你们的日常用品上。"有一次，在他的商店里，我看到一个中国制作的陶器，乍看上去不起眼，然而放在巴黎的闹市区的玻璃橱窗里用灯光一打，却让我看到了这个陶器平常看不到的美……中华文化的丰富深邃，有的时候中国人自己也不一定知道。①

> 我们 2000 年冬到 2001 年春在法国搞了一个出土文物展，希拉克

① 吴建民：《外交与国际关系：吴建民的看法与思考》，中国人民大学出版社，2006，第138 页。

总统也去了。法国人平常没什么耐心的，在巴黎冬天是多雨的，但法国人竟然可以打着雨伞排队三刻钟到一个小时去看我们的出土文物展。进去之后，前进的速度非常慢，起码要花半个小时才能看到展物。但参观人数破纪录，因为他们太喜欢了。有个法国人有一天见了我说，吴大使，你知道我看了几遍吗？我说两遍？他说不对。三遍？还是不对。他看了十遍，真是不可想象。有一位法国人士在参观了我们的出土文物展后对我说："吴大使，我现在明白了中国的改革开放为什么搞得这样好，因为中国的改革开放是根植于具有5000年历史的中华文明的沃土中的，你们几千年前就非常杰出！"整个文物展，没有一句话提到"邓小平理论"，没有一句话讲到中国现代化建设的成就，没有一句话讲到"建设中国特色社会主义"，然而法国人却得出了这样一个结论。①

这就是"物"的话语力，不用你开口，它自会讲述你的故事。如果只靠古玩和文物，那告诉世界的只是历史的中国，要让世人认知当代的中国，还得靠今天许许多多的"中国制造"。

今天，许多新移民工作在"中国制造"的生产和贸易的第一线，如果他们能反思自我，并身体力行地投入到改善中国"人"与"物"的形象的行动中，我们可以预见：住在国主流族群对中国"人"与"物"的观感一定会有所改变，新移民在住在国的生存环境必定会因族群间的良性互动而得到优化，其事业发展也将面临良好的前景。

---

① 吴建民：《外交与国际关系：吴建民的看法与思考》，中国人民大学出版社，2006，第127~128、304页。

第六章　海外华裔新生代研究

随着海外华人社会的"代际更替"，海外侨情发生了显著变化，华裔新生代正崛起为华人社会的中坚力量和精英分子。近年来，海外华裔新生代在华侨华人社会中的人数比重与影响力不断增加，除传统的商业精英外，还涌现出大量高科技与专业性人才，其中亦不乏艺术与政治才俊，他们在各自领域所取得的事业成就日益凸显。相对老一代华侨华人乃至新移民而言，华裔新生代因"生于斯，长于斯"，对住在国的语言、文化、风俗等都能融会贯通，往往能更好地融入住在国主流社会。目前，中国的侨务与统战工作的重点对象正由老一代华侨华人向新生代华侨华人转移，这一群体也越来越受到国内外学者的关注和重视，海外华裔新生代的中华文化传承、原生地情感认同乃至与祖籍国的关系等，都是学界亟须探讨的问题。

第一节　华人移民及其代际划分

中国人移居海外的历史悠久，近代以来出现过多次移民高潮，形成了目前在海外颇为庞大的华侨华人群体。华侨华人自身以及研究华侨华人问题的学者往往依据其移民或出生的情况将其划分为不同的代际。

一　华人移民的代际划分与相关概念

通常，出生于中国并在之后移民的第一代被认为是第一代华侨华人，其出生于住在国的子辈、孙辈则被认为是第二代、三代华侨华人。

目前，关于"华裔新生代"这一概念，学界主要有以下几种界定。

俞云平、杨晋涛认为"华裔新生代指 1975 年以后出生、其家族在居住国当地传承到他（她）这一代至少已经是第二代的华人群体"[①]；学者林靖认为"华裔新生代指的是中华圈（含中国大陆、香港、澳门和台湾）以外的新生代华人"[②]；而学者谢振安、王新林则认为"华裔新生代是相对于老一辈华侨华人而言的，主要是指在国外出生的第二、第三代华侨和本世纪移民到国外去的新华侨华人以及出国留学人员"[③]；最后，黄伟君认为"华裔新生代主要是指生活在中华圈（含中国内地、香港、澳门和台湾）以外的青年一代华人"[④]。

综合学界观点，海外华裔新生代主要是指在中华圈（含中国大陆、香港、澳门和台湾）以外的华人的二、三代后裔。[⑤] 即 1975 年以后出生、其家族在居住国当地传承到他（她）这一代至少已经是第二代的华人群体。新华侨华人的子女多属于这个范畴。[⑥] 例如，美国华人第二代是指美国出生的华人，即 ABC（American born Chinese），也有人从文化特性上称之为"香蕉人"，华人第二代可以分为"老华人第二代"和"新华人第二代"。"老华人第二代"指的是在 20 世纪 60 年代末移民潮来临之前在美国本土出生、在移民家庭成长的华裔青少年。新华人第二代是指本人出生在美国并在美国接受全部的教育，但其父母至少有一个是在 20 世纪 60 年代以后从中国移民到美国的。[⑦] 与期待"落叶归根"的祖辈、父辈相比，华裔新生代是"落地生根"的一代，具有和他们前辈不同的生存体验，在价值取向、行为选择和社会实践方面表现出与前辈不同的特征。从时空

① 杨晋涛、俞云平：《东南亚华裔新生代的"祖籍记忆"初探——马来西亚、泰国、印度尼西亚个案比较》，《世界民族》2007 年第 6 期。

② 林靖：《新时期华裔新生代文化认同的困惑与解决》，《经济与社会发展》2010 年第12 期。

③ 谢振安、王新林：《新生代华侨华人培养途径研究》，《安徽理工大学学报》（社科版）2011 年第 4 期。

④ 黄伟君、陈轶、何晓：《海外新生代工作创新研究——以浙江省青田县为例》，《青少年研究与实践》2014 年第 1 期。

⑤ 崔明华：《新华侨华人和华裔新生代：海外华社迅速崛起的新生力量》，《联合时报》2008 年 4 月 11 日，第 3 版。

⑥ 林靖：《新时期华裔新生代文化认同的困惑与解决》，《经济与社会发展》2012 年第12 期。

⑦ 李其荣：《国际移民与海外华人研究续篇》，湖北人民出版社，2013，第 377 页。

和社会发展趋势角度而言，华裔新生代的整体发展趋势代表了海外华人社会的发展方向。

二　关于海外华裔新生代的研究现状

当前，学界关于"新生代华侨华人"的相关研究方兴未艾，成果有限，但从各个角度对该群体展开研究将是华侨华人学界的新趋势。目前国内外尚未见到关于"新生代华侨华人"的研究专著，但已有一些论文和相关成果积累：赵和曼、李其荣对美国新华侨的研究，鞠玉华、郭玉聪对日本新生代华侨华人的研究，吴前进对新加坡新华侨华人的研究，都是围绕新华侨展开的以区域为基础的微观研究。庄国土、韩震、茅根红等人也在相关研究中关注到海外华侨华人社会的新变化。李明欢、龙向阳等人从华侨华人与国际关系或国际移民的角度进行的相关研究也值得注意。而华侨大学华人华侨研究院所编撰的华侨华人蓝皮书《华侨华人研究报告（2011）》则直接对新生代华侨华人融入主流社会、采取跨国生存的特点以及未来的发展潜力进行了阐述。搜索中国期刊网，以"新生代华侨华人"为主题的研究论文有3篇："更好发掘华侨华人新生代作用"和"关于做好新生代华侨华人工作的调查和思考"这两篇文章是侨务、统战一线工作部门的两篇报告性质论文，对海外侨情的新变化以及新生代华侨华人群体的特性都有所涉猎，主要关注的是相关侨务、统战策略的探讨；而"新生代华侨华人培养途径研究"一文则是在前者基础上的延伸研究。

学界关于"海外华裔新生代"的研究，主要可以分为以下几类：第一，关于具体国家的华裔新生代研究，如鞠玉华的《海外新华侨华人子女文化传承状况论析——以日本新华侨华人子女为中心》①；吴金平的《对美、加华裔新生代特点的社会调查及分析》②；第二，国家或地区间华裔新生代的比较，如《印美华裔新生代比较浅析》③；杨晋涛、俞云平

---

① 鞠玉华：《海外新华侨华人子女文化传承状况论析——以日本新华侨华人子女为中心》，《东南亚研究》2013 年第 1 期。
② 吴金平：《对美、加华裔新生代特点的社会调查及分析》，《世界民族》2004 年第 6 期。
③ 张钟鑫：《印美华裔新生代比较浅析》，《陕西行政学院学报》2008 年第 1 期。

《东南亚华裔新生代的"祖籍记忆"——马来西亚、泰国、印度尼西亚个案比较》①；第三，涵养华裔新生代资源的措施探究，如刘庄的《用侨乡文化的精粹涵养海外华裔新生代资源——以广州江门市为例》②；刘以榕《海外文化交流与东南亚华裔新生代的中华文化传承——基于晋江市的调研与思考》③；黄伟君、陈轶、何晓《海外新生代工作创新研究——以浙江省青田县为例》④ 以及谢振安、王新林的《新生代华侨华人培养途径研究》⑤ 和人民日报（海外版）2014 年 3 月 14 日刊载的《我们怎样吸引华裔新生代》⑥ 一文，就如何涵养华裔新生代资源提出了利用文化和亲情两大措施；第四，关于华裔新生代文化认同的研究，如袁素华、郑卓睿的《试析欧美华裔新生代文化身份认同的困惑》⑦；俞烨的《重构华裔新生代的文化认同研究》⑧；林靖的《新时期华裔新生代文化认同的困惑与解决》⑨；在一些报刊上也有相关的讨论，《广西日报》2014 年 3 月 10 日刊载两会代表钟志英（广西）的《增强华侨华人新生代的民族认同感》⑩ 一文，呼吁加强华裔新生代的民族认同感。最后，还有关于华裔新生代作用的研究，如华南理工大学安然、魏先鹏《华裔新生代的跨文化传播能

---

① 杨晋涛、俞云平：《东南亚华裔新生代的"祖籍记忆"——马来西亚、泰国、印度尼西亚个案比较》，《世界民族》2007 年第 6 期。

② 刘庄：《用侨乡文化的精粹涵养海外华裔新生代资源——以广州江门市为例》，《广西社会主义学院学报》2013 年第 6 期。

③ 刘以榕：《海外文化交流与东南亚华裔新生代的中华文化传承——基于晋江市的调研与思考》，《福建省社会主义学院学报》2012 年第 1 期。

④ 黄伟君、陈轶、何晓：《海外新生代工作创新研究——以浙江省青田县为例》，《青少年研究与实践》2014 年第 1 期。

⑤ 谢振安、王新林：《新生代华侨华人培养途径研究》，《安徽理工大学学报》（社科版）2011 年第 4 期。

⑥ 孙少峰、董涵潇：《我们怎样吸引华裔新生代》，《人民日报》（海外版）2014 年 3 月 14 日，http：//www. haiwainet. cn/n/2014/0314/c232604 - 20407501. html。

⑦ 袁素华、郑卓睿：《试析欧美华裔新生代文化身份认同的困惑》，《湖北社会科学》2009 年第 8 期。

⑧ 俞烨：《重构华裔新生代的文化认同研究》，《湖南省社会主义学院学报》2013 年第 6 期。

⑨ 林靖：《新时期华裔新生代文化认同的困惑与解决》，《经济与社会发展》2010 年第 12 期。

⑩ 钟志英：《增强华侨华人新生代的民族认同感》，广西新闻网，2014 年 3 月 10 日，http：//news. gxnews. com. cn/staticpages/20140310/newgx531cedc2 - 9824940. shtml。

力分析》①。

综合而言，关于海外华裔新生代的研究成果仍然十分薄弱，尤其是关于他们的人数、分布、职业构成、文化认同、群体特征，以及与中国的关系等方面的实证性研究亟须加强。

第二节　海外华裔新生代的现状与特点

一　华裔新生代的人数与职业

海外华裔新生代人数激增，职业结构变优。华侨华人的籍贯与人口分布特点，乃是理解新生代华侨华人的基本背景。近 20 年来，新生代华侨华人的比重正呈现增长的趋势，华裔新生代群体不断壮大。曾有研究指出，华裔新生代近年来年均增加约 20 万，目前总数已超过 400 万人。其中，来自中国大陆的约 250 万人（包括留学 40 万人，婚姻 20 万人，技术投资和配额移民 160 万人，其他 30 万人），港澳台地区约 150 万人。主要分布在美国、加拿大、澳大利亚和欧洲发达国家。② 鉴于统计的难度以及人口数字随时动态变化的缘故，海外华裔新生代的确切人数尚不可知，而新侨的数量也在实时更新，本文暂时只能通过全球华侨华人的人口与分布，以及其中新生代华侨华人的比例，初步估算部分地区的人数。

结合国侨办、庄国土教授和朱慧玲司长等来源的统计数据，世界各地华侨华人总数量约 6000 万，分布在 198 个国家和地区，其中超过 10 万人的城市有 60 个。新华侨华人遍布全球五大洲，主要集中在美国、加拿大、澳大利亚和欧洲和亚洲的部分国家。从洲别情况来看，亚洲地区约 4500 万人、欧洲地区在 250 到 300 万之间，北美洲地区约 600 万人，拉丁美洲约 650 万人，大洋洲地区约 150 万人，非洲约 100 万人。

亚洲华侨华人以东南亚最多，总数约 4200 万人，约占世界华侨华人总量的 70%。其中印尼 1600 万人、泰国 1000 万人、马来西亚 655 万人，

---

①　安然、魏先鹏：《华裔新生代的跨文化传播能力分析》，《对外传播》2013 年第 11 期。

②　中共天津市委统战部课题组：《关于做好新生代华侨华人工作的调查和思考》，《天津市社会主义学院学报》2006 年第 1 期。

缅甸、新加坡各 300 万人，菲律宾、越南各 200 万人，柬埔寨约 100 万人，文莱、东帝汶、老挝总共有 10 万人。其中，在当地出生的华裔新生代超过 1000 多万人，他们已逐步发展成为华侨华人社会的中坚力量。东北亚 4 国共有华侨华人 100 多万人，其中日本有 68 万人、韩国有 30 万人。主体为华侨、新侨。由于移民历史较为悠久，东北亚地区的侨团规范、侨社成熟、专业科技力量强、与国内联系密切。新侨在学历上有很大改变，除了一部分从事贸易和餐饮业外，绝大多数人在公司就职或集中于教学与科研领域，基本聚集在技术含量较高的科技领域，也有人独立创办公司。在南亚地区，由于签证问题依旧是个难题，其华侨华人数量并没有明显的增长。随着中巴经济走廊、孟中缅经济走廊的建设，中国以成套设备和大型工程为主的援助模式以及中国较为先进的工程施工技术将会使中国工程技术人员和劳务人员成为南亚地区的新移民。在西亚北非地区，中国从 20 世纪 90 年代开始向西亚北非地区较大规模移民，是中国与该地区经济政治关系日益密切的结果。目前中国移民主要以海外劳工和商人为主，也有少量的留学生、医生、农业和科学技术人员。其中海外劳工占比较大比重。

在北美地区的华侨华人人口中，美国有 450 万人，加拿大有 160 万人，其中华侨占 25%，新侨占 47%。北美地区的华裔新生代中，专业人才众多，约 1/3 从事科技，其中，一流人才占 3/13，占华人总数的 1.4%。

欧洲地区现有华侨华人 255 万人，分布于 46 个国家，有 7 国华人人口超过 10 万人：英国 78 万人、法国 52 万人、意大利 32 万人、西班牙 20 万人、德国 17 万人、荷兰 12 万人、俄罗斯 10 万人，占总数的 85%；超过一万人以上的有 10 国：爱尔兰、比利时、奥地利、葡萄牙、丹麦、瑞典、匈牙利、芬兰、希腊，占总数的一成。华人华侨各半，其中新侨占总人口的七成，另有短期游裔、留学生、不法滞留的中国公民 43 万人。欧洲地区大陆新移民是主体，对我国友好力量占主流；洲际流动性大、人才回流快、经济条件好；与国内关系密切，是中欧多领域合作桥梁。随着新移民人数不断增加，欧洲华侨华人从事的行业不断拓展，发展逐步专业化、多元化，包括金融、保险、房地产、计算机、旅行社、会计、律师等行业。①

拉丁美洲地区华侨华人数量有 650 万，分布于 36 个国家和地区，其中华侨占 9%、华人占 91%（含 400 万混血华裔）。新侨有 64 万人。主要聚集在秘鲁、巴拿马、古巴、墨西哥、厄瓜多尔、委内瑞拉、巴西、阿根廷，其中秘鲁有 310 万人、巴拿马有 110 万人、古巴有 100 万人、墨西哥有 30 万人，厄瓜多尔、委内瑞拉、巴西各有 20 万人，阿根廷有 12 万人。拉丁美洲地区侨情特点：以混血华裔为主体，政治社会地位高；经济状况普遍优于当地平均水平；大陆新华侨华人队伍逐渐成长起来。拉美地区的新移民，在巴西以从事商业最多，工业次之，农牧业最少。在阿根廷主要以经营餐饮、超市和商贸为主。在墨西哥九成侨胞从事餐饮业。在委内瑞拉以经营超市、杂货铺、餐饮及进出口为主。在秘鲁，年轻一代的华裔从事医生、教授、工程师、艺术家和军、政官员等职业。在巴拿马以四大行业为主，分别是经营小超市、经营杂货铺、开餐馆和洗衣店。②

大洋洲地区的华侨华人数量有 154 万，分布于 19 个国家和地区，其中华侨占 30%，新侨占 70%。主要聚集在澳大利亚和新西兰。其中澳大利亚有 120 万人、新西兰有 27 万人，占总数 96%；法属波利尼西亚 3 万人、巴布内亚新几内亚 1.5 万人、所罗门 0.3 万人。大洋洲地区的华侨华人以新侨为主体，中国内地、香港地区、台湾地区和再移民平分天下。值得重视的是存在少数民族华侨华人，主要是新疆少数民族，有 6 万人。

非洲地区华侨华人有 72 万人，分布于 53 个国家，其中华侨占 82%，华侨中新侨占 86%，成建制外派劳务、游商、不法滞留约 28 万人。华侨华人人数超过 10 万的国家有：南非 42 万人、安哥拉 25 万人、尼日利亚 10 万人；人数过万的国家有：苏丹、马达、埃塞俄比亚各 5 万人，坦桑尼亚、留尼旺各 3 万人，毛里求斯、博茨瓦纳、赤道几内亚、几比、肯尼亚各 2 万人。非洲地区侨情特点：绝对数小但增幅大，近年来华侨华人实力激增但是过客心太强。非洲整体社会环境友好，对于华侨华人发展空间

---

① 雁溪：《浅析欧洲华侨华人经济现状、发展趋势》，原载《侨务工作研究》2005 年第 1 期，转引自国侨办网站，http://qwgzyj.gqb.gov.cn/hwzh/127/380.shtml。

② 参见庄国土《华侨华人分布状况和发展趋势》，载潮龙起主编《侨务理论研究成果集萃》，暨南大学出版社，2014。

大，华侨华人不仅在当地参政兴趣浓厚，而且在中非关系方面起到桥梁作用。

综合来看，与老华侨华人主要集中在东南亚和少数发达国家，新华侨华人的分布更为广泛，他们不再仅聚集于一些发达国家和地区，而不断向新兴经济体和崛起中的第三世界国家流动。随着中国加大对外开放和香港地区、台湾地区移民输出规模扩大，北美、欧洲、拉丁美洲、澳大利亚、日本、南非等国家和地区也成为华侨华人的聚居地。同时，新华侨华人和华裔新生代从事的职业领域越来越广，其中，以高新技术及投资回报较高的行业为主。由于在国外生活和学习经历使其具有一定的知识结构，掌握国外先进的知识和技术，能适应各种不同的环境。他们已经突破老华侨华人以"三把刀"为主的传统生存模式，其就业领域紧跟时代的发展潮流，创造的财富逐年增加，在国际贸易、创意经济等领域大显身手。在美国、欧洲、日本等发达国家和地区，他们参与创办的企业发展良好，成为当地经济结构中重要的组成部分。部分国家和地区的特色领域集聚了较多的专业人才。如瑞士的中国留学生和高层次人才的工作主要集中在化学、医学、生物、旅游和酒店管理等领域。

二 华裔新生代的影响力

海外华裔新生代在住在国影响力激增。新生代无疑代表着海外华人社会发展的趋势与未来。他们具有全球化、国际化视野，深刻理解并谙熟掌握网络、传媒以及各种新型信息传播技术，穿梭于国界之间，活跃于世界舞台，崛起为海外华人社会中的中坚力量，日益受到中国和世界的瞩目。与第一代华侨华人相比，华裔新生代身上出现了新的群体特点，主要表现为在政治上积极参政议政、融入主流社会，在经济上积极进取、经营成就显著，在文化上开放包容、贯通中西。

（一）政治上：参政意识增强

近些年来华裔新生代的参政意识显著增强。以美国为例，华裔新生代融入主流社会、参政议政意识日浓。他们不再当"边缘人"和大选的看客，从政的人数也越来越多，从国会议员、州议会议员到州长、市长，到处都有华裔新生代的身影。其中 2007 年角逐麻州费契堡市（Fitchburg）

市长选举的华裔参选人黄素芬就是其中的代表。① 诚如美国《世界日报》报道"越来越多 20 多岁的华裔青年，纷纷从父兄辈手中接棒踏入政界。从议员代表到实习生，虽不在政坛第一线，但他们在传递族裔声音上却功不可没"②。此外，许多老一辈华人都支持和鼓励后辈参政议政。2005 年 2 月，美国联邦华裔众议员吴振伟受"展望新美国"组织之邀发表的演说中，就鼓励华裔青少年在求学期间多参与和了解地方、州或联邦等政治事务，并期待有更多有志参政的华裔青少年能够实现他们的梦想。2005 年 8 月，以鼓励亚裔第二代参与公共事务为宗旨的国际青年领袖基金会，在华盛顿希尔顿饭店举行年会，大会颁发每人一千美元的奖学金给 40 名参与暑期公共事务实习计划的大学生，并安排这些青少年到白宫和国会等政府部门见习，以此鼓励他们积极关注和参与美国政治。以上这些必将使许多本来就有较好的经济与教育背景的美国华裔新生代的政治参与热情大大提高。

而印尼华裔新生代的情况与美国有相同之处。苏哈托政府垮台后，政治上长期受压制和排斥的华裔族群开始爆发出强劲的参政热情。温北炎教授的问卷调查中，问及"您认为华人是否应参与当地政治生活？"时，85.7% 的华人选择了应该参政。③ 显然，与美国相似，印尼华人已经意识到要争取公民的合法权益，真正融入当地主流社会，除了在经济上有所建树外，还必须积极地参政议政。而在这之中，华裔新生代的参政态度尤为积极。黄昆章教授就认为，反对建立华人政党大多为老一辈华人，他们认为参政容易激化民族矛盾，而赞成建党的则主要是土生土长的华裔青年。④ "政治权利是族群和个体的根本权利"⑤，而政治参与的态度则在一定意义上可以反映华裔新生代本土化的程度。

① 李静雯：《美华裔新生代参政热，27 岁黄素芬角逐费契堡市长》，中国侨网，2007 年 5 月 10 日，http://www.chinaqw.com/hqhr/hrdt/200705/10/71633.shtml。

② 高梓原：《美国华裔新生代参政风盛行 甘愿舍高薪弃商从政》，中国新闻网，2013 年 8 月 5 日，http://news.21cn.com/caiji/roll1/a/2013/0805/11/23238491.shtml。

③ 温北炎：《关于印尼华人融入当地主流社会的问卷调查》，《东南亚研究》2002 年第 2 期。

④ 黄昆章：《论印尼华裔政党与参政》，《东南亚纵横》2004 第 5 期。

⑤ 庄国土：《东南亚华人参政的特点和前景》，《当代亚太》2003 年第 9 期。

（二）经济上：成就显著，且与中国联系加强

近年来，中国人向海外移民的热潮持续升温，中国 30 年的改革开放和经济快速发展，产生了一大批富裕的城市中产阶级，当他们积累了一定的财富之后，不满足于现状，向海外移民成为中国新兴中产阶级的一股潮流。在最近几年乃至今后一段时间，中产阶级将成为中国海外移民的主力。从移民的形态看，主要有如下三类。①投资移民，以英国为例，2014年获得英国投资移民签证的中国公民人数翻了一倍；②留学生，2014 年我国出国留学人员总数为 45.98 万人。截至 2014 年底，以留学生身份出国在外留学人员有 170.88 万人，其中 108.89 万人正在国外进行相关阶段的学习和研究[①]。以上两类新移民多选择欧美发达国家。③许多在国内取得成功的中小商人，或者是海外经商成功的人，则往往选择泰国、南非、马来西亚等中等收入的国家。

进入 21 世纪以来，在经济全球化大背景下，海内外华商都普遍面临着"代际更替"的问题，此种"代际更替"不仅仅涉及老一代企业家及其继承人之间的传承，亦有新兴企业家大量而迅速崛起。新生代华侨华人企业家正越来越受到学者和政府的重点关注。一般而言，海外新生代华商应具有以下特征之一：①在华人家族跨国企业获任为接班人的第二、第三代或家族其他成员；②因祖辈移民、自己在住在国（地）出生，主要靠自己一代创业并获得成功的华人企业家；③20 世纪 60 年代以来，从中国大陆、香港和台湾以留学为主而后侨居西方发达国家、有专业技术和经验、成功创业并领导其发展成为跨国企业的技术型华人企业家。④20 世纪 60 年代以来，从中国大陆及港澳台移居海外、在非技术领域打拼成功并领导其发展成为跨国企业的新移民企业家。总体而言，所谓海外新生代华商是指那些祖籍中国大陆和港澳台，在海外出生或移民海外，在住在国（地）接手家族企业或创办企业获得成功者。参考康荣平、柯银斌等所著的《海外华人跨国公司成长新阶段》[②] 一书，本文拟以东南亚地区的海外

---

① 《2014 年中国出国留学人员超 45 万，回国人数超 36 万》，中国新闻网，2015 年 3 月 5 日，http://www.chinanews.com/edu/2015/03-05/7103900.shtml。

② 康荣平、柯银斌、董磊石：《海外华人跨国公司成长新阶段》，经济管理出版社，2009，第 78~99 页。

华裔新生代为例，总结其商业活动特点，总体可分为以下几种类型。（1）家族企业接班人。前辈成功创业，新生代继承发展，以东南亚居多；（2）成功创业的海外新生代华商。在当地创业并发展成为多元化跨国公司，以东南亚居多；（3）在国内创业成功后转向海外发展或在海外创业的移民新贵。借助地域差异精英策略，在贸易、房地产等领域淘金成功扩张，实现多元化精英，属于"闯业"一代。主要分布在欧洲、北美、中东、非洲、中南美洲等。

在老一代企业家的推动下，家族企业接班人类型的海外新生代闽商大多表现不凡，能顺利实现产业转型升级，在传承原有企业资源的同时，能运用自己的知识与能力使得家族企业较之原来更具有新的活力。相对于家族原始创业打拼的前辈，这一类华裔新生代企业家出生于住在国，得到家族的着力培养，一般受过包括发达国家的高等教育在内的多语言、多文化熏陶，学习了西方企业先进的管理经验，具有现代化管理理念、国际化视野与全球竞争力的特点十分突出。与继承家族企业的新生代华商相比，在海外出生的华人新生代华商，基本靠自己从零打拼，尽管创业资金并不雄厚，但在语言、教育等方面的基础具有优势，与中国经贸联系依然紧密。而且，与第一代华人企业家改革开放初期到中国投资的结果不同，很多第二、三代华人企业家20世纪90年代在中国的投资都获得成功。而且其中不乏技术创新者，新生代华商创办的高科技、智力型企业成功的关键在于他们在专业领域的技术和经验，以欧美等发达国家为主。

与此同时，未来海外华裔新生代回祖（籍）国发展势头将增强。海外华裔新生代回祖（籍）国成功创业的事例，虽然目前比新华侨华人少，但随着那些回祖（籍）国成功投资或创业的老华侨华人年老体弱，越来越多的海外华裔新生代已经或者将被推上企业领导岗位，他们回祖（籍）国发展正呈现出良好的势头。近年来到我国进行短期中国经济研修，正日益受到海外华裔新生代企业家青睐。由中国国务院侨务办公室、中国海外交流协会主办，广东省侨务办公室和暨南大学承办的"华裔新生代企业家研修班"已经举办了多期，研修班学员分别来自印度尼西亚、泰国、菲律宾、马来西亚、文莱、美国、澳大利亚、西班牙、波兰、比利时等地。接受培训的学员已达几百名，他们大多是海外知名华商、侨领的子女，是一批有一定经济实力、有意与中国开展经贸合作的华裔新生代企业家。在今后将会有越来越多的华裔新生代回到祖（籍）国投资或创业，参与祖（籍）国的各种经济、科技和文化交流活动。

（三）文化上：开放包容，贯通中西

新媒体时代的国际传播已经突破了传统媒体时间和地域的限制，互联网这种信息普及对传统地域的传播方式产生了颠覆性的冲击，这在某种程度上打破了传统媒体时代西方国家对信息及话语权的垄断状态，值得注意的是，虽然在新媒体技术条件下，各个国家在国际传播的机会上实现了平等，但由于不同国家的社会发展状况不平衡，文化上的传统强势仍会在新媒体时代延续，而事实上带有价值观念和意识形态的文化输出也从未停止过，网络时代价值观与意识形态逐渐融入大众文化，而世俗化的意识形态传播则变得更为隐蔽。而在信息化时代成长起来的新生代华侨华人谙熟掌握多元化、跨文化的信息传播渠道和工具，能在传播积极正面信息、建构良好的中国海外形象等方面发挥不可替代的"桥梁"作用。

但与此同时，华裔新生代可能在族群身份上认同华裔，在语言和生活方式上基本当地化了，在价值和文化取向方面存在困惑。[①]

华裔新生代出生、成长于居住国，长着东方人的脸，流淌着中华民族的血液，却基本没有受过中华文化的熏陶，大多既不能听也不能说中国语言，更不会写中国字，即所谓的"香蕉人"。他们自幼接受居住国的教育，形成了当地的思想和操一口地道的当地国语言，接受了居住国的文化教育和生活方式。缺乏民族文化浇灌、熏陶的华裔新生代，他们的血脉中缺少民族文化"基因"，自然难以产生"游子意""故人情"之类的民族心理情感。诚如国侨办主任裴援平所言，"现在越来越多的华裔孩子不会中文，不了解中国文化，对祖国没有那么强烈的亲近感了"[②]。他们从"落叶归根"转变为"落地生根"。他们不同于老一辈华裔把生活、交际圈子都集中在"唐人街""中国城"这样的华人社区，华裔新生代更渴望彰显自己的"主人"身份，提升自己的社会、政治地位。但是，作为东

---

① 俞烨：《重构华裔新生代的文化认同研究》，《联合论坛》2013 年 7 月。
② 孙少峰、董涵潇：《我们怎样吸引华裔新生代》，《人民日报》（海外版）2014 年 3 月 14 日，第 12 版。

方移民的后裔，祖籍国的人们用打量外来人的眼光看他们，在居住国青年眼中，他们依旧还是外国人，难以建立真正密切的关系，融入当地主流社会需要长期的过程和努力。"华人对自己身份的认同度，往往与其居住国的发达程度和华人在当地的经济实力有密切关系。生活在高度发达的欧美社会的华裔新生代，与生活在经济政治文化都相对落后而华人的经济实力较其他族裔甚至比当地人更为雄厚的东南亚地区的同辈，两者相比较，前者拒绝做华人的比例较大，而后者即使加入了居住国国籍，不少人仍愿保留其华人身份。"① 但是尽管部分华裔新生代拒绝做"华人"，但自身"黄皮肤黑眼睛"的外在条件和内在的受家庭潜移默化影响而融入血液中的中华文化传统意识，使之难以彻底融入当地文化并与之形成内在的和谐。因此，华裔新生代不可避免地会产生民族认同疲惫和文化认同困惑及其所带来的精神迷惘和痛苦。

第三节　面向华裔新生代的侨务对策

伴随着自然的代际更替，华裔新生代目前已成为海外华社的主体，尤其是在移民历史悠久、群体庞大的东南亚和北美地区，第一、二代华侨华人已经老去，第三、四代以后的新生代成为华社的主要群体，这也决定了华裔新生代已成为我国涉侨工作的主要目标。正如前文所述，整体上，新侨和新生代海外华侨华人人数多，分布范围广，知识层次、职业层次高，思想观念新，经济成就显著，参政议政意识浓厚，但对祖籍国的认同以及中华文化继承方面则出现了不同于老侨的新变化。如何对海外华裔新生代进行必要的中华文化传播，加强其对中国的认知与母国情感，则是我国涉侨部门正在努力推进的工作。

一　培养新生代对祖（籍）国的认知与情感

应注重情理交融，培养华裔新生代对中国的认知与情感。

---

① 袁素华、郑卓睿：《试析欧美华裔新生代文化身份认同的困惑》，《湖北社会科学》2009年第 8 期。

（一）有培养的可能性吗？一个教学实验的启示

怎样针对新生代华侨华人进行认知与情感培养呢？课题组利用侨校优势，在华侨大学的境外生中展开了教学实验。2012 年 10 月 8 日 ~ 2013 年 6 月 28 日，本文课题组开始展开调研实验，以当时华侨大学专门为境外生开设的《当代国际关系》课程为平台，组织 383 名境外生通过互联网社交平台、电子邮件、暑假探亲等多种契机，向自己住在国认识的新生代华裔开展问卷调查，最后，课题组总回收 2700 多份问卷调查，同时收回由这些境外生写的 383 份调查情况反馈汇报。

这些参与调研的境外生中，除港澳台生源外，大多是来自东南亚国家和地区的华裔新生代。为了区分那些真正在海外出生、成长的华裔和部分仅仅为了就学办出国，然后出口转内销的部分，课题组负责人连续三年对其中的学生代表进行课间、课后随机访问，力图减少因信息误判造成的研究结论上的偏颇。

在整理回收资料时，我们还发现了一个很有意思的现象：在收回的 383 份由境外生做的书面调查报告中，有 57 位负责调查的境外生表达了在调研过程中发现海外华裔新生代对中国文化与情感疏离的担忧感，并认为其原因在于受访者中的不少人因为没来过中国，对中国社会问题的看法，对中国的印象、态度、情感主要受到国际舆论或当地舆论、教育的引导。我们通过对这 383 名境外生自己填写的问卷调查及其书面汇报进一步整理后，发现他们对中国情感与认同度相对他们的受访者更高。尤其是在如何看待南海冲突、如何看待中国发展模式与道路、如何看待中西方对人权和主权问题的分歧等这类海外华裔新生代持否定性选项比较高的问题上，70% 以上的境外生更多表现出了理解中国立场和态度。考虑到他们在华侨大学经过了一个学期《当代国际关系》课程的学习，在课程中课题组曾特意针对这些问题发起过辩论和重点教学，通过多元角度、多重资料来更新了他们关于这些问题的认知信息来源，并通过反复强化而将相关信息嵌入其认知模式，可能形成了一定的认知心理定势，上述现象的出现就不难理解了。或许正是因为课堂教育培训的隐性权威感，结合师生间密切的信息、知识与情感互动，即便是那些曾经在课堂上持批判态度的学生也变得更乐于以开放的态度来倾听、理解、接纳带有中国立场和色彩的东西。然而必须指出的是：他们原有的心理排斥、心理防守的盔甲能被突破，跟他们本身是作为选择了来中国留学的华裔后代身份有密切关系。这些境外生在中国、在中国的大学校园里生活、学习、交友，不断耳濡目染受到中国教育与文化的影响，四年时光沉淀后刻下的烙印就有可能使其心底对母国、母校形成一种深厚的情感认同。根据课题组负责人在境外生所发的微信朋友圈信息的跟踪观察，其中那些在华大学习期间跟老师取得更多互动，获得更好成绩和更多鼓励的境外生，当时已经表现出更多对中国的认同感的境外生，回到他们的住在国后，依然会不时关注和转发关于中国和华侨大学的微信链接或信息，并偶尔通过回忆式感慨来表达出对母国、母校的情感依恋。而其中，更有一名缅甸籍华裔新生代，毕业后回到住在国的中国汉办设立的孔子学院工作，现在非常热衷于传播中华文化。

当然，居住国施行怎样的华人政策，以及能否在居住国受到华文教育，这也是影响华裔新生代对中国认知与情感的稳定性因素。例如马来西亚因为系统的华文教育，不少华人谙熟华语、马来语、英语，自由游刃于各民族文化之间，不自觉就充当了跨文化交流的使者。其中不少马来西亚华人因为有流利掌握华文的优势，做起了中国与马来西亚之间的跨国生意，对中国的认知与情感也因为密切的交流而相对那些不懂华语的华裔新生代更深厚。但与此同时，一份针对在中国求学的马来西亚华人学生调查的研究就指出，纵使中国政府付出巨大努力及资源，强化其对"中华特性"的身份认同的情感联系，但受到主观认知、交流互动、成长环境落差等因素影响，则成效未如预期。① 而印度尼西亚因为一度出现排华及禁止中文教育政策，致使曾经与中国联系密切的印度尼西亚华社，失去学习母语的基本权利，华文教育至出现至少一两代人的断层。2010 年就有一位接受访谈的印度尼西亚老侨领十分感慨，说过去风光无限的社团，根本没有年轻人感兴趣参加了，年轻人不学中文，对华人社团活动不感兴趣，所能获取的报刊媒体信息，那就只能是英文或印度尼西亚文的，对中国的认知信息就难免受到它们的影响。当然，近年印度尼西亚的华人政策和华

---

① 罗金义：《建构大中华身份认同的迷思：身处改革开放的中国的马来西亚华人学生》，《盛世边缘：东亚少数者的政治社会学》，唐山出版社，2011，第 51～84 页。

文教育状况已经发生了变化，我们从一些学者在印度尼西亚的田野调查资料中也可以看出，不少印度尼西亚华人依然保留了中华文化的传统痕迹，例如烧龙船、包粽子、贴对联等，尽管其中很多人也不太懂得为什么要这么做，然后代代相传地也就这么做了。就公共外交的领域而言，"观其行"远比"听其言"重要。① 我们相信，华人对中国的认知与情感受到居住国的华人政策影响这个道理仍然是存在的，这种因素对华人认知产生的影响力也是相对稳定的，要消除或扭转，估计需要较为漫长的时间。

（二）理解新生代的认知模式

正如前文所述，在境外生提交的调研报告中，我们获取的信息是海外华裔新生代与中国的情感联系较为淡漠，同时受到西方媒体及当地媒体影响，对中国存在一些刻板印象。为了求证这一信息，课题组仔细地对2700份问卷调查中的一些问题进行了整理和统计，得出了肯定的结论。那么，是哪些因素影响了他们关于中国的认知和情感呢？

整理问卷调查后，我们发现，可能跟负责分发问卷的学生大多是祖籍福建有关，所收回的问卷中，填写问卷的调查对象90%以上是出生于20世纪80年代至90年代的年轻人，其中74%都来自东南亚地区、日本、韩国等中国的周边国家。而且受访中的37%的人祖籍在福建，24%在广东，6%在浙江，33%在其他地区。问卷调查统计结果显示：受访者中39%的人在中国有亲人并经常联系，43%的人有亲人但很少联系，9%的人有但从不联系，10%的人在中国没有亲人。可能鉴于负责调研的境外生本身关系网络及分发问卷的倾向性，他们调查的同龄人受调查者大多是正在中国、当地国或其他国家（地区）接受教育的华裔新生代。这些受访者在职业规划方面的选择情况为：有39%的人选择为商人，8%的为职业经理人，14%的为技术人员，13%的为公职人员，26%的则选择了其他定位。在进一步问到今后是否会选择来中国经商时，32%的人未来会考虑在中国经商，22%表示可能会，8%的人表明不会，38%的人认为说不准，到时候再视情况而定。当被问到是否了解中国的侨务政策以及华人商业网

---

① Nicholas J. Cull, *Public Diplomacy: Seven Lessons for Its Future from Its Past*, *Place Branding and Public Diplomacy*（London: Palgrave MacMillan, 2010）, pp. 11 – 17.

络对海外华商的作用问题，只有11％的人表示了解，39％的人听说过但不太了解，12％的人没听过但很想知道，6％的人表示并不关心这个问题。对于"您认为今后海外华商与中国经贸联系的发展趋势如何？"这一问题，37％的受调查者认为会更加密切，29％的人看来会维持现状，7％的人认为会有所疏远，30％的人表示很难讲，这取决于经济的发展情况，7％的人认为无法判断。这些数据统计的意义不在于精确，而是帮助课题组了解一个海外新生代华裔与中国关系的现状与趋势的大体轮廓。初步看来，情况比我们预设的要更乐观些，海外新生代华裔对中国保持了基本的认知，这说明早前我国的侨务工作有所成效，也意味着未来进一步针对华裔新生代开展侨务工作也有基础。

根据整理和统计问卷所获得的信息，再结合我们其他一些渠道的调研资料，发现影响海外华裔新生代对中国的认知与情感的稳定性因素包括家庭影响、教育、居住国的华人政策，以及他们自身的经历、观察与体验。这些因素产生的影响是比较稳定的，即，一旦这些因素对他们关于中国的认知与情感形成影响，效果就很难改变或消除。而不稳定的影响因素则包括舆论媒体引导，或来自其他传播的信息影响，以及中国在国际上为改善国际形象所做的努力等。不稳定是因为，首先，这些因素相对难产生影响，尤其是一旦提供的信息与他们已建构的认知相背离，就会被排斥或忽视；其次，这些因素产生的影响力具有不可持续性，因为在信息爆炸的时代，华裔新生代获取信息的渠道是非常多元的，一旦冲突性的信息出现，或新的信息更替旧的信息，无论是媒体或他者的影响力都会随机削弱。

根据传播学的理论，语言是传播最主要的工具，即便在当今互联网飞速发展的时代，语言依然拥有无法被替代的传播价值。语言竞争力的三大来源分别是权威资源、密切互动和认知一致。但是，在不同的规则体系中，这三项来源分别包含的内容是不相同的。以全球化时代网络技术的发展为例，至少通过以下三个方面的改变使得三大来源的内容发生了改变：传播主体、传播流向和传播途径。这三个方面的改变实际上就是语言传播规则的改变，语言传播规则改变意味着语言竞争力来源的内涵发生了变化。而作为权威资源的网络资源，大部分都掌握在美国等发达国家手中。

发展中国家在信息获取、占有和分配中仍然处于弱势，甚至可以说掌握网络资源的发达国家可以传播他们想要告诉发展中国家的信息，建构他们想要说明的社会事实。正因为如此，中国在国际上为改善国际形象所做的努力，效果不明显。尤其是在复杂的国际舆论环境下，关于中国正面认知与正面形象的建构的工程可以说"破"比"立"容易，可能你好不容易建构起来的正面认知，一下子就被一些西方国家掌握的网络与媒体资源用一篇负面媒体报道或其他因素解构掉了，让那些相信这些权威网络资源者"恍然大悟"地来一句："噢，原来真相是这样的，我被中国欺骗了！"而且，刻板地进行国家形象工程建设，效果往往不好，例如纽约时代广场上24 小时滚动播放的国家形象宣传片，就没有达到预期效果。这里我们可以粗略地建一个海外华裔新生代的认知模型（图 6 - 1），来说明上述因素是如何影响他们对中国的认知的，而对母国的情感则建立在其认知的基础之上。

通过对华裔新生代认知模式的反复推演，分析其中的运作逻辑后，我们认为：①东南亚新生代华侨华人并非铁板一块的群体，具有外在的多元性与内在的分裂性。在国家形象建构方面，其内部存在彼此冲突的次群体，有的次群体以发挥正效应为主，发挥的是建构作用，有的次群体内部则存在负效应，发挥的是解构作用，而利用具有国家形象建构之自觉意识的次群体来制衡群体内部的解构力量，效果比国家直接应对要更好；②东南亚新生代华侨华人关于中国国家形象的认知来源是多样化的，具有阶段性选择的特点，但认知模式是相对稳定的，国家可根据其认知模式的特点有策略性地进行国家形象的建构；③国家形象是具有建构性的，而影响国家形象建构的核心因素是国家力量和国家行为体：正是中国国家力量的增长和在国际上的良好表现激发并强化了东南亚新生代华侨华人对中国和中华文化的认同，而后者进一步强化了该群体对中国正面国家形象的建构，新生代华侨华人群体对中国形象的正面印象与评价又与我国的侨务、统战工作的开展形成良性循环。因此，国家力量与国家行为决定着新生代华侨华人与中国国家形象的互动，二者的统一与良性互动可促进国家正面形象的建构。

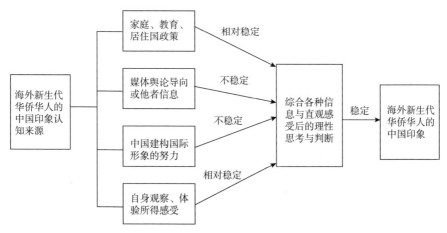

图 6 - 1　海外华裔新生代的中国印象认知模型

（三）情理交融，嵌入新生代华侨华人的认知模式

情感因素的影响是触及心灵的，因而是稳定的。以家庭影响来说，在华裔新生代的家庭里，家庭影响其中国认知与情感的主因在于其父母长辈是否重视子女的中华文化、中文语言教育，但它发挥作用的机理仍然主要是基于家庭成员之间的血脉情感。例如著名华裔作者张纯如，之所以将毕生精力投入调查、揭露南京大屠杀真相，最初主要是因为在童年时常听她外祖父母讲述逃离南京大屠杀的经历，而后发现她身边在美国同龄人大多不了解南京大屠杀，也找不到关于南京大屠杀的英文资料。作为一个土生土长，接受美式英文教育，早已融入美国主流社会的华裔后代，张纯如对祖（籍）国的情感认同，无疑首先来自其家庭影响。而我们在调研中也常常发现此类案例。例如，马来西亚一位主编华文杂志的女士在接受我们的访谈时，讲起为什么会学中文、办中文杂志时，就非常动情地讲到是受到其父亲的影响。其父亲生前曾带她们一家回潮州探亲，得到亲属和当地乡亲的热情招待，重建起一度中断了的亲情网络。父亲对乡土亲人的浓厚情意给她留下了深刻印象。后来其父亲缠绵病榻之际，为了让父亲高兴，已过而立之年的她，开始去中文培训班学中文，然后回来跟父亲讲中文和潮州话。她父亲去世后，她就想着为父亲做点什么，进入中文杂志社，一直做到主编，整个过程都非常努力，似乎努力办好中文杂志寄托了她对父亲的思念之情。或许因为访谈是在晚餐桌上，一杯红酒催生她内心的思亲

情感，她在讲述的过程中一度哽咽而潸然泪下。她将学习中文、办好华文杂志、推广中华文化的热情与对其父亲的情感结合起来，又何尝不是潜意识里与父亲的祖（籍）国情感对接了起来？我们在访问一些老一辈华人时，发现不少华人家长都希望自己的子女学习中文，了解中华文化，其中有中文的商业价值的考量，也带着一种文化血脉传承的情感。许多将子女送回中国参加寻根之旅的华裔，大多数自己都懂华文，并从长辈那里传承了来自祖籍国的文化，并将这种关于母国与故土的认知，与亲情相融合。

事实上，我国涉侨部门通过长时期的实践经验总结，在日常侨务工作中十分重视与华侨华人建立情感联系，暖侨心，得侨情，这个方向无疑是正确的。做侨务工作，很多时候就是做人的情感的工作。"我认为国侨办是一个很神奇的部门，我们开展工作只靠两个字——情感。"[1] 这是中国国务院侨务办公室主任裘援平在"第三期海外侨领高级研修班"结业仪式上发言中的一句话。

从乡情、亲情等传统五缘的分类方式来从情感层面进行分类，侨务工作的核心是"情感"的工作，而侨务公共外交作为侨务工作的延伸，自然也离不开这个关键特质。更重要的是，侨务公共外交不会止步于此，还需要通过"理"的建构，将自然朴素的情感升华到认知与价值的层面。例如，通过与新生代华侨华人建立情感共同体，把情感作为侨务公共外交的着力点和切入点的同时，还要对他们进行信息的传导、理论的训导，就是把那些关于中国的事情说清楚，把道理讲通透，把共识建立起来，从而最终将个体的人与人之间的亲情、交情、乡情进行升华，最后达到情理交融，不同的情感支流汇聚到"中国情"这个情感大河之中。

教学实验和问卷调查的研究结果似乎表明，选择那些对中国有基本的正向认知与情感基础的新生代华侨华人，通过长期而系统的知识建构、认知强化与情感互动，再辅以耳濡目染、润物细无声的中华文化与影响熏陶，则可望培养起其新的认知模式，打造其与中国的情感共同体，进而让他们自觉自愿以合适的方式参与和支持那些契合其价值、情感与利益的中

---

① 《裘援平：国务院侨办开展工作全靠情感》，中国新闻网，2013 年 12 月 9 日，http：//www.chinanews.com/zgqj/2013/12－09/5598508.shtml。

国事务。换句话说，在新生代中培养认同中国并能支持、参与中国侨务公共外交的人才是具有可行性的。实际上我国涉侨部门早已认识到情感联络的重要性，在实际侨务工作中也在着意对新生代华侨华人加强对中国的认知与情感的建构。但相比于短时期的华裔青少年寻根之旅、侨领短期培训、联谊等活动，在中国接受四年系统、持续的规范教育，所产生的影响力无疑更为悠远而深刻，因此，针对那些在中国高等院校的华裔留学生的侨务与教育工作更为值得重视，假若浪费这种直接培养亲中国的华裔人才的难得的便利与机会，或许会是非常遗憾的缺失。因此，我国涉侨部门若和国内侨校合作，有意识地在国内高校的境外生、留学生中发掘和培养今后可堪重用的侨务与公共外交人才，或许不失为一种别开生面的长久之策。

二　与新侨侨领建立合作共赢关系

应注重义利合一，争取与新侨侨领建立合作共赢关系。就公共外交而言，相对于华裔新生代，对我国海外新移民的侨务工作可能相对好做，尤其是那些在国内接受过完整的教育，仍然保留着中国国籍，并与中国保留着密切联系的新生代华侨。但鉴于每个国家或地区的侨情差异，不同区域的新生代华侨华人群体也各有特点。如何在新生代华侨华人中发掘和培养公共外交人才，也只能具体问题具体分析。下文拟以华侨大学华侨华人研究院团队针对非洲侨领的访谈资料为基础，并结合非洲侨情，讨论如何在新生代华侨中发掘能为我国服务的公共外交人才。

目前，关于非洲地区华侨华人人口数据尚无权威数据。根据朱慧玲非洲调研估计，21 世纪初非洲华人数量为 25 万人。近几年，大量中国人涌入非洲经商、务工、留学等，华侨华人数量急剧增加。2006 年，据非洲人民友好协会副会长黄泽全介绍，在非洲的中国商人和华人至少有 50 万，遍布非洲 53 个国家，其中南非最多，达 30 万人，其次是尼日利亚、安哥拉、肯尼亚等，北非华人数量比较少。非洲、特别是东部和南部非洲国家是海上丝绸之路的历史和自然延伸。中国明代著名航海家郑和率船队七次下西洋，其中四次曾抵达现在的东非沿岸，传播了中非友谊，促进了友好合作。随着新一轮国际产业结构调整和转移，非洲有可能率先从实施

"一带一路"建设中受益，并成为拉动中国和世界经济发展新的增长极。南非、埃及、肯尼亚、坦桑尼亚、莫桑比克、埃塞俄比亚等非洲国家纷纷期待同中国对接"一带一路"合作战略，共同致力于政策沟通、设施联通、贸易畅通、资金融通、民心相通。据外交部非洲司司长林松添透露，在 G20 杭州峰会期间，双方签署各类合作协议 60 多项，涉及金额182.87 亿美元，其中中国企业对非直接投资和商业贷款金额达 162.28亿美元，占 88.74%。加上峰会闭幕以来双方签署的各类协议，据不完全统计，中非双方迄今已签署各类合作协议约 250 项，涉及总金额达507.55 亿美元，其中，中国企业对非直接投资和商业贷款达 465.53 亿美元，占协议总金额的 91.73%。中国企业走进非洲投资兴业迎来了难得的历史性机遇。①

（一）非洲新侨侨领已意识到提高华人形象的重要性，并有所作为

中国及中国企业在非洲的形象如何？柯银斌最近发布的社会调查表明，中国企业传递给非洲的主要还是一个经济形象。他以 4 家中国企业及其项目：中国路桥公司、达之路非洲投资高峰论坛、中国有色非洲矿业公司、中国石化加蓬勘探项目为研究对象，调查发现在非洲人眼中，当地少部分中国企业呈现出明显的负面形象。首先，它们不仅声誉不好、产品服务质量差，还毫无社会责任感，工资不高，也不尊重非洲员工。其次，少部分企业在非洲攫取资源、抢夺当地劳动力市场、商品量多质差、不遵守当地法规，忽视可持续发展等问题。这严重影响了中国企业在非洲的整体形象。而赞誉更多地体现在：对中国企业在经济、科技等方面发展的肯定；肯定中国企业通过投资、援助和商贸等对非洲发展所做出的贡献；与西方国家相比，肯定中国是一个更为平等的合作伙伴。贺文萍针对报告中揭示的问题，指出现在有部分在非洲的中国私企，主要是其中的中小企业或者小企业问题较多，对中国企业在非洲的形象造成比较大的负面影响。她指出，企业首先要做好产品，另外，对待工人的态度、工资遵守当地的

---

① 《非洲是建设"一带一路"的重要方向和落脚点——访外交部非洲司司长林松添》，《直通非洲》2016 年 9 月 1 日。http://mp. weixin. qq. com/s? ＿＿ biz = MzA3MDA5NDQyNw ＝ ＝ &mid ＝ 2649280277&idx ＝ 1&sn ＝ 5a2d9622593f338241e3a1b7ca02dc46&scene ＝ 23&srcid ＝ 0903SQbpBAceMy4Gvifc9jw9#rd。

《劳工法》等这些都是企业最基本的社会责任，要遵纪守法。①

而我们调研的刚好是非洲中小华商企业，目前已整理出 34 份访谈记录，以及 4 份小组会谈记录。这些接受访谈的当地社团侨领基本上都是在非洲的私企业主，大部分都出生在中国，属于第三次移民潮去非洲的新侨，也就是本课题要研究的新生代华侨华人。他们的中文自然都非常流利，且大多保留着中国国籍，目前基本都是在非洲经营企业的同时，还兼有社团负责人这一身份。他们大多对中国在当地的形象以及改善华人形象，都有较为深刻的认识，其中一些侨领还身体力行，在慈善捐助、媒体宣传以及与当地政府官员进行沟通交流等方面做出努力。例如，陈克辉，莱索托中华和平统一促进会会长，1992 年到南部非洲的莱索托，目前已加入莱索托和南非国籍。在访谈中，他告知包括他自己在内的当地华人都不参政议政，但跟政府部门关系相当好，当地侨领跟莱索托官方的人员关系很密切。② 陈会长因为在非洲 24 年，对非洲比较了解，且当地语言甚至比英语讲得更好，能跟一些上层交流频繁。他的企业非常尊重当地习俗，例如，因为当地黑人有祈祷的风俗，所以其工厂在开会之前会祈祷，开会结束也祈祷。在会谈中他表示："我们华侨要宣传中华文化，树立华人形象。而且我们赚了非洲人民的钱也要回馈当地。我们莱索托每年至少有 2 次大型捐赠活动，每年都有 40～50 名学生获得捐赠，从高中到大学，在每一个城市寻找最贫困的学生进行捐赠，以便能够更好宣传中华文化，选择高中到大学的学生是因为他们的年龄是最适合宣传中华文化的。"③ 王雪历，加纳中华总商会执委，加纳华侨华人社团联合总会执委，21 世纪初到加纳。她表示其所在的商会在加纳参与了很多捐赠公益活动，比如向孤儿院、儿童之家捐赠物资包括电视机、电风扇和大米、食用油等其他大量生活和学习用品，举办这些捐赠活动还会邀请当地媒体、电视台等机

---

① 《中国与全球化智库：如何提升中国企业在非洲的形象》，《新非洲》2016 年 9 月 3 日，ht-tp：//mp. weixin. qq. com/s?＿＿biz＝MjM5MDQ2ODU2NQ＝＝&mid＝2652847447&idx＝1&sn＝6d70b0d47f3977a2d1bfe25ac078cd84&scene＝23&srcid＝0911DW2nZVTFQEQtIaahW9p6 #rd。

② 华侨大学华侨华人研究院钟大荣对陈克辉的访谈记录，王超群整理，2015 年 7 月。

③ 华侨大学华侨华人研究院主办"第 33 期华侨华人社团负责人研习班座谈会"记录，王瑶整理，2015 年 7 月。

构来报道，增加影响力，改善华人形象。① 她在会谈中表示，加纳人民以前对中国人印象很好的，两国历史友谊很深，但近年来，国人不恰当的言行和西方媒体的推动使中国人的形象一年不如一年。尽管华人给当地做了很多捐赠，中国政府也援建了很多项目，但是媒体对于正面新闻不怎么报道，一有负面消息就铺天盖地。因此，她建议华人跟当地政府官员多走动，多做一些宣传华人形象的工作，并且正在促进当地移民局局长私人访华之旅。② 而坦桑尼亚中非商会阮伦则表示，商会注重定期给坦桑尼亚人培训中文，在培训中文的时候让他们感受到华人的友好，同时把一些理念灌输给他们，以期华人入境之后能够少遇到一些麻烦。同时也同各个商会沟通交流，引导新来的人如何做到符合当地的法律法规，尽可能减少造成中国人负面形象的事情。③ 刚果（金）江浙商会副会长、刚果（金）国强有限责任公司总经理张国岳在访谈中还讲述了一个小插曲："有一次省长请我到他家吃饭，有媒体来采访，问你们中国人来是像西方人一样掠夺我们，还是有所不同？我说不一样，我来这里做生意一是为了中刚友谊，二是为了让刚果人民住上更好、更便宜的房子。"④ 上述这些新侨侨领的认识无疑是值得赞许的，相信以他们目前已有的视野和见识，也能够理解和接纳中国通过拓展侨务公共外交来改善国家形象和提升华人形象方面的举措和努力，并且有能力从中发挥自己的价值。

（二）非洲新侨侨领对中国认同度高，与中国经贸联系密切

随着非洲华侨华人人数的激增，相关的华侨华人社团也如雨后春笋般建设起来，它们正从不同的层面做一些有益于提高中国形象、促进中外友好、改善华人处境的事情。像纳米比亚主要华侨华人社团包括纳米比亚中华工商联合总会（简称纳米比亚华商会）、纳米比亚中华福建同乡会、纳米比亚中华和平统一促进会。其中，纳米比亚中国和平统一促进会成立于2004年11月，现有会员200余人，其宗旨是立足纳米比亚国情、侨情实

---

① 华侨大学华侨华人研究院吕挺对王雪历的访谈记录，王青松整理，2015 年 7 月。
② 华侨大学华侨华人研究院主办"第 33 期华侨华人社团负责人研习班座谈会"记录，王瑶整理，2015 年 7 月。
③ 华侨大学华侨华人研究院主办"第 33 期华侨华人社团负责人研习班座谈会"记录，张涛整理，2015 年 7 月。
④ 华侨大学华侨华人研究院吕挺对张国岳的访谈记录，王青松整理，2015 年 7 月。

际，宣传统一，团结台胞、服务华人，成为联系在纳各界华人的重要纽带。该会积极致力于公共外交，定期出版《和平之声》等刊物，向纳米比亚华侨华人及当地社区宣传中国的建设成就和最新动态。莱索托华侨华人社团主要包括莱索托中华和平统一促进会、莱索托中华工商联合会、莱索托中资商会、莱索托福建同乡会、莱索托福清同乡会、莱索托台湾商会。莱索托福清同乡会是莱索托最大华侨华人团体，成立于 2000 年 1 月，当时是为了协调福清人超市的内部派系斗争，由几位福清侨领在中国驻莱索托大使馆的帮助下建立，首届会员就有 1566 人。[1] 福清同乡会建立以来，负责接待了多批福建各级政府商贸考察团，介绍莱索托和南非经贸团访华，成为中国与莱索托、南非友好交往的重要桥梁。莱索托和平统一促进会成立于 2004 年 6 月，由莱索托的各大华侨华人社团福清同乡会、华商会、中资商会联合组成，由陈克辉牵头创立并连任至今。陈克辉是莱索托老资格侨领，与莱索托台商关系良好，在其带动下莱索托陆资和台资商会来往密切，成为非洲的两岸企业合作共赢的典范。在中国驻莱索托大使馆的组织下，莱索托和平统一促进会联合其他华侨华人组织多次组织与台湾商会的联谊活动，包括 2008 年 12 月（第一届）、2010 年 6 月（第二届）、2013 年 3 月（第三届）海峡两岸华人华侨联谊会。津巴布韦的主要华侨华人社团包括早期土生华人建立的津巴布韦华人协会（1962 年）和近年成立的津巴布韦北方同乡会、津巴布韦华商会、津巴布韦华人华侨联合总会等。津巴布韦华商会成立于 2004 年 10 月，现任会长李新峰。华商会以"为华商服务"为宗旨，致力于"凝聚华人力量，维护华商正当合法权益，引导协调华商合法有序地在津经营，提高中国人在津巴布韦的地位"。[2] 2014 年 3 月，华商会牵头创办了"津巴布韦华人网"，为津巴布韦全体华人提供丰富的信息平台和精神家园。

活跃于非洲各种华侨华人社团的新侨侨领，大多对中国认可度高，与中国的商业与情感联系密切。就南部非洲而言，除了少量津巴布韦老华侨

---

[1] 福建省人民政府侨务办公室：《莱索托福清同乡会》，闽侨网，2015 年 1 月 5 日，http://minqw.fjsen.com/2015-01/05/content_15503672.htm，访问日期：2015 年 9 月 8 日。

[2] 王蕾：《津巴布韦华商联合会在哈拉雷成立》，国际在线，2004 年 10 月 3 日，http://gb.cri.cn/3821/2004/10/03/622@317203.htm。

外，包括津巴布韦新侨在内的南部非洲华侨华人绝大部分都是新移民，这些新移民多是 20 世纪 90 年代后以贸易商人或者劳务外派的形式来此定居生活。与东南亚等传统华侨华人聚居区相比，南部非洲的华侨华人社区落地生根的本土化过程才刚刚开始，很多华侨华人由于家庭、经济环境、社会环境等因素频繁往返于中国和当地之间，一些从事贸易行业的华商甚至在非洲大陆内部以及世界各地来往奔波。与大多数以新移民为主的华侨华人聚居地一样，南部非洲的华侨华人对中国具有深厚的感情，他们的身份认同多是认为自己是中国人。尤其该地区华侨华人所从事的小规模商业贸易或者国企援建工程的劳务外派具有很强的流动性，很多人都认为自己是来此做生意或者临时打工，赚够钱就回国与家人团圆。当然，部分较为成功的华商已经在当地积累深厚的资本和社会关系网络，相较其他华侨融合程度要高一些。我们在调研中发现，很多事业有成的侨领都能够讲当地官方语言甚至方言，而且很多人加入了当地国籍（华商加入当地国籍的原因通常是为了规避当地限制外籍人士经济的保护主义法律）。但是，即使是这些本土融合程度最高的侨领，很多人也没有让自己的子女入籍，而是保留子女的中国国籍或者送子女去西方发达国家。

（三）非洲新侨侨领对中国公共外交的参与和支持符合其自身的利益

中国在海外开展公共外交，契合华侨华人的整体利益，也于华侨华人个人事业发展有益。在访谈中，我们发现，大多数新侨侨领都能意识到自身的事业发展跟华人在当地形象有密切关系，而提升中国形象、华人形象，就是改善自己的经营环境。事实上，中国在海外开展公共外交，也确实是契合华侨华人的整体利益的。华侨华人自身的利益与中国的国家利益具有高度的同质性与同步性。在中国和平崛起的时代背景下，华侨华人与中国的关系更为良性，即，不仅华侨华人能支持中国的现代化建设与国际空间拓展，而且随着中国的和平崛起，中国也有实力和能力为华侨华人提供强大的母国庇护、领事保护、民族文化滋养，维护其在海外的生命财产安全以及生存、发展权益，也能为华侨华人个人的事业发展在国际上提供更多的机会与更大的发展空间。可以说，华侨华人对中国公共外交的参与和支持符合其自身的利益。中国企业走出去，首先要有公共外交意识，然后在其行为中遵循公共外交的原则和方法。因为中国企业的海外形象是企业行为在东道国民众中形成的印象，不仅影响到企业的可持续发展，而且关系到中国整体形象的构建和提升。中国企业在东道国的行为，不可避免地贴上"中国"的标签。而中国企业的海外形象取决于中国企业的公共外交意识和行为方式，以及东道国公众的认知和媒体传播。刚果（布）华人华侨商会秘书长迟成峰指出，在当地做生意的华人大多都单打独斗，缺乏合作精神。他表示，很期待中国的"走出去战略"越来越完善，从国家层面切实改善非洲华人的生存现状、促进华人了解和尊重当地文化与法规，增强华人在非洲投资的抗风险能力。

（四）义利合一，对华侨华人进行正向激励

在分析访谈资料的过程中，给予华侨华人适当的有利于他们提高他们服务华社、支持我国侨务工作的积极性。受访者大多与中国联系较为密切，并且能够积极参与中国国内外的一些活动，并能从中得到激励。例如，安哥拉福建商会秘书长陈世武表示，社团要积极"要做事情，你不做事情没人承认你，你不做事情使馆给你打电话这个人被抢了，可以协调一下，你说不关我的事情，你下次再找人家，人家就不承认你了，有什么活动人家就不往国内报了"。[①] 莫桑比克中国和平统一促进会副会长王孝金 2005 年到莫桑比克发展事业，他告诉我们，时任会长江永生做了莫桑比克总统 22 年的保健医生，跟总统的私交很好。王会长本人也一直致力于为促进中国－莫桑比克的双边关系牵线搭桥。2015 年他得到中国"9.3"阅兵式的邀请，感到非常自豪，特意将邀请卡晒在朋友圈。目前他不仅个人生意越做越好，而且非常热情地从事社团工作，他表示："要成为会长，一是要事业成功，二是要有时间，像开会、处理事情都是需要时间的，三是组织能力，四是付出，譬如捐款都是要走在前面，侨领要多奉献一点，否则怎么称为会长。"这或许就是一种正向激励与良性互动的典型案例。

若将我国的海外投资与当地华商的个人事业发展进行对接，实现义利结合，或许也能达成双方互利共赢的目标。例如，由于非洲国家的华侨华人大多是商人和企业家，这些华商参与"一带一路"最重要的途径就是

---

① 2015 年 7 月华侨大学华侨华人研究院刘文正对陈世武访谈记录，王楚楚整理。

发挥自己的优势：资本、市场、人脉和商业网络。华人商会比国内企业更熟悉当地情况，如果国内企业"走出去"时能够考虑与当地华商战略合作，更能够快速适应非洲复杂的社会经济环境。比如说，非洲地区矿产丰富，很多中资企业投资非洲矿产。在投资洽谈的过程中，一些中资企业缺乏对政治运作和市场的了解，往往在签协议甚至资金注入后发现对方缺乏商业契约精神，协议条件一改再改。个别中资国企在拿下矿产开采权后，才发现矿区含矿量已经所剩无几。有些国内企业考察非洲市场时，往往走马观花一两周，没有深入了解当地人的生活习惯和消费特点。而华商在非洲多是商贸起家，国内企业通过侨社开拓市场是更佳选择。而与此同时，随着中国"一带一路"倡议和中非战略合作展开，当地华商也在思考如何抓住历史机遇，利用自身优势搭乘国家战略的顺风车，将华商经济进行结构性改革以应对新的投资环境和市场风险。蔡云景，福州长乐人，南部非洲夸纳省中华福建同乡会会长/南非统一鞋业有限公司董事长，他在访谈中则对中国的事业帮扶提出期许："现在'一带一路'的投资非常大，南非如何搭上顺风车？中国政府能不能扶持南非中国企业，比如说得到金融贷款、丝路基金。还有就是也能够把当地好的资源好的产品引入，比如引进到福建自贸区。"① 尽管其期许带有自利色彩，但在政策允许的范围内，搭建走出国门的中资企业与作为当地民族经济成分的华商之间合作的平台，也是给予华商事业帮扶的一种形式，其结果应该也是多方共同受益的。

非洲新侨侨领对中国认同度高，与中国经贸联系密切，家国情感深厚，同时其中大多数人对提升中国形象、改善华人处境，有较为正面的认知。同时，其中也不乏有见识的新侨侨领乐于将个人事业与促进中外友好、服务华社的社团工作结合起来。尤其是当他们受到正向激励时，这种热情更为突出。因此，我们赞同这样一个观点：基于华侨华人与中国之间独特的情感联系、互利双赢的新关系，要"充分信任华侨华人，尤其是其精英实施公共外交的意愿。"② 而为了争取华侨华人参与和支持中国侨

---

① 资料来源：华侨大学华侨华人研究院胡越云访谈蔡云景，沈逸婷整理，2015 年 7 月。
② 庄国土：《中国侨务理论研究》，国务院侨办政策法规司，第 330 页。

务公共外交事业的自愿度与信任度，可对他们进行适当的事业帮扶、荣誉肯定，形成正向激励。

三　在新生代中发掘和培养侨务与公共外交人才

（一）义利合一，在新侨侨领中发掘人才

正如前文所论，改革开放后走出国门的新移民，对中国认同程度高，与中国经济联系密切，和中国存在较大的对接与合作的需求。中国若积极鼓励华侨华人新生代发展个人事业，给予他们一定的事业帮扶、荣誉肯定，并在国家允许的政策范围内给予一定的扶持与优待，与之建立义利合一、情感共鸣的共同体，则有极大的可能性动员其参与和支持中国的侨务公共外交事业。因此，可通过广泛争取新生代华侨华人对我国公共外交事业的支持与参与，从中发掘、扶持、培养能为国效力的专业化、精英化的公共外交人才，并与其建立义利合一的利益共同体、情理共鸣的情感共同体。

（二）情理交融，培养新生代华裔对中国的认知与情感

海外华裔新生代中可谓人才济济，要从中发掘爱国爱乡、愿意为国服务的侨务与公共外交人才，就要长期有针对性地对海外华裔新生代拓展侨务工作，拓宽交流渠道，增强情感联络。例如，可以让华侨华人新生代常听乡音、维系乡情，增强对祖国的认同感和自豪感，通过各种经贸、文教、体育、艺术等交流活动和重大节庆活动，建立和完善华裔新生代联谊组织，加强与华侨华人新生代的联络交往。积极组织一些契合青年人性格特点和生活背景，直接面向华侨华人新生代的活动。如在原有的一些恳亲会、座谈会等形式的基础上，举办一些类似于"嘉年华会"形式的活动。通过我们开展的各项活动和一系列工作，让他们感怀祖国，强化华侨华人新生代"炎黄子孙同根生，中华儿女一家亲"的思想观念，为促进祖国和平统一大业做出贡献。

（三）与侨校合作，在境外生中培养专业化的侨务公共外交人才

侨校具备培养侨务与公共外交人才的独特优势。通过反复强化的课堂教学与辩论，课后师生互动，以及在中国大学长期接受系统教育并长期耳濡目染中国文化后，新生代华侨华人能够建构起对母国、母校的情感认

同，随后更能理解和接纳中国的立场与政策。应进一步推广华文教育，并考虑与国内侨校合作，针对在国内接受教育的境外生、华裔留学生进行系统的教育培训，从中发掘出亲中国、懂专业、愿意为国服务的公共外交人才，打造专业化的人才智库。具体而言，可着手建立专门档案，摸清人才储备。结合侨情普查，重点调查了解华侨华人新生代的家庭与成长背景，目前在什么学校学习或在哪个行业工作、哪个领域做研究、有哪方面的专业特长，并结合了解其性格特质和个性，建立专门的人才档案，加强跟踪调查，逐步做到对华侨华人新生代有系统的了解，逐步密切与华侨华人新生代中各方面拔尖人才的交往，并想方设法发挥好这一优质人才群体的能力。

综上，侨务公共外交发挥效能的关键在于能否"找得到人，说得上话，办得成事"，找到人成为首要，但涉及公共外交或具体外交事务这类敏感问题时，事到临时找人不靠谱，未雨绸缪才是长远之策。因此，考虑到新生代华侨华人正逐渐成长为海外华社中流砥柱，实力与影响力激增，今后我国涉侨部门在拓展侨务公共外交工作时可着眼于未来，重点要突出，尽快着手从海外新生代华侨华人群体中长期挖掘、动员乃至着力扶持、培养能为我国所用的公共外交人才。只有打造高素质、专业性与业务能力强的侨务干部队伍，才能促进在新生代华侨华人中发掘与培养侨务与公共外交人才的工作更为顺利地进展。这样内外兼顾，打造中国独特的侨务公共外交人才，不仅有益于推动我国公共外交事业的发展，也有利于我国侨务工作的持续提升，以及彰显涉侨部门新的价值。

第七章 海外华侨华人的跨国网络研究

华商网络本质上是一种跨国的移民关系网络，在跨国主义理论考察下，华商网络作为沟通祖（籍）国与居住国的社会关系网络将体现出独特的时代价值，其形态与功能亦将在全球化进程和中国国际化的双重驱动下，呈现出新的特征。本章运用跨国主义理论，考察华商网络的形态嬗变与功能转型，并以世界闽商网络的建构为例，从福建新生代闽商与海外闽商网络的对接出发，分析国家力量如何介入并引导"虚实同体、内联外通"的新型华商跨国网络的建构，搭建福建新生代闽商与海外新生代闽商的对接与合作的平台和机制。

第一节 跨国主义、跨国网络与华商网络的理论探讨

20 世纪 80 年代以来，有关华侨华人经济的研究一直是华侨华人研究学界关注的热点，其中，"华人为何能在经济上创造奇迹"的问题颇能引起人们的兴趣，而围绕这一问题展开的研究中就有些涉及华商网络，一些学者尝试从这一角度来回答上述问题，而对华商网络的研究离不开跨国主义理论。跨国主义（transnationalism）作为一种新的移民理论，能够解释跨国、跨边境的人口流动现象、移民动机和这些移民带来的影响，以及移民跨越民族国家边界的相互联系等。在跨国主义理论框架下探讨福建新生代闽商与海外华商网络的对接问题，能够更为明晰理解在当今中国推动"一带一路"倡议的背景下，建构海内外互联互通的新型闽商网络对于中国和闽商住在国的双向影响，从而也使得地方政府在其中扮演的角色更为明确。

一　跨国主义理论起源及定义

跨国主义理论起源于 20 世纪 90 年代，当时，随着全球化的进程，全球资本、物资、技术、信息的跨国流动，引发了大规模的跨国、跨境的新移民现象，由此，地球上相隔遥远的国家和地区之间的联系变得紧密，互动变得频繁，[①] 旧有的国际移民概念已经不能把握当今瞬息万变的移民现象，已经无力解释新移民的移民动机、意义、影响等。西方研究移民问题的学者尝试着突破民族国家概念的传统固定思维，力图寻找一种新的理论来解释和分析在整个世界范围内出现的移民现象以及一系列的移民运动。以美国学者尼娜·戈里珂·席勒（Nina Glick Schiller）为代表的美国学者提出新的跨国主义理论。席勒等人首先使用"跨国主义"这个词语来描述由跨国移民打造的，并用于维护联系他们自己的祖（籍）国和移居国及移居国社会的多股胶合的社会关系的过程……并因此而建立了一种跨越地理边界、跨越文化和政治领域的社会场。

跨国主义理论自提出以来，不断有学者提出新的概念和新的观点，不断丰富着这一理论。例如斯蒂文·维托维克（Stven Vetorvec）认为，跨国主义泛指将人们或者机构跨越国界地联系在一起的纽带和互动关系。[②] 而亚历山大·波特斯（Alejandro Portes）则认为跨国主义特指为一种有规律的（持续性的）跨国社会联系，如高密度的信息交换（新的跨国交易模式或者频繁的跨国旅行和联络），等等。著名的政治科学家托马斯·费斯特（Thomas Faist）等人也提出了自己的观点，为跨国主义理论的丰富和发展做出了贡献。费斯特认为移民通过跨国行为和网络构建出了一个"共融"的社会空间，这个空间的出现使传统的移民理论在研究当今跨国移民的行为时解释力大为削弱。费斯特提出的这一概念和之前地理学家、社会学家们关注的"空间"的现代性演变是基本一致的。他们都认为随着现代性的降临，空间和物质环境互相分离，社会活动的空间维度既受到

---

① 参见 Alejandro Pores, Luis E. Guarnizo and Patricia Landolt, The study of transnationalism: pitfalls and promise of an emergent research field, *Ethnic and Racial Study*, Vol, 22, No, 2, 1999.

② Steve Vertovec, Conceiving and researching transnationalism, *Ethnic and Racial Study*, Vol. 22, No. 2, 1999.

"在场"的支配,同时也会受到"不在场"的控制,进而影响了人们的行为策略以及对事物的态度。①

二 跨国主义实践

跨国主义理论源于跨国主义实践活动,同时也指导着跨国主义实践活动。布朗大学的学者提出,在跨国实践活动中,个人、社区以及国家和政府都是主体,在他们的跨国实践活动中,形成政治跨国主义、经济跨国主义以及社会文化跨国主义。波特斯提出"底层"概念,国家教育行政学院副教授丁月牙在波特斯理论的基础上总结出了一个表格(详见表7-1),以便读者能够对跨国主义的类型以及各种主体的跨国实践活动有更加直观的了解。

表 7-1 跨国主义类型简表

	经济跨国主义	政治跨国主义	社会文化跨国主义
个体	1. 移民的个人投资行为 2. 涉外劳工输出 3. 移民汇款	1. 海外移民通过募资、捐赠、信息发布和新闻媒体等方式影响祖国的政治活动 2. 政治难民和流亡者 3. 移民社区的政治活动家探亲访友	1. 移民个体回国探亲访友 2. 移民的家庭、家族和朋友之间的跨国联系 3. 和祖国的宗教联系
草根社团与社区	1. 非正式的跨国贸易 2. 家族跨国商业网络	1. 在移居建立的移民政治社团和草根组织 2. 海外移民社团和国内社团的联盟 3. 人权和环保等民间组织的跨国活动	1. 民间社团的跨国文化艺术交流活动,包括文艺交流和体育赛事等 2. 移民社区组织祖国的传统节日庆典
政府和跨国公司	1. 企业的跨国投资 2. 全球跨国公司的商业行为 3. 银行业的跨国金融服务	1. 向海外派驻领事官员、设立代理机构 2. 在海外成立本国的政党分支机构 3. 实行双重国籍 4. 移民参与祖国的党政部门和立法机关的选举	1. 国家级的文化艺术交流活动 2. 驻外使馆组织的文化交流活动

资料来源:丁月牙:《论跨国主义及其理论贡献》,《民族研究》2012年第3期。

从表7-1可以显而易见地看出,跨国实践活动的表现形式复杂而丰富,这些互动之间却不是相互割裂的,某一领域的跨国实践活动可能涉及另一种跨国活动,即不同的跨国实践活动之间可能相互连接,相互融合。

---

① 参见〔英〕安东尼·吉登斯《现代性的后果》,田禾译,译林出版社,2011,第16页。

本文考察的海内外闽商的对接与合作问题，乃是一种经济跨国主义实践。这其中，跨国行为是可以观察和测量的外显部分，跨国能力是指移民从事跨国活动所需具备的技术和资源，并且这与输出国所提供的机会有关。对于跨国网络来说，跨国能力还与网络自身的结构、内部的组织与运行模式相关。"由于受诸多主客观因素的影响，跨国实践实际上是一个高度不稳定的行为模式。"① 从这一层面而言，本文虽然运用跨国主义理论提炼闽商跨国网络的对接理论，但实际上无论资料、观点还是结论都可能是动态的，应随着情势的变迁而有所调适。

三　控制与吸纳的悖论：移民跨国迁移对国家经济及分配的影响

从移民理论和移民的跨国实践活动的考察结果来看，建构海内外互联互通的闽商跨国商贸网络，对于闽商自身、我国以及闽商住在国都是共利共赢的事，三方利益可呈正向相关的影响。

从经济学角度来讲，国际移民实际上就是劳动力这一生产要素的跨国流动，宏观来看这种流动对促进生产要素的合理配置、全球经济总量的增长和社会的福利水平的提高具有重要作用。理论上，移民通过在世界范围内对财富进行再分配，有利于消除国家与国家之间的贫富差距。然而，世界范围内经济总产出的增加虽然与人的自由迁徙密不可分，但是经济总量的绝对增加并不完全是一个帕累托改进（Pareto improvement）②，被喻为

① 参见 Ludger Pries，New migration in transnational spaces，in Ludger Pries eds，*Migration and Transitional Social Space*，pp. 1–35。

② 帕累托改进，又称帕累托改善，是以意大利经济学家帕累托（Vil Fredo Pareto）名字命名的，并基于帕累托最优（Pareto Efficiency）基础之上。帕累托最优是指在不减少一方福利的情况下，就不可能增加另外一方的福利；而帕累托改进是指在不减少一方的福利时，通过改变现有的资源配置而提高另一方的福利。帕累托改进可以在资源闲置或市场失效的情况下实现。在资源闲置的情况下，一些人可以生产更多并从中受益，但又不会损害另外一些人的利益。在市场失效的情况下，一项正确的措施可以消减福利损失而使整个社会受益。帕累托最优和帕累托改进是微观经济学，特别是福利经济学常用的概念。福利经济学的一个基本定理就是所有的市场均衡都是具有帕累托最优的。但在现实生活中，通常的情况是有人有所得就有人有所失，于是经济学家们又提出了"补偿准则"，即如果一个人的境况由于变革而变好，因而他能够补偿另一个人的损失而且还有剩余，那么整体的效益就改进了，这就是福利经济学的另外一个著名的准则卡尔多－希克斯改进（Kaldor－Hicks Improvement）。转引自 MBA 智库搜索，http://wiki. mbalib. com/wiki/帕累托改进。——编者注

"双刃剑"的全球化背景下，逐利性的资本流动要先于人的迁移，全球移民在某种程度上形成了不同水平国家发展上的马太效应。主权国家对于市场和劳动力的排他性占有使其成为阻碍国际移民自由流动的根本原因，不同发展水平国家间的资本，劳动要素流动呈现出不对称的状态。移民迁出国家为了保证自身的发展控制技术型和资本型移民的迁出，而移民输入国既希望吸纳技术型移民以弥补不同发展时期国内劳动力的不足，吸纳资本型移民促进外来资本投资，而在赋予移民相应的政治地位和福利待遇方面又显得犹豫，将外来劳务型移民视为负担和安全威胁。由国际移民带来的问题在受到国内利益集团和社会民众的强大压力下，通常会在移民的经济与政治属性间偏向后者。① 进而实行严格的移民政策和移民控制管理政策。

　　表面上看，发展水平较低的迁出国的移民可为家乡汇款，这能够减轻贫困，提高生活水平。然而，绝大多数的汇款的直接受益对象是有选择性的，并且其既不是流向社区最贫困的人口，也不是流向最贫困的国家。② 根据 2013 年世界移民报告统计数据显示，全球移民的主体来自发展中国家和发达国家，富裕的人的移民意愿要更强。③ 多项研究也表明：国际劳工移民主要是来自中等发展水平国家的较低和中等收入的阶层，而不是来自最不发达国家的社会下层。④ 另外，移民和汇款能否转化为移民输出地区和国家持续的经济增长仍存在疑问，专注于移民问题研究的学者、牛津大学国际移民研究所高级研究员海因·德·哈斯（Hein De Haas）在其关于摩洛哥移民现状的研究中指出：移民对移民输出国的社会和经济的发展或可会带来潜在的积极的作用，至于这种积极作用能否实现要取决于移民输出地区和国家的整体的发展背景。⑤ 根据输出国具体的发展背景，其外

①　罗爱玲：《国际移民的经济与政治影响》，博士学位论文，上海社会科学院，2013。

②　孙朝辉、禹响平：《国际移民理论及移民与输出国经济发展的关系研究》，《宜宾学院学报》2008 年第 9 期。

③　International Organization for Migration. *World Migration Report 2013：Migrant Well - being and Development*（Switzerland：International Organization for Migration，2013）.

④　Urzua，Raul，*International migration，social science，and public policy*，International Social Science Journal 52. 165（2000）：421 - 429.

⑤　De Haas，Hein，*Migration，remittances and regional development in Southern Morocco. Geoforum* 37. 4（2006）：565 - 580.

迁移民既可投资于移民输出国当地的经济活动，也可以从当地的经济活动中将投资撤走。① 差的生活和投资环境会导致移民不愿冒风险投资其迁出国家和地区，移民只有伴随着移民输出地区和国家普遍性的发展背景和开明的移民政策，其对发展的潜能才能被全部释放出来。② 最后，由于汇款与移民投资的选择性决定了福利对特定收益群体的指向，虽在整体上有所提高，但这种增长却是不均衡的。

对于移民输入国来说，国际移民为输入国增加了人力资源，弥补了本国劳动力的不足；高级科技人才流入移民输入国，为输入国节省了大量的教育和培训费用，资本型移民则会提升输入国的消费总量，并给输入国创造就业岗位，国际移民促进了接受国经济、科技的发展；国际移民为接受国创造了丰富的物质财富。值得注意的是，一国劳动力市场的供给与需求是一个动态平衡的过程，外来移民作为他国劳动力市场的供给具有一定的滞后性和滞留惯性，这不可避免地造成阶段内劳动力过剩的局面，此时移民输入国的国民会形成一种外来移民抢占工作机会和分割福利的想法，甚至会造成某种程度上的民族主义和国家主义思想产生，反映在国家政策上则是对从事低端工作的外来移民进行驱逐。而这种驱逐政策并不能为移民输入国公民创造出同样数量的工作岗位。③ 而且，人们没有发现绝对性的证据可以证明移民得到的福利超过了他们做出的贡献。④ 事实上，以往的研究表明，在不同时期，移民对移民输入国经济产生的影响可能都是积极的，可以肯定的是，西欧和加拿大移民对福利国家的影响是积极的。⑤

① Goldin, Ian, and Kenneth A. Reinert, *Globalization for Development: Trade, Finance, Aid, Migration, and Policy* (World Bank Publications, 2006).

② 孙朝辉、禹响平：《国际移民理论及移民与输出国经济发展的关系研究》，《宜宾学院学报》2008 年第 9 期。

③ Goldin, Ian, and Kenneth A. Reinert, *Globalization for development: trade, finance, aid, migration, and policy.* World Bank Publications, 2006. P. 185.

④ Tapinos, Georges, and Ana de Rugy, *The Macroeconomic Impact of Immigration: Review of the Literature Published Since the Mid-1970s, Trends in International Migration* (1993): 157 – 177.

⑤ Simon, Julian L., Immigrants, taxes, and welfare in the United States, *Population and Development Review* (1984): 55 – 69.

第二节　华侨华人跨国网络的构建

跨国网络的构建实践先于跨国主义理论的兴起。华侨华人跨国网络在近代其移民后的经济活动中便逐渐形成，进入 20 世纪后尤其是二战后随着华人经济的多元化发展和起飞渐趋成熟。

一　跨国主义与华侨华人跨国网络的建构

20 世纪中后期，世界范围内出现大批的移民，这主要得益于交通工具的革新以及通信技术的进步。移民迁出，但是并未与祖（籍）国断绝联系，甚至加强与祖（籍）国的联系，许多移民作为技术移民出国，后来归国为祖（籍）国的经济发展做出贡献。另一方面，一些移民在住在国和祖（籍）国之间搭建起桥梁，加强两国之间的交往和交流，由此构建出新型跨国网络。跨国网络的构建得益于大量移民的产生，反之，跨国网络构建之后，又推动新一轮的移民浪潮，换言之，跨国网络的构建，为移民的人提供了便利的条件，让他们移民更加方便，也增强所在国对移民的吸引力。跨国网络的构建，将移民的祖（籍）国与居住国联系了起来，推动移民对双方的政治参与、经济参与以及文化参与。这样一来，两个完全不同的国家、文化、民族等被有机联系起来，并且与传统意义上的民族国家关于领土和边界的观念割裂。[1] 新型跨国网络的构建，对既有移民研究的理论造成巨大的冲击，使得传统的移民研究方法逐渐失效，跨国主义应运而生。

晚近跨国主义（transnationalism）的流行，挑战了移民研究向来过度专注单一国家、社群及个人的分析范畴。学界不再把移民视为单向、线性的移出过程，更着重日益频繁的跨国活动及其网络，对移出及移入国国家发展与双边关系的影响。如学者李明欢所言，跨国社群活跃于跨越政经、社会、文化的"跨国社会空间"，追求理想生活并实现个人价值，进而形

---

① David Fitzgerald, *Locating the National and Local in Transnationalism*, University of California, Los Angeles, Presented at the UCLA Second Annual Interdisciplinary Conference on Race, Ethnicity, and Immigration, May 28, 2002.

塑出独特的社会经济能量。学者刘宏则认为，东南亚华人的跨国流动及兼顾原乡及居地的心态，在联结起中国及东南亚这两个历史上深具关联的"接触区"（contact zone）甚为关键，进而提出此一连动体系必需透过历史性（historicity）、族群性（ethnicity）及跨国性（transnationality）的角度来考察中国 – 东南亚脉络下，华侨华人个人、家庭、公司、社团及国家间多层次网络的演化。①

二　华商网络的形态嬗变

海外华商网络本质上是一种社会关系网络。费孝通（1948）曾对中国的人际关系提出了"差序格局"理论。他认为：中国的人际关系是以"己"为中心，像石子一般投入水中，和别人所联系成的社会关系，并不像团体中的分子一般大家立在一个平面上的，而是像水的波纹一般，一圈圈推出去，越推越远。从这一层面来说，海外华商网络的形成首先是由于中国人不断移民到外国而形成的一个关系网络。具有移民性质的华人，由于是作为一个少数集团和弱者来到陌生的异国，因此都自发地依赖家族和乡土关系来保护自己，他们基于中国传统的"五缘关系"，在基于彼此信任的基础上从事商业活动。无论是在交易前期商业信息的取得、交易过程中信贷关系与商业契约的执行等方面都无不体现着相互间的合作与信任关系，可克服国际贸易中的非正式壁垒，从而降低了国际贸易的交易费用。例如，族裔企业家在多域化的活动过程中，将其移居地与自己或父辈的出生地联系起来，维持和建构跨国网络。值得注意的是，跨国主义强调的多元认同及流动性，实践上有其依存的国际、区域及在地理脉络。这种地理范畴越是具体和小范围，就越是稳定而明晰。因此，以福建而结地缘的闽商网络背后是一种相对稳定的社会关系网络。但对闽商网络的形态与功能的考察，应置于全球华商网络的考察之下。

近30年来，海外华商在经济全球化的浪潮中崛起，成为国际资本中一支不可忽视的力量。现代华商网络是海外华商最重要的经济网络，也是

---

① 相关研究介绍可参考陈琮渊、胡越云《东南亚华人与中国侨务公共外交：文化政治的视角》，（马来西亚）《南方大学报》第 2 卷，2014 年 8 月。

世界经济网络的重要组成部分。华商网络资源同所在国的经济结合在一起并在全世界范围内流动，促进了住在国与世界各国的经济互动，特别是对促进其住在国与中国经贸合作方面的作用十分显著，使其住在国、华商企业、中国等多方受益。占海外华商比重最大的是东南亚华商，他们不仅在世界经济中起着中介作用，而且是建设中国—东盟自由贸易区（CAFTA）的重要推动者。中外学者从历史变迁、文化传统、移民、族群、企业精神与管理理念等不同层面探讨了华商特性、华商成功的缘由、经营管理特色、华商网络功能与原理等议题，研究成果十分丰富。[①] 然而华商网络是一个动态建构的存在，它随着世界经济、区域经济的发展态势而不断调试着其形态与功能。网络理论作为一种学术话语，最初形成于社会学。学者们运用"行动者""群体""亚群体""关系纽带""双边关系""三角关"系以及"社会网络"等概念来描述连接着个人与个人、个人与群体以及群体与群体的社会关系系统，分析这一社会系统的结构以及作为关系网络连接点的行为者之间的互动关系。[②]

　　进入20世纪80年代，华商经济的发展成就使得"网络"话语经由海外华人研究和亚洲区域历史研究这两个领域进入历史学界。历史学界开始运用"网络"话语，关注华商建构的环中国海商业网络的历史形态、演化及其功能。结合国内外学者的已有研究成果看来，一般认为，海外华商网络是以海外华侨华人的血、地、业、神、文这"五缘"社会网络为基础而发展起来的经营关系网络，是随着华侨华人之间经济联系的增强而逐渐产生和发展起来的。美国著名的未来学家约翰·奈斯比特曾经把华人网络比作电脑互联网，他说："那是很隐形的、复杂微妙的网络，华人家族企业其实就是宗亲和同乡之网，许许多多小网交织成一大面铺盖全球的

---

① 参见龙登高《"海外华商经营管理的探索"近十余年来的学术述评与研究展望》，《华侨华人历史研究》2002年第3期；M. W. Peng et al., *Treasures in the China House: A review of Management and Organizational Research on Greater China*, Journal of Business Research, 2001 (52)；刘权：《华商网络研究现状及其分析》，《暨南学报》（人社版）2004年第2期。

② 戴一峰：《"网络"话语与环中国海华商网络的文化解读》，《学术月刊》2010年第11期。

网络。"① 也有学者强调"网络"是一种相对稳定的联系状态，海外华商网络则是指海外华商因市场、商品、活动地域、共同利益关系而形成的相对稳定的联系网络。② 从构成上来看，它是一个由海外华商的社会网络和经济网络所构成的复杂综合体，经济性网络是海外华商网络的核心，但不是全部，华商社会网络对于经济网络的形成和发展有重要的促进作用。③本文所指的"华商网络"是包括中国大陆在内的全世界华人之间的商业经营关系网络，以及由此而形成的各种商业联系。

三　华商网络的功能转型

随着时代的发展和科技的进步，华商网络的空间分布、组织形式、联系的技术手段和传播媒介也不断发展变化，带有鲜明的时代特征。其发展整体可分为三个阶段。①早期以方言和地域为特征的华商网络。此时期以地域、方言和帮派为特征，以各种宗亲会、帮会等为其主要的组织形式，从零售商、批发商再发展到各行各业。②20世纪以来，以华文为媒介的国家性、区域性华商网络。成立于1906年的新加坡中华总商会是首批出现的海外华人商会组织，为此时期华商网络的典型，已经跨越地域、方言与帮派的藩篱。③20世纪末期以国际性和互联网为特征的现代华商网络。技术革命使世界华人之间的联系发生了重大变化，华人社团和商业组织从地域性、区域性走向国际化。④

华人学者与非华人学者大多对网络的地位和功能给予了肯定，如降低交易费用、产生规模效益、资源获取与市场拓展等，认为华人移民正是通过种族关系网进行联络，在其共同的种族、文化与价值观基础之上形成全球范围内的华人商业网络，并以"华人社会""全球性族群"等术语来形容具有共同文化的各个企业之间的这种所谓的"商业关系网"。尤其是中国国内大多数学者都将东南亚华人企业发展的成功多少归因于华商网络的

---

①　〔美〕约翰·奈斯比特：《亚洲大趋势》，外文出版社，1996，第13页。

②　庄国土：《东亚华商网络的发展趋势：以海外华资在中国大陆的投资为例》，《当代亚太》2006年第1期。

③　张禹东：《海外华商网络的构成与特征》，《社会科学》2006年第3期。

④　刘权：《华商网络研究现状及其分析》，《暨南学报》（人社版）2004年第2期。

作用，其显而易见的证据在于：尽管东南亚很多国家在独立后一度多对华人经济采取限制性政策，但华人却仍然在经济领域取得不俗成就。例如，龙登高对此做出的解释认为，华商网络发挥了政府所不能发挥的作用，正是华商网络使华商在经济全球化时代主动参与全球经济活动。[①] 一些他国学者的研究也赞同上述观点，认为华人企业是"网络资本主义"或"关系资本主义"的一种形式，正是这种形式的资本主义使得东南亚的华人企业具有了强大的竞争优势。华人资本主义兴旺发达起来的原因在于他们的种族内部网络形成的凝聚力，使它们易于为了社区的利益而进行资金跨国转移。例如日籍华人学者游仲勋教授把海外华人称为"经济网络化的民族"；加里·汉密尔顿（Garry Hamilton）则从华商的信用、义务、互惠等儒教价值观出发，来论述华商网络的形成、作用与特色；陈国贲（Chan Kwok Bun）也论述了这种网络对华商企业经营的广泛作用与深刻影响。[②]

第三节　跨国网络与华侨华人的生存和发展

移民与经贸是海外华商网络的两大支柱，而华商网络则是构筑当代华人经济体整合的基础。现代华商网络是海外华商最重要的经济网络，也是世界经济网络的重要组成部分。华商网络不仅曾促进海外华人企业自身发展，而且在推动其居住国与中国的经贸往来方面发挥着重要的中介与平台作用。

一　华侨华人跨国网络在"一带一路"倡议中的独特作用

华侨华人具有人力资源、资本资源、企业贸易网络和华商组织等优势。遍布全球的华人商贸网络，尤其是海上丝绸之路沿线国家的华商网络资源，正成为中国极为重视并试图动员的战略资源。从官方的阐述来看，中国政府对华商网络价值已有所充分认知与重视，并一如既往地寄予了深厚期望。中国国务院总理李克强在北京会见世界华侨华人工商大会代表时

---

① 龙登高：《跨越市场的障碍：海外华商在国家、制度与文化之间》，科学出版社，2007，第 83 ~ 88 页。

② 转引自叶兴建《马来西亚华商研究》，博士学位论文，厦门大学，2007，第 24 ~ 25 页。

说，华侨华人要架起中外经济合作共赢的"彩虹桥"，为推进"一带一路"建设、国际产能和装备制造合作发挥积极作用，为中国企业走出去积极牵线搭桥，促进中国与世界经济深度融合、互相促进、互利共赢。中国国务院侨务办公室主任裘援平3月在博鳌亚洲论坛2015年年会"华商领袖与华人智库圆桌会"上表示，"一带一路"倡议要成为各国共识，调动各方参与是当务之急和关键所在。"一带一路"为华商提供无限商业和事业发展空间，国务院侨务办公室和中国海外交流协会将搭建平台，创造条件，提供帮助，引导侨胞参与"一带一路"建设。① 中国国务院侨办前副主任何亚非认为，"海上丝绸之路"建设主要的亮点是要推动沿线国家基础设施的互联互通，贸易的自由化、便利化以及加强国际的产能合作，尤其要加强与东盟各国的交流与合作。他特别强调了"福建作为21世纪海上丝绸之路的建设核心区，机会很多，前途无量。"在2015年4月23日于杭州举行的浙江华侨与"一带一路"专题论坛上，国务院侨办副主任谭天星表示，华侨华人在"一带一路"建设中发挥特殊的作用，要成为担当"一带一路"的推动者、建设者和参与者，找到可行的有效模式参与其中，抓住机遇，实现事业更大的发展。他指出，华侨华人可通过产业合作、项目建设、生意对接和牵线搭桥等四种形式实现合作。以项目建设为例，华侨华人可以发挥自身在船舶、运输、仓储等领域的优势，参与"一带一路"建设中在能源资源、港口等方面开发。②

目前，世界海外华侨华人已超过6000万人，分布在全球198个国家和地区。另外，还有3000多万归侨侨眷生活在中国各地。有较大影响力的各类华侨华人社团逾2.5万个，全球华文学校近2万所，数百万学生在校接受华文教育，海外华文学校教师达数十万。全球华商企业资产总规模约5万亿美元。遍布全球的华侨华人在世界各国各行各业分布广泛，他们中不少人掌握着先进的科学技术，这将有助于中国实现经济转型升级、结构调整、区域平衡和创新型国家建设。"目前中国'千人计划'引进的近

---

① 魏晞：《裘援平："一带一路"为华商提供无限发展空间》，国务院网站，2015年4月30日，http://www.gov.cn/xinwen/2015-04/30/content_2855740.htm。

② 《谭天星鼓励海外华侨在一带一路建设中发挥特殊作用》，中国新闻网，2015年4月23日，http://www.chinanews.com/hr/2015/04-23/7230146.shtml。

3000 名海外高层次人才中, 94% 以上是华侨华人。"① 此种独特的资源优势, 能使华侨华人作为 "一带一路" 参与者、建设者和见证者, 在 "一带一路" 建设中发挥特殊作用, 因而受到中国政府的高度重视。

二　以闽商网络为个案的分析

闽商乃自古延续至今的十大 "商帮" 之一, 被誉为 "华商第一族"。如今, 海外闽商已经成为 "海外第一大商帮"。② 闽商包括两部分: 海外的福建商人及域 (海) 内的福建商人。

(一)　闽商网络形成的历史

从历史上来看, 闽商自始至终与海外保持着密切的联系, 是海上丝绸之路的开拓者与主导者。

1. 闽商及其商贸网络的开创

闽商的出现最早可追溯至五代十国开闽王王审知统治福建时期。宋代是闽商的形成时期。若从历史的角度追根溯源, 现代海外华商网络也源起于闽商网络, 闽商乃是华商网络的开创者。华商网络应起源于中国古代十大 "商帮", 尤其是闽商所编织的海上贸易网络。学者庄国土③、龙登高④、包乐史 (荷兰)⑤、颜清湟 (澳大利亚)、刘宏 (新加坡)⑥ 和蔡林海教授 (日本)⑦ 及一些以英文为工作语言的欧美学者对华商网络的历史源起进行过学术研究。综合参考他们的研究成果, "华商海上贸易网络的初步形成, 至迟在明初已呈现"。⑧ 1687 年在菲律宾成立的 "福建帮" 会馆极有可能是东南亚最古老的华人会馆, 若然, 则它应是中国的 "商帮"

① 《"一带一路" 连接海外华侨华人》, 中国社会科学网, 2015 年 3 月 11 日, http: // big5. qstheory. cn/gate/big5/www. qstheory. cn/freely/2015 – 03/11/c_ 1114576480. htm。
② 刘锡涛: 《浅谈闽商的历史发展与特征》, 《福建省社会主义学院学报》 2014 年第 6 期。
③ 庄国土: 《论早期海外华商经贸网络的形成》, 《厦门大学学报》 (哲社版) 1999 年第 3 期。
④ 龙登高: 《论海外华商网络》, 《学术研究》 1998 年第 5 期。
⑤ 聂德宁: 《明清海外贸易史与海外华商贸易网络研究的新探索》, 〔荷兰〕包乐史: 《"巴达维亚华人与中荷贸易" 评介》, 《中国社会经济史研究》 2000 年第 3 期。
⑥ 〔新加坡〕刘宏: 《新加坡中华总商会与亚洲华商网络的制度化》, 《历史研究》 2000 年第 1 期。
⑦ 〔日〕蔡林海: 《华商网络的起源》, 《社会科学》 2000 年第 3 期。
⑧ 庄国土: 《论早期海外华商经贸网络的形成》, 《厦门大学学报》 (哲社版) 1999 年第 3 期。

网络扩展至东南亚的标志。① 大陆学者从东亚的日本、朝鲜古代史料中进行检索，也发现了闽商与福船的珍贵资料，包括闽商结构、船员籍贯、年龄以及福船尺寸等稀缺资料。② 例如，朝鲜《备边司謄录》在明朝万历四十五年（1617）有一条关于福建闽县林成商船的记录。由上述史料可知，闽商从兴起之初，便面向海洋谋经济，与海外保持着密切的商贸联系，其在实践中逐步形成的商贸网络保持了海上丝绸之路的开拓与畅通，历史作用不容小觑。

2. 跨国的闽商经贸网络的形成

闽商自古以来便是海外贸易中非常活跃的商帮群体，他们所从事的私人海上贸易，不论政府的海外贸易政策如何，都未曾间断过，即使在海禁最严厉时期，依然活跃在东亚海域。③

明初洪武四年（1371 年），明太祖就下诏"禁濒海民不得私出海"。④ 商民只好违禁出洋贩运商品，甚至发展到组建集团，配备武器装置，联合抵抗政府的武力镇压行为，在东亚海域从事武装走私。李光头、谢老、严山老、洪迪珍等闽籍商人，都是著名海寇集团的首领。⑤ "他们常于走马溪旧浯屿住舡，月港出货。"⑥ 贸易范围遍及东亚海域，主要输出生丝、瓷器等物，换回苏木、胡椒、金、蜡等商品，还不时地与荷兰商人、日本商人展开鹿皮贸易的竞争。

明代正统朝是福建海商的重要转折期。正统年间开始，明朝政府"不欲疲中国以事外蕃"⑦，海洋战略上呈现了从"面向海洋"向"退缩海岸"的转变，这为东南沿海的私人贸易腾挪出了巨大的活动空间。正

---

① 中国的"商帮"势力在某个地区进行活动，在各地设立的"会馆"，实质上就是为了谋求商业利润与商业秩序而设立的网络。参见〔日〕蔡林海《华商网络的源起》，《社会科学》2000 年第 3 期。

② 袁晓春：《海上丝绸之路上的明清福建商人》，《福建文博》2015 年第 1 期。

③ 徐淑华：《17～18 世纪中国海贸中浙商和闽商的角色比较》，《思想战线》2012 年第 3 期。

④ 《明太祖实录》卷七六，台湾中研院历史语言研究所，1962，第 1300 页。

⑤ 徐淑华：《17～18 世纪中国海贸中浙商和闽商的角色比较》，《思想战线》2012 年第 3 期。

⑥ 谢杰：《虔台倭纂》下卷，《玄览堂丛书续集》第 18 册，"国立"中央图书馆影印本，1947。

⑦ 张廷玉等撰《明史》第三三二卷《哈烈传》，中华书局，1974，第 8611 页。

如张维华论及的，"明代私人海外贸易得到较多的发展，是在自正统至正德这一阶段，即十五世纪的后六十年代与十六世纪初年。"① 私人海商贸易的核心力量是福建人，他们利用郑和下西洋活动所奠定的技术基础和人员配置，依托着朝贡贸易体制，演变为亚洲海域最为活跃的私人商业群体。② 如傅衣凌先生指出的，"以明代为中心的前后三百多年间，是福建沿海商人最活跃的一个时期"。"明中叶——成弘之间（1465～1505年）的福建海商，他们已不如从前一样，受着贡舶贸易的支配，仅作被动的、消极的经济活动；而是积极的直接参加于海上贸易的活动，以自由商人的姿态出现，并大大的扩大了他们的活动范围。"③ 例如，严启盛作为漳州月港海商的先驱，其活动不仅有王朝制度和地域社会的背景，而且与东亚贸易的市场结构和商业惯习有极大关联。他后来于景泰、天顺年间在广东香山、澳门海域建立据点，使其行为成为联系东南亚到东亚贸易网络的关键环节和15世纪亚洲海洋贸易"福建化"的重要内容，间接地为葡萄牙人来到东方打开了通道。④

正是闽商的冒险与不断开拓，不仅保持了海上丝绸之路的畅通，而且将海上丝绸之路不断拓展与延伸，使得它所联通的东亚商贸网络影响范畴不断扩大，并成为近代主导东亚海上贸易的商贸网络

日本著名航海史学者松浦章曾指出："从14世纪到20世纪初叶这段漫长的历史时期里，从事于远洋航行的船舶主要是中国的帆船。在当时的东亚海域世界里，中国的造船和航海技术最为先进，其海洋政策也相对宽松，这使得中国帆船掌握了东亚世界的制海权，主导了当时的海上交通事业。"⑤

明政府在经历倭患之后，也意识到海上贸易非海禁政策所能禁绝，于

---

① 张维华：《明代私人海外贸易发展的过程》，载《明代海外贸易简论》，上海学生生活出版社，1995，第82页。

② 张侃：《从月港到十字门——漳州海商严启盛再研究》，《闽台文化研究》2013年第1期。

③ 傅衣凌：《明清时代商人及商业资本》，人民出版社，1956，第107、108页。

④ 张侃：《从月港到十字门——漳州海商严启盛再研究》，《闽台文化研究》2013年第1期。

⑤ 〔日〕松浦章：《明清时代东亚海域的文化交流》，郑洁西等译，江苏人民出版社，2009，序1页。

隆庆初年在漳州月港部分开放海禁，私人海上贸易合法化。17世纪初，明政府为对付势力日增的诸多海商武装集团，决定招抚并利用其中实力相对雄厚的郑芝龙，来清除其他海商武装集团势力。在明政府的支持下，郑芝龙集团打败了所有有影响的海商武装集团，成为最具实力的海商武装集团，构建了一个联结中国与日本以及东南亚各地的商贸网络。清开海禁前，以郑氏海商集团为代表的闽商构建了一个庞大的海上贸易帝国，主导东亚海域商贸网络，也将闽商的实力推向一个新的制高点。由郑芝龙、郑成功父子构建的郑氏海商集团贸易范围遍及整个东亚及东南亚海域，从日本长崎到琉球群岛、东京、广南，以及东南亚各地，包括柬埔寨、暹罗、北大年、柔佛、马六甲、爪哇、西里伯群岛和吕宋，其中尤以和日本的贸易最为密切。

闽南人曾主导东亚海上贸易网络长达600年。[①] 港口贸易使得占尽地利优势的闽商在合法的对外贸易中独享便利，西属马尼拉与福建的贸易，基本上又由闽商独擅，因而，闽商利用其在海上贸易中的独有优势，由此累积的资本和实力使得闽商在海外华商网络中开始居于主导地位。郑氏海商集团覆灭后，闽商虽在对日贸易中失去了优势，但仍独擅南洋贸易和欧洲人贸易，并在18世纪上半期浙商对日贸易走向衰落后，依然主导南洋贸易，直至鸦片战争。他们在这一时期呈现出来的特征对20世纪前半期各自在海外的发展历程中产生了重大影响。[②] 其中，尤其突出的特点是一直与东南亚各地仍然保持着频繁的贸易往来，同时期赴东南亚各地贸易的中国商船基本上由闽商独占。这一时期，闽商基本上主导了中国和吕宋、苏禄间的贸易。

闽商之所以能在对东南亚的贸易中占据主导地位，主要是基于三个要素。一是清政府指定厦门为商船赴南洋贸易的起航地，使得闽商与南洋的贸易日趋繁盛。二是闽商与东南亚各地尤其是和吕宋、巴达维亚的贸易，很大程度上是与欧洲商人的贸易。闽商凭借其在东南亚贸易中的优势地

① 参见庄国土、刘文正《东亚华人社会的形成和发展：华商网络、移民与一体化趋势》，厦门大学出版社，2009。

② 徐淑华：《17～18世纪中国海贸中浙商和闽商的角色比较》，《思想战线》2012年第3期。

位，在与欧洲人的贸易中，换回大量的银圆，同时也逐渐将自己融入欧洲人主导的世界贸易网络中。三是随着东亚海域华商贸易网络的铺开，对贸易从业人员源源不断的需求，使闽商在运贩商品的同时，还输出大量的闽籍人士作为贸易人员充足的后备力量。因此，至鸦片战争前，东南亚各地聚集了为数众多的福建移民，这些移民中的大宗在居住国又多以从事商业活动为主，如菲律宾、马来半岛、新加坡，基本上都是闽商主导。①

近代以来，东南亚闽商经济成就斐然，影响力十分显著。目前，分布在五大洲 180 多个国家和地区的 1580 万闽籍华侨华人，其中 80% 以上分布在东南亚等与海丝之路密切相关的沿线国家。在东盟国家 3000 多万华侨华人中有 1000 多万人祖籍福建。闽籍华侨华人人数众多、分布广泛，实力雄厚、人才辈出，热爱桑梓、乐善好施，他们是"21 世纪海上丝绸之路"建设重要的参与者、推动者、建设者，是福建融入"一带一路"建设的巨大优势和宝贵资源。② 就经济成就而言，据 2012 年福布斯华人富豪榜公布，198 个华人富豪中，东南亚有 28 个，其中，闽商 18 个。代表人物有郭鹤年、施至成、黄惠忠、黄惠祥、李成伟、黄祖耀等。作为海上丝绸之路的重要沿线区域和经贸合作的前沿平台，东盟国家与中国的经贸发展势头良好，2013 年中国–东盟的双边贸易额达 4436.1 亿美元，福建与东盟双边贸易额是 242.9 亿美元，仅占全国比重的 5.47%。实际利用来自东盟的外资仅 3.47 亿美元。东南亚闽商网络的潜力值得关注。

（二）"代际更替"下闽商跨国商贸网络的建构路径与模式

经过近代以来约两三百年的发展，目前的闽商网络已比较成熟，作为东南亚华商网络的枢纽，在中国"一带一路"倡议中，尤其在建设"21 世纪海上丝绸之路"的倡议中，应处于受重视的地位，其潜在的价值不容小觑。

1. 新生代闽商及其群体特征

在东南亚，华商已能较好地解决"代际更替"问题，新生华商大多

---

① 徐淑华：《17~18 世纪中国海贸中浙商和闽商的角色比较》，《思想战线》2012 年第 3 期。

② 黄兴华：《海外华侨华人是福建融入 21 世纪海上丝绸之路建设的巨大优势》，《八闽视线》2015 年第 4 期。

接班成功，并施展才华以实行企业升级转型的时候，中国本土企业却正刚刚迎头碰上这个难题。改革开放后在中国本土集体兴起的第一代创业者，目前基本已至退休年龄，企业正普遍面临接班换代的问题。目前一项针对浙商的调查报告却显示，仅有约14.5%的企业家明确希望退休后由子女来掌管企业。在极为敏感的接班人问题上，浙商除了所显示出的理性与开明之外，或许还有几分无奈，因为一些企业家的子女并不愿意接班，甚至有人对接班持明显反感和拒绝的态度。与老一辈浙商们相比，新生代浙商演绎着完全不同的创富神话。他们不愿意像长辈那样从生产缝纫机、皮鞋开始慢慢积累财富，他们更希望凭借自己的知识，在知识经济时代使财富急剧升值。因此他们更倾向于选择高新技术行业，而老一代浙商创办的家族企业存在着种种弊病，革除弊病所需要付出的勇气也使得一些新生代接班人望而却步，比如混乱的财务体系、任人唯亲的用人制度、模糊的股权安排、苛刻的工资制度、恶劣的生产环境，等等。[1]　与新生代浙商一样，新生代闽商中拒绝接班的现象也正不断蔓延。似乎没有一种普适的方法来解决这一共同的难题，毕竟不同的产业模式、不同的经营方式、不同的股权结构、不同的文化背景，直接影响着接班方式的选择。老一代闽商创业者将在今后的一二十年时间内完全退出历史舞台，而接替他们的新闽商群体除了"富二代"，还包括大量崛起中的草根创业者。潜在的新生代闽商群体具有明显的"代特征"，即生活条件优越化、人力资本知识化、自我定位主流化。与老一代闽商相比，潜在的新生代闽商成长环境发生了巨大的变迁，在物质环境方面发生了从"山多地少""条件恶劣"到"衣食无忧""分层明显"的变化；知识环境方面发生了从"农民出身""艺工起家"到"读书学习""知识经济"的变化；群体意识环境方面发生了从"边缘生存""模仿创新"到"融入主流""网络时代"的变化。潜在的新生代闽商培育需要在变化的环境中因势利导。

2. 福建闽商的本土网络资源

从闽地近30多年的社会发展状态来看，海外闽商是新中国重返世界

---

① 严毛新：《从代际更替的角度看潜在的新生代浙商培育》，《浙江工商大学学报》2012年第7期。

的最初中介。私营企业初创时期，海外闽商关系网络不仅提供了包括信息、技术、设备、资金、市场等一系列企业发展所必备的资源，而且海外人脉网络使得闽地的私营经济初创时期的产品就能够和国际市场连接起来。但在许多拥有海外关系网络的第一代创业型闽商，借助海外闽商网络走出国门的同时，更多的新兴闽商则更擅于编织本地的人脉与社会关系。新时期新闽商的一个重要特征还在于形成了全国性的闽商异地商会网络。截止到 2010 年 6 月，已有超过 400 万的闽人分布在中国大陆各地经商，他们创办的企业不少于 200 万家。大量在异地经商的闽人促进了闽籍异地商会的蓬勃发展。其时，福建省各级异地商会共有 460 家，分布在 31 个省、区、市。其中，在外省成立的省级异地商会有 30 家，市级异地商会 73 家。以各异地商会为枢纽，遍布全国的闽商网络基本形成。2004 年，首届世界闽商大会召开，遍布全国的异地商会组织的 400 多人的省外闽商代表参加了这次会议。异地闽籍商会与福建省的 327 个各级行业商会（同业公会）共同成为闽地有效的经济、社会网络。[1] 与浙商相比，新生代闽商仍然联合不足、习惯单打独斗，且大多拘囿于本土发展，国际化不足十分明显。目前福建闽商在本土的商业网络若能与海外闽商的国际网络相对接，双方资源整合，优势互补，则显然有利于中国与东盟国家的双向投资。经过长期的努力经营，海外闽商不仅拥有遍及国内外和各行各业的庞大商业网络，而且构建起联系面广泛的社会关系网络。如果福建新生代闽商能够与海外闽商网络资源对接，将可以帮助中国开展各种对外经济合作，发展对外友好关系，更多更好地实行"引进来"与"走出去"战略。[2]

3. 新生代闽商与海外华商网络对接的平台与机制

（1）"21 世纪海上丝绸之路"是新生代闽商网络的建设平台

福建是"21 世纪海上丝绸之路建设"的核心区，以福建地缘而结业缘的闽商，从现状与趋势上来看，仍然是东南亚华商网络的枢纽，也是建设"21 世纪海上丝绸之路"的平台。

---

[1]　苏文菁：《闽商发展史·总序》，《闽商文化研究》2013 年第 1 期。

[2]　黄英湖：《海外闽商的网络资源及其发掘利用》，《福建论坛》（人社版）2011 年第 11 期。

福建是全国著名侨乡，素有海洋情结、爱拼敢赢精神的闽籍乡亲，沿着"海丝"之路走向世界。历史上福建就是"海上丝绸之路"的重要发祥地。福建省的泉州、福州和漳州，都是历史上海上丝绸之路的重要起点。其中，泉州港是"海上丝绸之路"鼎盛时期即宋元时期的主港之一，被誉为当时的"东方第一大港"，曾与近百个国家和地区有密切往来，海外贸易的繁盛给泉州带来丰富的多元宗教、民族、文化，并与当地宗教、民族、文化相融合共发展。福州港是我国东南沿海重要通商口岸，唐、五代时达到全盛，与广州、扬州、明州并列为唐代四大贸易港口，明代随着郑和船队在此驻泊与扬航，福州港的商贸地位不断提升。以月港为中心的漳州是明代中后期至清代前期中国东南沿海地区海外交通贸易的中心，是这一时期中国海上丝绸之路重要港口城市。

福建本土闽商十分活跃，本土商贸网络正与海外闽商网络对接。福建是中国民营经济最具活力的省份之一。"泉州经验""晋江模式"的涌现使得如恒安、安踏、浔兴、劲霸、柒牌、亲亲、安尔乐、七匹狼、富贵鸟、福耀、新华都等一大批知名企业、知名品牌蜚声海内外，闽商名人大量涌现。这是闽商发展的再一次高潮。

福建本土商贸网络正在转型，其影响力正向世界各地辐射，并与海外闽商网络对接。

中国－东盟自贸区可建设成福建新生代闽商与海外闽商对接的平台。海内外闽商可望在国家力量的引导下实现新的对接与联通，建构起"内外互通、虚实同体"的新型闽商网络平台，引导福建本土企业走出去，协助中国在当地国的基础建设项目的实施。

进入21世纪以来，无论是东南亚华商还是中国（包括港澳台）企业家，当前都普遍面临着"代际更替"问题。此种代际更替，既包括大量老一代华商将企业交由自己的接班人传承，也包括部分华商企业的没落以及大量新兴企业家的崛起。在新老华商接班与传承、没落与兴起之间，华商网络的形态与功能无疑正经历着重要的变化、调整的过程。当老一代华商退出商界，在海外出生的新生代华商与中国本土新兴的企业家之间，是否还存在可供交流的民间网络平台？双方沟通的渠道如何重新联结起来？当新生代华商不再按照父祖辈的关系网络模式去经营商务，则传统华商网络的承接将不再是顺理成章的。换句话说，中国与东南亚之间的商业纽带的民间基础，可能因此而被削弱。

（2）海外华裔新生代与中国的经贸与情感对接平台

福建是著名侨乡，东南亚地区祖籍为福建的新生代华商不在少数。与老一代闽商进行整体比较，他们的经商理念更趋理性，尤其是对中国的情感认同相对更为淡漠。2012 年 10 月 8 日～2013 年 6 月 28 日，本文课题组以《当代国际关系》课程为平台，组织华侨大学近 400 名境外生在海外新生代华裔中开展了问卷调查。

从调查问卷所获得的信息看来，东南亚闽籍新生代华商更多地表现出融入本土并走向国际化的倾向，其祖籍认同与乡土情结逐渐淡漠，在商言商的倾向明显。正如马来西亚印度裔学者 Edmund 所言："是合理经营而非民族身份认同决定着企业的商业行为。"① 如果说改革开放初期老一代华侨华人投资中国的行为有爱国爱乡的感情因素的话，那么，当代华人新生代在中国的投资行为则属于理性经济行为。他们对中国的投资与商业参与之所以依然活跃，主要是由于中国市场巨大，商机良多，有利可图。从华商在中国投资的地域选择来看，已明显不再局限于福建、广东等侨乡，"北上西进"，以市场为导向，这从另一个侧面说明了华裔投资者"理性经济人"的角色。这表明，东南亚华商对中国的投资的性质实质上已经是东南亚国家的对华投资部分，东南亚国家无须担心华人经济抉择背后的情感认同问题。

那么，若着眼于未来，对于想要从中国－东盟自贸区建设中受益的双方政府而言，在官方推进经贸合作的同时，及早地为新生代华商与中国本土新兴企业家搭建沟通的渠道与平台，似乎很有必要谋划长远之计。双方的对接不仅是必要的，也是可行的。福建新生代闽商与东南亚闽籍新生代华商在关系网络资源的培育与获取上呈现出不同的趣味与接受方式取向。但双方都在商业活动中将追求企业发展与利润置于首位，在人际交往中更多是在经商理念、文化与政治价值观念、兴趣爱好等方

① Edmund Terence Gomez, *Chinese Business in Malaysia*: *Accumulation*, *Ascendance*, *Accommodation* (London: Curzon Press, 1999).

面寻求共通之处。同时，双方都面临着对闽商文化与华商网络资源的传承与转型，都具备对信息化时代的敏感（例如对信息科技的掌握、对网络平台的擅长）及商业价值观念的全新理解（诸如对环保、节能、人权等的关注）。他们之间除了传统的宗族、乡帮以及血缘、业缘、学缘之外，出现了新的对接点，例如对现代化经营管理模式的掌握，对高科技、环保行业的兴趣，等等。同时，越来越多的福建本土新生代闽商也在西方接受教育与训练，与海外新生代华商在商业理念与文化价值观方面有沟通的空间。

（3）政府力量的介入与引导

闽籍新生代华商由海外华裔新生代和闽籍新移民构成，东南亚是闽籍华商的传统优势地区，闽籍新生代华商有家族事业继承、高科技创业等多种形式，且大多发展较为成熟和规范，呈现出本土化与国际化同步发展的态势。而非洲地区的闽籍华商在快速崛起的同时，还存在诸如经营不规范、恶意竞争、歧视黑人等现象。福建本土的新生代闽商则一方面爱拼敢赢，习惯单打独斗，另一方面又面临产业转型升级、走出国门实现国际化发展的需求。福建侨务部门可发挥引导和服务等侨务工作，在搭建海内外闽商对接与合作的平台机制方面还有广阔的可挖掘的空间。

近年来，福建省政府在"引进来、走出去"战略中的主导作用极为明显。省侨办近年苦下功夫，多方搭建"海外引智平台""闽籍华侨华人经贸协作网络"；省委统战部则正拟筹建世界闽商大厦，打造海内外闽商的实体家园，还计划通过建设世界闽商大学、世界闽商研究院、世界闽商主题公园等系列项目打造世界闽商的精神家园。近年来，福建省通过多方搭建平台，积极"招商引资""招才引智"，吸引了一批闽籍华商和华侨华人科技人才在福建创办高新科技企业。跟踪了解这些落户福建的高新科技企业在包括人才引进、技术创新、成果转化、产业绩效、财税贡献等方面的情况，以及在发展中面临的问题与困难等，摸清"招商引智"工程落实的后续实际成效，有益于今后福建省进一步推进"招商引资""招才引智"工程。若能根据福建产业发展规划，以高新科技人才为核心，以项目为龙头，以先进、实用技术运用为引擎，持续吸引海外闽籍华侨华人中的高新科技人才及企业落户福建，实现项目、技术、资本、人才的对接，使一大批具有自主知识产权的科技成果转化为现实生产力，则可能达到改造福建省传统产业、壮大支柱产业、发展高新技术产业的目的。

不过，值得注意的是，当前正在构建中的海内外闽商网络对接机制似乎是一种政府主导型的，民间的力量并未被完全激活，其积极性与主动性有待全面加强。不少著名闽商就指出了闽商联合的局限因素，例如"时机不成熟"、"人才缺乏"、"文化底蕴差"以及"利益纽带缺失"等，并有直言不讳者表示政府推动闽商走向联合的努力"是一厢情愿，只能适得其反"。这表明闽商自身的主观能动性以及海内外闽商联合、对接的条件还有所缺失。因此，今后地方政府在构建海内外闽商网络对接机制时，既要注重全球化、信息化时代的新特点，也要关注海内外新生代闽商的新风貌与新个性，强调二者的统一是海内外闽商网络对接机制建构的特点与意义之所在。

从趋势上看，当前，无论是在华商住在国还是中国，积极的国家力量正越来越多地介入和引导华商网络的规范化运作。为海内华商与中国企业家的对接搭建平台则是当前中国政府的引导方向，此种对接的重点，是双向的，不仅包括将海外华商引进中国市场，亦包括运用华商网络资源，帮助中国本土企业走出国门。据不完全统计，近20年来有近100次的世界性华人社团召开联谊会，这些社团包括血缘、地缘和业缘等各类团体，聚会地点遍及亚洲、欧洲和北美洲。越来越多的社团开始在侨乡举办世界性的联谊会，如海南会馆、安溪会馆、客属总会、同安会馆等先后在侨乡举办大规模的世界性联谊会，这些联谊会的组织者和支持者大多是著名的跨国华人企业家，同时也得到当地政府的支持。

三　结论与政策建议

本文在华商网络的历史渊源、形态嬗变的视角下探讨闽商网络以及当代海内外闽商网络的对接机制等问题，认为华商网络的新的发展趋势是强化海内外华商的对接，而中国和华商住在国的政府力量将在新时代华商网络的转型与建设中发挥越来越多的介入和引导作用。具体观点如下。

第一，以在跨国主义理论考察下，移民跨国迁移对祖（籍）国与移居国产生的国家经济及分配影响均可呈正向相关。华商网络作为沟通祖（籍）国与住在国的社会关系网络将体现出独特的时代价值，其形态与功能亦将在全球化进程和中国国际化的双重驱动下，呈现出新的特征。

第二，以福建为地缘而结业缘的海内外闽商，可望在"21世纪海上丝绸之路"建设中发挥独特的作用。当前，华侨华人具有人力资源、资本资源、企业商贸网络和系统的华商组织等优势，在中国提出"一带一路"倡议的形势下，遍布全球的华商网络，尤其是丝路沿线国家的华商网络资源，正成为中国极为重视并试图动员的侨务资源。课题研究通过历史考察，认为闽商乃自古延续至今的十大"商帮"之一，不仅是海上丝绸之路的开拓者，而且曾长期主导东亚海上贸易，甚至现代海外华商网络也源起于闽商网络。课题组通过实证调查的数据和资料，认为从现状来看，"爱拼敢赢"的闽商不仅在改革开放以来在国内表现出独特的发展生机、活力与实力，而且漂洋过海的闽商亦十分积极进取，善于把握当地国制度环境，灵活融入，经营效益与成就斐然，有能力协助中国海外基础建设项目的实施。

第三，从趋势上看，目前，闽商的商贸网络已遍布海上丝绸之路沿线国家，在可预见的一段时间里，东南亚华商网络仍以闽商为核心，非洲闽商网络正在快速崛起，北美洲和欧洲的闽商正在逐渐转型。同时，随着第三次移民高潮而出现的新侨影响力的剧增，以及海内外闽商普遍出现的"代际更替"问题，全球各地的华裔新生代闽商与福建本土的新生代闽商都正呈现出本土化与国际化同步发展的态势，发展的活力与潜力不容小觑。

第四，海内外闽商网络新的对接与联通需要国家力量的引导。若海外闽商积极配合、响应中国的"一带一路"倡议，在该倡议框架引导下实现对接与联通，建构起"内外互通、虚实同体"的新型闽商网络平台，则不仅有助于引领福建本土企业走出去，而且也能使海外闽商从中获得新的商机与发展机遇。"21世纪海上丝绸之路"建设的有效推进，也有益于提升中国与华商住在国之间的经贸关系，从根本上改善华商的生存与发展环境。

　　第五，为了更好地激发华商网络促进双边经贸合作的积极作用，华商住在国政府与中国侨乡地方政府可合作扮演引导和扶持的角色，形成"政府引导—华商参与"的对接模式，构建起"内外互通、虚实同体"的新型华商网络。在国家力量的引导与规制下，华商网络可能将从原本由民间主导的较为隐秘、零散、非正式的形态，开始朝向国家力量引导与规制的较为透明、系统、规范的立体式平台网络演进，其功能将不限于促进中国－东盟经济自由贸易区的建设，而促进双边关系有更为稳健与多样的沟通渠道。

第八章 海外和谐侨社研究

2014 年是国务院侨办确定的"和谐侨社建设年",也是国家"十二五规划"的第三个年头,新一届的国家领导人在继承"和谐社会"的理念基础上提出了"中国梦"的概念,各地纷纷出台了"中国梦"的地方版本诸如"河南梦""江苏梦"等,各个领域中也出现了构筑、贯彻"中国梦"的热潮。国务院侨务办公室裘援平主任提出应让海外侨胞"同圆共享中国梦"。裘援平认为构建和谐侨社不仅仅是个体生存发展的需要,也是维护中国形象和中外关系的内在要求。同时,裘援平强调:"要把华侨华人个人的美好愿望与实现中国梦对接起来,支持他们把握中国发展和中外合作的机遇,参与祖(籍)国现代化建设,把个人成功的果实结在民族复兴的常青树上,共享中华民族复兴带来的巨大福祉。"[1] 纵观海外华侨华人社会的发展,早期由于地域差别、派系差异、利益争夺而造成的冲突屡见不鲜,后期又有由于政治分歧乃至名利之争造成的各种对立,华社的不和谐、不团结一直是难解的痼疾。因而,对海外华侨华人而言,建设"和谐侨社"则是"同圆共享中国梦"的首要任务,也是值得探讨的重要课题。

第一节 早期华侨社会的历史回顾

明朝中后期海禁开放之后,中国东南沿海居民大量移居海外,促成了海外华侨华人社会的形成。早期华侨移民多以亲友相帮的方式实现,来源

---

① 吴亚明、曹恩惠:《华文媒体聚焦和谐侨社建设》,《人民日报》2014 年 3 月 27 日,第 20 版。

地相对集中，主要来自广东、福建、海南等地区，因此，一地的华侨往往以地域及方言背景，自然地划分为广府人、福建人、客家人、潮州人、海南人等群体，彼此之间因为地域文化及经济利益差异，不免存在冲突。尤其是在18~19世纪的马来亚地区，华侨因地域文化背景差异形成的秘密会社组织十分普遍，其间的经济利益之争异常激烈，一度引发冲突，侨社的不和谐可见一斑。而进入20世纪尤其是在二战之后，华侨社会走上当地化之后，受中国国内政治尤其是两岸关系的影响，侨社也大多呈现分裂的状态，因为政治取向的对立而冲突的现象十分普遍，加之名利之争，使得侨社"不团结"的问题更成痼疾。

一 早期侨社帮群结构

东南亚是早期华侨移民最为集中的地区，英属马来亚的中国人最多，达到了170多万，这些人却以地域及文化背景差异，分作不同的群体。

表8-1 近代中国人在东南亚的地理分布

序 号	地 别	人口总数（人）	中国人口（人）
1	英属马来亚	4385346	1709392
2	荷属东印度	60727233（1930年）	1233214
3	菲律宾	13055220（1934年）	150000
4	法属印度支那	20491000（1930年）	402000
5	总数	110165006	4052930

资料来源：陈达：《南洋华侨与闽粤社会》，商务印书馆，2011，第60页。

在马来亚，中国移民主要来源于福建和广东两省，海南和广西也是重要的移民供应地。移民来源地的多元化是华侨社会的重要特征。

所谓的帮群，是指"以中国国内原籍所在地的省、府、县、乡或村为名称和单位的组织，这类组织多称会馆，也有的称为同乡会"。[1] 在中国传统社会，相对封闭的自然环境和社会环境造就了独特的"方言群"，在地理条件闭塞的地区，存在着"十里不同音"的现象。在大批移民远赴海外的过程中，方言群和熟人社会中的信用网络起到了至关重要的作

---

[1] 林远辉、张应龙：《新加坡马来西亚华侨史》，广东高等教育出版社，2008，第257页。

用，移民通过亲友相帮、投亲靠友的方式实现，在移民目的地，一系列地缘性质的社会组织应运而生。因此，在海外华侨社会，尤其是东南亚的华侨社会里，形成了基于地域文化差别的多个方言帮群，如福建帮、广东帮、客家帮、潮州帮、海南帮等。

表 8-2　中国移民帮群在马来亚的地理分布

分布 帮群	海峡殖民地	马来联邦	柔佛（Johor）	吉打（Kedah）
福建人	287125	143429	73270	21984
广州人	141975	226181	29585	13079
客家人	52369	211906	33588	17718
潮州人	115123	33040	35935	23045
海南人	35679	30107	25539	2760

资料来源：陈达：《南洋华侨与闽粤社会》，商务印书馆，2011，第 65 页。

地缘性的帮群对其经济类型和行业产生着较大的影响。在某些行业中，甚至存在某一帮群垄断整个行业的现象。在东南亚华侨社会，也存在着地区性势力垄断行业的现象。在新加坡侨社，由于移民祖籍地商业网络的关系，福建人在早期金融行业方面占有一定的优势，工业革命之后在橡胶产业和木材加工业也取得了一定的成绩。另外一个较大的帮派广府帮则在医药行业上占有优势，此外，餐饮行业也是其重要的产业支柱。而其他的小型帮派，如来自海南的琼帮、来自福建莆田地区的兴化帮、来自福建福州地区的福州帮则在咖啡业、汽车业等方面形成自身优势。在泰国，潮州人则是最大的群体，在 19 世纪末期占泰华社会总人口的 40% 左右，商业和进出口贸易基本上掌握在潮州人的手中。此外，潮州人还从事胡椒、甘蔗、棉花等作物的经营。除了潮州人以外，福建人、客家人和海南人也都是泰华社会较大的群体。其中，广肇帮在工程建筑行业中占有一定的地位；福建人成为主要的包税人，还从事锡矿的开采行业，占据优势；海南人主要从事种植和捕鱼业的经营；客家人大多成为商贩、工人，难以在行业中形成绝对的垄断地位。在印度尼西亚，福建人人数最多，主要从事商业活动；客家人其次，主要从事热带作物原料的生产活动；潮州人主要在苏门答腊岛的种植园内劳作；广府人则从事手工业生产。

二 秘密会社与帮群冲突

秘密会社，又称"会党""私会党"，是早期华侨社会中的重要组织形式。近代，华侨移居东南亚，也将国内的秘密会社组织移植到海外，尤其是在明清易代之际，一些义不仕清者抱着反清复明的信念流寓海外，立足之后，也在当地侨社建立起"三点会""天地会"等组织。作为早期反清复明的组织，秘密会社逐渐渗透到海外华侨社会中。由于其宗旨的敏感性，这类组织往往以秘密会社的形式存在，部分有公开身份者则以"公司"名之。以"公司"为名，在于掩盖和淡化秘密会社的政治色彩，以利生存，同时，也凸显了秘密会社对社会经济的控制力。19世纪以后，随着从中国本土移民的不断涌入，"公司"成分日益复杂，规模及实力也迅速壮大，尤其是在锡矿业较为发达、吸纳了大量广东客家人矿工的马来亚，分属梅州和惠州的两个客家人秘密会社——义兴公司和海山公司的冲突异常激烈，甚至陷入武装冲突。在当时的东南亚，殖民政府对于华侨社会往往采取"以华制华"的"半自治"方式，在华侨社会中，委任具有一定实力及影响力的人充任侨社首领即"甲必丹"，再由甲必丹对殖民政府负责。而在这种"半自治"的社会结构中，秘密会社与殖民地政府的代表"甲必丹"之间存在着千丝万缕的关系，秘密会社以其独特的组织网络和影响力，成为"甲必丹"实施治理的有效手段。以马来亚为例，19世纪70年代在殖民政府正式取缔秘密会社之前，其地位是受到官方默许的。在黄赌毒等灰色产业中，秘密会社是最重要的包税商，起到了中介保护的作用。在19世纪后期的东南亚华侨社会中，几乎所有的华人都处在秘密会社的影响之下。

秘密会社带有极强的破坏性，常常因为利益的纠葛而出现大规模冲突甚至械斗。早期侨社各个帮群、公司之间的内讧事件层出不穷。1841年、1846年、1854年新加坡的义兴公司与义福公司之间长时期发生流血冲突。1860年，马来半岛双溪乌绒的两位酋长为争夺锡矿开采的税利而发生了大规模冲突。矿区内属于义兴党的嘉应州（梅县）客家人和海山党的惠州客家人卷入此次马来人的内战，双方立场相对，冲突持续了十多年，直到1874年英国殖民地当局出面才得以平息。1862年，义兴和海山两个会党因械斗而演化为第一次"拿律战争",此次冲突持续了一年,被英国殖民当局平息。1871 年,双方又因为苏丹继位纷争而卷入了第二次"拿律战争"。19 世纪 70 年代,义兴公司在长期的对外冲突中内部冲突又有所升级,会内的潮州人和福建人相互攻击。1874 年,义兴会内嘉应籍客家人和海山会的惠州籍客家人也在马六甲发生了械斗。这是发生在客家人内部的冲突。1877 年,义兴和义福两会也因为赌博问题而引发了大规模的械斗。总体来讲,械斗问题是 19 世纪下半叶华侨社会中的顽疾,影响了华侨华人的形象和内部团结。殖民当局以此为借口,在 1869 年颁布了《危险社团镇压法令》,并且在 1870 年和 1872 年加以补充修订。1877 年,殖民政府设立华民护卫司,加强对华侨华人尤其是秘密会社的控制。1890 年以后,《危险社团镇压法令》正式生效,秘密会社被镇压,公开、合法的华侨组织发挥着更加显著的作用,并且采取与殖民当局合作的方式。在霹雳,郑景贵和陈亚炎既是私会党的首领,又成为当地市政府的议员。加之,殖民政府设立的华民护卫司,又对华人提供一定的保护。由此,私会党丧失了赖以维系统治地位的群众基础,其控制能力减弱,华侨卷入私会党冲突和械斗的现象有所减少。

华侨移居美洲是在 1848 年美国加利福尼亚发现金矿之后,金矿的开发以及之后太平洋铁路的修筑吸引了大量广东人赴美,秘密会社也随之而去。19 世纪 60 年代初期,美国加州开始出现了早期的会党组织洪门,又称为洪顺堂、金兰部。此外,洪门对外还有"天地会""父母会""小刀会""三合会""三点会"等诸多别称。1863 年,在金矿区的巴克维尔,第一个加拿大的洪门组织"洪顺堂"成立,属于美国洪门组织的分支机构。进入 19 世纪 60 年代,太平洋铁路开始修建,大批华工参与了这一工程。在此期间,致公堂组织扩散到了新威斯敏斯特和维多利亚。在洪门组织的全盛时期,十之八九的华侨华人都受到致公堂的影响。在加拿大,尤其在 19 世纪 80 年代以前,华侨社会的对立冲突也较为严重。1866 年,据《殖民者日报》报道,在奎斯尼木色,华侨社会中发生了严重的群体暴乱事件。1874 年,由于工程利益纠纷,华工与华人工头之间再度爆发冲突。进入 19 世纪 80 年代以后,温尼伯市的以宗族为单位的暴力冲突也时有发生。此后不久,受到中国本土政治风潮的影响,海外侨民产生了以夏威夷侨民和加拿大侨民为主体的两大政治阵营，分别尊奉孙中山和康有为为政治领袖，两派之间口诛笔伐。因此，与马来亚侨社秘密会社纠结于经济利益不同，北美洲的秘密会社冲突更多了政治分歧的色彩。

三　超帮群组织的形成

19、20 世纪之交，中国国内各种政治势力也极力扩大在海外侨社的影响力。为争取华侨的支持，清政府也积极倡导侨社团结，倡组超帮群的侨社团体。与此同时，在 19 世纪后半期兴起的排华浪潮席卷世界各地，受住在国民族主义思潮高涨影响，多地出现了排华现象，也进一步激发了华侨团结一心、抵御外辱的信念，客观上促进了侨社超帮群组织的组建。

（一）华侨社会的发展趋势

19 世纪末 20 世纪初，在东南亚和美欧侨社，各种超帮群的组织相继建立。在秘密会社最为活跃的马来亚，19 世纪 70 年代，秘密会社被殖民政府取缔，随之在 90 年代后，华侨社会呈现了跨帮群组织团体整合的趋势，进入 20 世纪之后，整个基于血缘、地缘、业缘基础之上的全马来西亚的总会纷纷成立。

表 8 - 3　1890 年至二战结束前马来西亚各地华人总会

序　号	时　间	组　织	备　注
1	1912 年	彭亨文冬华人大会堂	
2	1922 年	柔佛新山中华公会	发起人林进和、陈清江等
3	1923 年	雪兰莪中华大会堂	
4	1925 年	蔴坡中华公会	
5	1928 年	瓜拉立卑华侨俱乐部	蔴坡地区华人的最高领导机构
6	1934 年	霹雳实兆远中华公会	由实兆远原有的华人青年会、益群社、华人种植会等三会合并而成

资料来源：石沧金：《马来西亚华人社团研究》，暨南大学出版社，2005，第 440 页。

在欧美，持续升级的种族主义排华运动从美国蔓延到了加拿大和俄罗斯。1882 年，美国率先颁布《排华法案》，并且波及了美国的海外殖民地。1900 年期间，中国爆发了义和团运动，沙俄政府以此为借口，屠杀了海兰泡和江东"六十四屯"的原住农民，排华风潮开始，并且一直持续到 1914 年一战爆发。在此期间，华人被禁止承包和参与俄国的工程建设。一战期间，华工参与了第一次世界大战。战争期间，罗曼诺夫王朝灭亡，在俄国临时政府的支持下，"中华旅俄联合会"成立，旨在帮扶华工。1918 年，苏维埃政府开始执政，在列宁的直接干预下，"中华旅俄联合会"被改组为"旅俄华工联合会"，该组织在苏维埃政权的领导之下，从民族性的慈善团体变为阶级性的"无产阶级性质"的革命组织。此外，联合会还在苏俄其他地方设有分会，如萨马拉、乌兰乌德、彼得格勒、叶卡捷琳堡等地设有分会，到 1920 年，该会发展到 10 万会员。1922 年，苏俄远东地区的高尔察克政权垮台，华工开始陆续被遣返回国，联合会发挥了重要的作用。在美洲，战后的种族主义冲突仍然严峻。1923 年，加拿大自治领政府通过《华人移民条例》，全面限制中国人入境。《华人移民条例》的颁布标志着加拿大政府的华侨政策从开始的限制到全面的排斥，侨社与主流社会的矛盾出现激化。在外部形势恶化的背景下，加拿大华侨华人建立跨帮群的组织机构"全加华侨驳例总局"同白人种族主义者进行坚决的斗争。此外，行业性的维权组织也开始超越地缘、血缘的限制团结起来争取合法权益，其中包括"加拿大华人劳动联盟""华人木瓦工人协会""华人餐馆工人联合会""华人厨师联合会""加拿大华人劳动联盟""华人失业工人保护协会"等。

总体来讲，打破帮群意识限制，代表华侨华人整体利益的超帮群组织产生并发展起来，对于华人社会的建构发挥着巨大作用。相较而言，东南亚的华人团体自主性和自律性更强，在殖民地宗主国加强控制的情况下，华侨华人社会的整合更加完善；美洲的华侨华人处于社会的下层，面临着严峻的排华形势而成立统一的维权组织，缓和和消弭社群的内部冲突；欧洲的华侨华人被卷入战争和政治风潮之下，旅苏华侨的侨社整合受到了阶级革命的影响和领导，从民族性的慈善团体转变为阶级性的革命组织。

（二）海外商会的筹备与运作

19 世纪末 20 世纪初，为争取海外华侨，清政府极力倡组侨社超帮派的综合性组织，其代表即为中华总商会。在清政府派出代表的积极推动下，东南亚各国的中华总商会相继建立，在一定程度上整合了侨社，缓和了侨社内部冲突。

1. 海外中华商会的筹办

19世纪末，由于甲午战争的失败，清政府背上了沉重的债务包袱。此后，由于西方列强的军备竞赛升级，在海外殖民地掀起了瓜分狂潮，危及中华民族的基本生存。"百日维新"失败以后，康有为、梁启超等人逃亡海外，在华侨社会中鼓吹立宪与保皇，"与南北美洲诸华商书，谓中国只可立宪，不能革命"。同时，康有为成立了新的社团保皇会，全称为"保救大清光绪皇帝会"。康有为的保皇活动不仅局限于加拿大，还派遣门人梁启田等人到南北美洲和澳洲等地，发展保皇派的分支机构，并成为19世纪末20世纪初在华侨社会中最有影响力的政治组织。革命派骨干认为"今以革命比之立宪，革命犹易，立宪犹难"。康梁维新思潮在海外传播的同时，革命派的势力也悄然兴起。① 1894年，孙中山率先在檀香山的华侨中成立革命组织兴中会。此后，兴中会的骨干成员致力于在檀香山以外的华侨社会中发展兴中会的组织力量，并且在几年之内迅速扩展到日本、南非和越南等国。1905年，孙中山和黄兴等人在日本东京成立了同盟会，此后在世界各地发展壮大。截止到1911年，同盟会的分支机构遍布美国、加拿大、古巴、新西兰、菲律宾、泰国、新加坡、缅甸、印度尼西亚、马来西亚和越南。

为发展经济和摆脱沉重的债务负担，清政府开始实行"新政"，其中重要的一项机构改革就是成立"商部"。清光绪二十九年（1903年），商部颁布了"商会简明章程"，旨在保护国内商业的发展，拓展海外的商业网络，发展大清帝国经济，广辟税源。由于在洋务运动过程中对祖（籍）国的卓越贡献，海外华侨富商的作用被清政府所重视。为了争取华侨富商们在政治和经济上的支持，抑制革命党人的势力，利用海外侨务资源发展"新政"，清政府遂决定将商会组织扩大到海外的华侨社会。

2. 海外中华商会的功能

清政府海外侨社建立商会，基本上是通过两种途径进行，或者是通过驻外领事承担这项任务，或是派遣专门的办事人员。其中，驻外领事较为

---

① 章炳麟：《驳康有为书》，载张枏、王忍之主编《辛亥革命前十年间时论选辑》第一卷下册，三联书店，1960，第752~759页。

熟悉当地华侨社会的情况，起到了重要作用。随着晚清"新政"的逐渐展开，各国华侨"商会"逐步建立起来。

清光绪三十年（1904年），著名侨领张振勋以太仆寺少卿、候补三品京堂，考察外埠商务大臣的身份到南洋地区考察商业经营情况，同时积极促进南洋商会的成立。清光绪二十九年（1903年），槟城的中华总商会成立。两年之后，新加坡中华商会也宣告成立。此后的30年间，古晋、柔佛、马六甲等地的商会也相继成立。清光绪三十三年（1907年），考察南洋商务大臣杨士琦到达菲律宾，奏请成立商会，得到了朝廷的批复。同年，日本长崎中华商务总会成立。此后又相继成立了神户中华商务总会和横滨中华商务总会。同样在清光绪三十三年（1907年），美国旧金山地区的总领事孙士颐号召在原有昭一和客商公所的基础上建立商会。次年，即清光绪三十四年（1908年），金山华商总会成立，邓广英任总理。宣清统元年（1909年），加拿大温哥华、维多利亚等地分别成立了商会。宣统二年（1910年），由清政府派驻俄国海参崴的总领事桂芳奏请，在沙俄远东的重要城市伯力设立商会。宣统三年（1911年），经由清朝驻墨西哥总领事沈艾孙建议，成立"旅墨华侨商工总会"。

总体来讲，晚清各国华侨社会的商会顺应了这一时期超帮群主义的潮流，其架构凌驾于任何帮群、血缘、方言和地域基础之上，协调和整合各个帮派之间的利益格局。以日本神户的商务总会为例，广东帮的郑视三出任商会的总理，三江帮的马聘三和福建帮的王大川出任协理，各帮派的势力呈现了"合作"的态势。在与反清革命党人争取侨务资源方面，商会成了清政府的重要工具。商会的领袖经过公推之后，需要清政府的批准和备案，形同清朝的官僚。这种方式对于清朝官方争取各国侨领意义重大。同时，在西方列强加紧瓜分世界和对殖民地控制的背景下，华人社会通过商会形成一个统一的利益共同体，与当地政府就具体问题进行交涉和谈判。

第二节　海外侨社内、外部冲突现状

二战结束以后，随着杜鲁门主义的出台，冷战在全球拉开了序幕，海外侨社深度卷入两极格局和两岸对峙的政治风潮中。华侨华人的民族认同受到消减，这一趋势在第二次世界大战之后就呈现了明显的趋势。冷战后期，中国对外政策的转向引领着中国与华侨华人住在国（主要是东南亚国家）关系的改善。尽管中国本土仍然处在国共对峙的状态，但是对于海外华侨华人社会的影响大不如前，总体处于下降趋势。与此同时，住在国的民族国家建构基本完成，华侨华人逐渐走上了融入当地主流社会的进程。在侨社的内外部冲突格局中，外部冲突处于明显下降态势，内部冲突开始显现出来。在影响要素方面，逐渐从政治因素转向了经济利益方面的冲突。

一 冷战初期侨社的内外冲突状态

（一）外部冲突

二战结束以后，由于苏联的显赫战绩和超强的军事势力，成为与美国并驾齐驱的军事强国和超级大国。随着苏联国力的上升，其意识形态社会主义思潮的影响力到达了顶峰，与美国为首的西方国家形成两极对峙的态势。在中国本土，受这股强大思潮的影响，社会主义的力量不断增强，并且最终在军事上战胜了亲美的蒋介石政权。与此同时，海外华人社会也发生了相应的分裂，亲大陆派和亲台派相继出现，其冲突延续至今。由于不同思潮的影响，原有通过地缘和业缘组成的侨社发生了分裂，以政治立场为天然界限，分立而治。

1. 政治层面

二战后世界迅速进入两大阵营对抗的局面，社会主义阵营与资本主义阵营分庭抗礼。到了20世纪五六十年代，第三世界国家掀起了民族主义浪潮，成为社会主义和资本主义之外的另一股政治风潮。中国与东南亚国家分别受到社会主义、民族主义的影响，双边关系也表现出政治思潮博弈的特征。同时，原殖民地纷纷独立，建立民族国家。在东南亚，长期以来被英国、美国和荷兰等国实行殖民统治，华侨华人在西方殖民政府统治时期，通过包税制度以及自身相对发达的经济贸易网络获取了一定的经济利益，尤其在东南亚国家中，华侨华人的经济成分较为重要，占据了其主流经济的一席之地。到战争结束以后，由于宗主国控制能力的下降，加上民族国家思潮席卷全球，导致民族国家成为人类共同体的基础方式。然而，与此同时，土著居民民族意识的觉醒出现了极端化的现象，部分国家的土著居民将华人视为殖民主义的一部分，认为华人在历史上参与了对土著人的剥削和压迫，希望将华人赶回祖（籍）国中国，这一思潮在战后的两极格局的背景下尤为强烈，并且导致华侨社会与住在国主流社会的矛盾与冲突。在战后的移民政策方面，泰国、菲律宾、印度尼西亚等国纷纷以"反共"为名推出限制乃至拒绝接纳中国移民的法案，政治的藩篱断绝了华侨华人与祖（籍）国的联系，也使得华侨华人难以和故乡的亲属团聚。二战后，在极端民族主义情绪和冷战的国际环境的影响下，各国纷纷掀起排华浪潮，紧张的族群关系使得这一时期华侨华人在居住国的生存面临严重的威胁，在东南亚诸国中，印度尼西亚对于华侨的排斥最为严酷。

在印度尼西亚，独立以后，由于印度尼西亚当地人在政治上的地位和权力优于华侨华人，而华侨华人在经济上却比印度尼西亚当地人占有很大优势，印度尼西亚人与华人在政治、经济上的不平衡导致印度尼西亚人与华人之间族群关系紧张。印度尼西亚各派政治势力在竞争中往往把华人作为攻击目标，认为华人掠夺了当地的社会财富，造成了印度尼西亚社会矛盾激化，并以此为排华借口。在整个 20 世纪 50 年代，印度尼西亚政府的一系列限制政策导致了华侨人口数量的急剧下降。有数据表明，1950 ~ 1958 年进入印度尼西亚的中国移民人数呈逐年下降趋势：1950 年进入印度尼西亚的中国移民为 23139 人，1951 年为 20701 人，1952 年为 19336 人，1953 年为 16777 人，1954 年为 16178 人，1955 年为 13414 人，1956 年为 11099 人，1957 年为 10658 人，1958 年为 7432 人。[①] 中国人入境人数的下降主要是受政府限制移民政策的影响。与此同时，在冷战的国际环境下，反共思潮对印度尼西亚政治产生了重要影响。1965 年 9 月 30 日，在印尼发生了"9·30"事件。在"9·30"事件发生后 30 多年的时间里，事件的真相一直扑朔迷离，时任陆军战略后备部队司令的苏哈托平息了这一危机并取代苏加诺成为印度尼西亚新的最高领导人，苏哈托在任时声称"9·30"事件是共产党策划的一场政变，而种种迹象尤其是 1998

---

① 黄昆章：《印尼华侨华人史（1950~2004）》，广东高等教育出版社，2005，第 9 页。

年苏哈托下台之后披露的证据则表明这一事件跟共产党毫无关系，事件的发生反映了当时印度尼西亚政坛不同政治力量的交锋，实质是代表军方右翼势力的苏哈托与政治立场中间偏左的前总统苏加诺之间的权力较量。苏哈托借机掌权，为了打击作为自己对立面的强大的印度尼西亚共产党，也为强化自己执政的合法性，遂将莫须有的罪名加诸共产党，并随之展开了激烈的清共行动。华人因为祖（籍）国是一个红色的中国，也被殃及池鱼，成为大规模排华浪潮的受害者。

在菲律宾，战后初期政府推行亲美反共的政策，在国内大肆迫害共产党和左翼人士。1946 年 7 月 30 日，国民党驻菲律宾总支部向菲律宾政府控告华侨抗日游击支队勾结菲律宾共产党（虎克党 Huks），当年 9 月，菲律宾政府即派出武警部队突袭《华侨导报》报社、联合中学等具有"左"派背景的团体，受此影响，华侨抗日游击支队（"华支"）和华侨抗日反奸大同盟（"抗反"）的大部分华侨被迫回国。此外，为打击侨社左翼力量，菲军方还在在菲国民党势力的配合下，于 1952 年 12 月 27 日出动军警，以肃清"共产党"和"共产党嫌疑分子"为名，逮捕了 315 名华侨，其中包括众多著名侨领，甚至有国民党党员在内。对此，黄滋生先生认为："这个历时九年之久的禁侨案，是菲政府以剿共为幌子蓄意炮制的冤狱。囚禁华侨社会中的国民党骨干分子和富商侨领，无非是为了恐吓与台北当局有密切关系的华侨，以达到削弱侨社与母国的联系、打击华侨政治经济势力之目的。这个冤案在全菲华侨心理上造成一种莫名的恐惧感。"[①]"禁侨案"导致了菲华社会陷入了恐怖氛围中，加剧了华侨对菲律宾政府的恐惧感。

在泰国，华人族群与当地族群相处融洽，是融合实践最为成功的国家。二战结束后，在东南亚各国疯狂排华的时候，泰国政府对泰国华人基本上是采取利用和同化的态度。在战后泰国以实施同化华人的政策为主，但是在 20 世纪前期，泰国也曾发生过排华事件，尤其是在銮披汶执政时期。主要原因在于两点：一是华侨华人在泰国经济中实力不断增强，对泰国经济有一定的影响力；二是老一辈泰国华人因为对祖（籍）国感情深

---

① 黄滋生、何思兵：《菲律宾华侨史》，广东高等教育出版社，1987，第 595 页。

厚，往往抱有落叶归根的思想，这引起了泰国政府的担忧。因此，銮披汶政府决定实施一系列限制泰国华人的政策，例如查封华文报纸、划定华人禁区、查封华校等。1948年，銮披汶政府下令封闭500多所华文中学，只允许一到四年级的学生学习华文，并且不超过5个小时。教学课本、教学场所需要由教育局统一审批。政府规定实行《强迫教育条例》，该《条例》规定：7~14岁的学生必须学习泰文。这使得华人将自己的子女更多送入英文学校或者免费的泰文学校，这样的家庭在华裔家庭中占90%以上。

在马来西亚，1957年8月31日正式独立后，政府因循了英国殖民者主持下达成的关于华侨问题的协议。马华公会承认马来人在政治和文化上的特殊地位，马来民族统一机构对华人的经济优势给予承认和保护。独立以后不久，掌握政权的马来人就开始温和地强化自己的政治地位。1959年，在联盟党内部的席位分配斗争中，巫统取得了2/3的席位，以便以此为原则进行席位分配。按照规定，这一比例有权修改宪法，意味着马来人可以撇开华人自行修宪，从而确立其在国家政治活动中的主导地位。1962年，巫统通过选举法修正案，将选区划分的标准从人口数量转向地域的大小。由于马来人在农村人口中的比例较高，致使马来人的选区得以扩大，占到总数的一半以上，使得马来人的政治优势更加巩固。同年，72所华文中学中有56所接受了政府改制，仅有16所坚持独立，致使华语教学在马来西亚受到重挫。

在越南，1955到1975年间，国家正处在南北分裂时期。抗美期间，南北政府都不同程度实行强制性政策，试图解决华侨国籍问题。在吴庭艳统治时期，南越政府三次颁布关于华侨国籍的规定，时间分别为1955年、1956年、1957年，放弃血统主义而采取出生地主义。1962年以后，南越政府强征华侨青年服兵役，使其成为政治斗争的牺牲品。此外，政府强迫华侨交纳名目繁多的苛捐杂税，如"反共税""国防税""战略村建筑费""养军费"等。同时，当地法律规定没有越文教师证的华侨不能当教师，禁止汉语授课，解散华侨社团，封闭华文报纸，废除商店中的华文招牌，以此淡化华侨的民族意识。在北越政权，华人的处境与中越关系较为密切。从20世纪50年代到60年代，中越关系处于"同志加兄弟"的亲密关系阶段，对于当地华侨，双方采取协商解决的方式。其中，北方华侨享有与越南人民同样的权利，以自愿的方式转入越南国籍，绝不强制转变国籍。60年代中期以后，中越两国分歧明显，北越政府开始对华侨推行较为严厉的措施，强迫保留中国国籍的华侨加入当地国籍。1967年，政府制定了"净化边境计划"，1969年规定不准华侨在边防部队服役，在党政机关工作的华侨干部或被降职，或被撤职。同时，北越学校也强制推行越语教学，限制汉语授课时间，华侨在当地的社会地位迅速下降。

在缅甸，1962年，以奈温为代表的军人集团发动了军事政变，推翻吴努政府，建立军人政权。同年4月6日，军政府宣布战前在缅甸居留的外侨以及具有充分入籍条件的人，凡已经申请当地国籍者均可入籍，而不愿加入当地国籍的外侨仍然可以在当地居住但是需要受到外侨登记条例的约束。然而，奈温政府的政策在一年之后就发生了重大转变。1963年，仰光对已经获得当地国籍和正在申请缅甸国籍的外侨证件重新检查，要求填写大量烦琐的表格。同时，有关部门不再进行外侨转变为当地公民的审查工作，也不再发放国籍登记证件。缅甸华侨在当地的境遇也有所恶化。

2. 经济层面

20世纪上半叶，东南亚各国开始民族主义觉醒，民族主义思潮兴起。太平洋战争爆发以后，日军瓦解了西方主导下的殖民体系，客观上推动了东南亚民族主义的进程。战后，各国纷纷摆脱宗主国的统治，建立起民族国家。华人民族主义与东南亚土著明显不同，其民族认同起源于中国国内的政治革命，认同对象是中国。民族主义内涵的差异是战后华社外部冲突的根本因素，并集中反映在经济领域。各国纷纷采取限制华侨经济的政策，扶植本国国民经济的发展。

在印度尼西亚，20世纪50年代后，政府实行了一系列的法令，旨在打压和限制印度尼西亚华侨。印度尼西亚华侨华人以其勤俭和善于经商的传统，经过多年经营，在五十年代基本控制了印度尼西亚的工商业。根据印度尼西亚政府在1959年的调查中显示，在印度尼西亚的外侨商店共104，875家，华侨华人占90，466家，其中零售商80，400家，资本达

23 亿盾，占印度尼西亚全部外资的 16.5%。在 8 万多家零售商中，50%
左右散布在印度尼西亚的各地乡镇。[①] 时任总统苏加诺认为华侨华人对印
度尼西亚经济占有过多，他们对印度尼西亚经济生活的控制严重威胁了印
度尼西亚社会的稳定与安全。因此，印度尼西亚政府在这一时期制定了一
系列排斥和限制印度尼西亚华侨经济的政策，1952 年印度尼西亚政府在
印尼境内实施"堡垒制"政策，限制华侨向印度尼西亚境内输入商品；
1959 年，颁布《总统第 10 号法令》，规定华侨经营的零售业必须在第二
年元旦之前停止经营，并且要求华侨将自己辛苦经营的业务移交给当地印
度尼西亚人。政府还实行严苛的手段打压华人经济，规定外资商店领取营
业执照必须缴纳足额的保证金，外侨经营的 27 种企业必须在限期时间内
转交到原住民商人经营，而其中 85% 是由华侨所经营的。[②] 实际上，限制
外侨最主要的目的还是限制华侨经济。《总统第 10 号法令》规定：禁止
外侨零售商在县以下经商，华侨华人只能在一级、二级自治区和州的首府
营业；小商贩必须在 1960 年 1 月 1 日前停业，且如果迁到新地点，必须
获得国内贸易局的批准。[③] 该法令的实施对印度尼西亚华侨经济造成重大
打击，使华侨被强制排斥出零售业领域，以往辛苦经营的生意一时间化为
乌有。当时华侨经营的零售店在印度尼西亚有八万多家，从业人员有 50
多万，这些人一夜之间陷入生存的困境。

在菲律宾，华侨在经济领域一直占有重要地位。战后，菲律宾国内的
民族主义情绪日益激进，在极端民族主义的影响下，菲律宾政府为了扶持
和发展菲律宾民族经济，陆续推出一系列菲化法令，华侨经济因此遭受严
重打击，被排斥在传统商业领域之外。菲化案的实施引起侨社的抗争，使
得侨社与主流社会的冲突加剧。在菲化案中对华侨影响最大的主要有两
个，即公共市场摊位菲化案和零售业菲化案。公共市场摊位菲化案是菲律
宾独立以后第一个正式成为法律的菲化案，于 1946 年 9 月由国会通过，
10 月由总统哈罗斯颁布，其内容规定：一、凡菲国公民有租赁公共菜市
摊位的优先权；二、财政部长有权颁布必需条例，以执行本法律。三、所

---

① 陈烈甫：《东南亚的华侨华人与华裔》，正中书局，1979，第 370 页。
② 周南京：《华侨华人百科全书·法律条例政策卷》，中国华侨出版社，2000，第 531 页。
③ 丘正欧：《苏哈托时代印尼排华史实》，中研院近代史研究所，2000，第 36~37 页。

有现行法律全部或一部，尚与本法律规定相违背者，均被废除。四、本法律于一九四七年元月一日起生效。[1] 该法案一出，菲律宾华社十分震惊。当时，马尼拉的十个菜市 7000 余个摊位中，华侨占了 1/3，[2] 整个菲律宾经营菜市的华侨摊商达 10000 人左右。[3] 公共市场摊位菲化案迫使上万华侨退出菜市经营，被迫转移经营行业，对华侨经济造成冲击。与此同时，在执法的过程中，经常发生警察以法律条例为借口勒索华侨的现象，造成族群间摩擦严重。零售业菲化案于 1954 年通过，规定从 1954 年 5 月 15 日开始菲律宾公民可以从事零售业，以前从事零售业的外侨，可以继续到死亡或退休为止，但他们的后裔须于 6 个月后开店。1954 年以后 10 年间，外侨公司与合伙企业必须清理。1954 年通过的零售业菲化案对华侨经济影响最大，据统计，1954 年外侨零售商有 20268 家，到 1964 年只剩下 10663 家，其中除 9828 家为独资经营，其余 835 家、即法人公司在 1964 年 6 月必须关门。菲化案的实施使华侨经济受到严重冲击，零售业菲化案的实施直接导致了菲律宾华侨经济的困境，华侨从传统商业领域中被排挤出来，使得华侨在菲律宾艰难求生，面临生存和发展的困境。

在泰国，二战结束以后，銮披汶在美国政府支持下发动了政变。上台以后，銮披汶推行反共排华的政策，逐渐将经济泰化，实行国有垄断。1954 年，銮披汶政府颁布了《土地法》，旨在限制外侨土地权，泰国华人经济的发展受到了极大的限制。在泰国的经济结构中，外贸出口主要是出口大米、橡胶、锡、木材四类产品。根据统计，1951 年这四种货物约占泰国出口货物的 86.5%。[4] 而华人在这些重要产品的经营上占有重要位置。以米业为例，在泰国大部分碾米厂都是华人在经营，在泰国首都曼谷只有 8 家碾米厂是泰国人经营。而且在其中 7 家碾米厂中有 6 个经理是泰籍华人。在整个泰国社会，泰国人经营的碾米厂不足 15%，大部分都掌握在华人手中，足以见得华人在这一商业领域的垄断地位。为此，泰国政

---

① 夏诚华：《菲化政策对华侨经济之影响》，"中华民国"海外华人研究学会，2003，第 91 页。

② 郭梁：《东南亚华侨华人经济简史》，经济科学出版社，1998，第 153 页。

③ 《菲律宾政府对华侨经济事业政策的资料》，厦门大学南洋研究所《资料辑存》第 705 期，1958，第 2 页。

④ James C. Ingrain, *Economic Change in Thailand since 1850* (Stanford：Stanford University Press，1955)，p. 94.

府产生深深的担忧，出台了许多经济政策来限制华人的商业活动，例如颁布《管制华侨商业法令》，主要目的是将华人排挤出目前占优势地位的经济领域。同时，为了扶植泰国人的经济活动，还规定六七十种行业禁止华侨从事经营活动。1963 年，泰国政府颁布《管制外侨职业条例》，使得华侨就业艰难。泰国在经济领域对华侨的打击造成华侨就业艰难，华侨被排挤出以往经营的行业领域，经济上陷入困境。

在马来西亚，以马来人政党为首的联盟政府这时开始推行马来人优先的政策，如继续划分马来人保留地，为马来人保留经营特殊行业的许可证，对马来人私人企业提供低息贷款，以协助马来人经济的发展。这些措施造成这一时期族群之间的经济地位发生了明显的变化。

表 8 - 4　1957 年和 1970 年西马地区马来人、华人城乡分布变化

族群	城市人口				农村人口			
	1957 年		1970 年		1957 年		1970 年	
	人口数	占比（%）	人口数	占比（%）	人口数	占比（%）	人口数	占比（%）
马来人	349605	21.0	694935	27.4	2775869	60.2	39766939	63.4
华　人	1042668	62.5	1491871	58.7	1291088	28.0	1639449	26.1
印度人	213863	12.8	324223	12.8	482323	10.5	612118	9.8
其他人	60833	3.7	28585	1.1	62509	1.3	41164	0.7
总　计	1666969	100	2539887	100	4611789	100	6269670	100

资料来源：林勇：《马来西亚华人与马来人经济地位变化比较研究（1957～2005）》，厦门大学出版社，2008，第 56 页。

如表 8 - 4 所示，在 1957 年到 1970 年的 13 年间，华人在城市人口中的占比有所下降，而马来人这一数据上升最为明显。实际上，这种现象的形成与执政党对马来人的保护政策有着密不可分的联系。到 20 世纪 60 年代末，自由放任经济政策下的社会矛盾最终爆发，演化为 1969 年的 "5·13" 事件。在该事件中，获得选举胜利的华人政党民主行动党成员在游行过程中与马来人激进分子发生剧烈冲突，并演化为全国性的种族冲突事件。尽管该事件是严重的族群冲突事件，但究其原因，13 年来政府对于马来人经济特权的保护导致其族群内部的贫富差距拉大却是其根本因素。有研究表明，在 1957 年到 1970 年的 13 年间，马来人的高收入群体

增加了 10 个百分点，20% 的马来人口占据了大量的社会财富。① 而贫富差距拉大所产生的社会矛盾却被转嫁到华人身上，经济因素构成了华社外部冲突的重要原因。

（二）内部冲突

二战结束以后，国共两党陷入内战，政治斗争愈演愈烈，海外华社受国共两党政治斗争的影响内部矛盾激化，华社的内部冲突使华社日益分裂。造成华社内部冲突的原因主要在于政治倾向（或政治取向）的不同。

两岸政治分野对于海外华社影响最为严重的时期发生在战后到 50 年代初期。二战以后，国共两党进入到了内战状态，双方各自拥有百万军队，又有美苏两个超级大国背后的支持，内战的规模超过了历史上任何一次，对峙的状态甚至波及海外华社。"战后东南亚华侨社会与战前相比，已经发生了很大的变化。华侨社团以团结合作、共同抗日为崇高目标的政治基础已经不存在。对待中国国内战争的不同立场使许多华侨社团领导人之间出现了明显的政治分歧。"②

1946 年 9 月，陈嘉庚以南洋总会的名义致电美国总统杜鲁门和参众两院议长，抨击蒋介石政府发动内战的行为，呼吁美国政府停止对国民政府的军事和经济援助。然而，陈嘉庚的电文受到了海外侨社内部的巨大争议，《南洋商报》认为南侨总会已经"失掉灵魂，仅存躯壳"，驳斥了陈嘉庚的观点。这一事件标志着南侨总会失去了东南亚华侨领导机构的权威，而意识形态的分歧已经侵入了华侨社会的内部。

在泰国，华侨由于政治立场、政治取向和意识形态的分歧，明显分成了亲大陆派和亲台派两派阵营。1948 年以前，共产党掌握着泰国的工会，到了 1950 年，中央工会的成员已经接近 5 万人。相比之下，国民党组织的工会从来没能成为一个有规模的组织。国民党则在曼谷相继成立直属支部、中华会馆及三民主义青年团。同时，该派在泰国各地成立华侨公会，作为亲国民党势力的活动场所。在銮披汶执政之后不久，泰国工会成立。1948 年到 1949 年，政府对华人主导的工会进行查抄，这就是要暴露华人

---

① 林勇：《马来西亚华人与马来人经济地位变化比较研究（1957～2005）》，厦门大学出版社，2008，第 69 页。

② 梁英明：《战后东南亚华人社会变化研究》，昆仑出版社，2001，第 201 页。

与政治颠覆的联系。在朝鲜战争爆发之后，泰国政府开始加强了反共措施，华人社会也进行政治上的调整。在媒体方面，《华侨日报》之前的亲共热情在1950年10月底几乎降到冰点，该报刊登了一系列关于共产党执政的文章，这些对新政权是很不利的。《光华报》的政策在1950年初至1951年底表现出些许右倾的趋势。1951年3月，亲台湾的《民主日报》在得到台湾和美国方面的资金支持之后成功发行，两派之间的舆论战升级。对于华侨社会的纷争，銮披汶指出，如果华人要分成两个集团……暹罗和暹罗人民不会干涉，因为这是华人内部事务。但是，如果华人忘记自己是居住在暹罗并且相互争斗，暹罗将会非常失望。1952年，泰国议会将外侨随身证例费从财政部提议的200泰铢提升到400泰铢。当年11月，当局以"密谋推翻泰国政府"的名义掀起了反共的高潮，逮捕了大批的左翼人士。在中华总商会的内部，亲共产党的势力也受到打击。1953年，中华总商会以"发起人"的身份加入了国民党组织的机构，商会的秘书长由国民党曼谷分支的总书记担任。在社团方面，福建会馆公开宣布支持台湾，而潮州会馆则由于立场不坚定而被迫解散，加入其他社团。在华文媒体方面，《中原报》和《星暹日报》转向国民党阵营，将台湾称为"自由中国"，而这两家报纸在泰国拥有最大的发行量，都超过了10000份。总体来讲，这一时期亲共势力在泰国华侨社会中的影响转入低潮。①

　　在菲律宾，战后政府奉行亲美反共的政策，与台湾方面建立外交关系。台湾方面通过"驻菲大使馆"和国民党驻菲律宾支部插手菲华社会，使得马尼拉中华商会和国民党驻菲律宾总部处于对立中。台湾方面希望建立一个听命于自己的社团维系其政治利益，主张瓦解马尼拉中华商会。亲台意识在华社的内部斗争中占据了主动，1947年10月4日到6日的"全菲中华商会代表大会"中，来自马尼拉市的一个商会正式提出了组建全侨最高组织"菲律宾中华总商会"以取代马尼拉中华商会的建议。1951年4月20日，马尼拉中华商会主持召开的"第一次全菲中华商会理事长会议"中，"中华总商会"的提议被再次提出。然而，这一提议一直没有

---

①　有关泰国华侨社会基于政治认同的分裂的相关内容主要参考〔美〕施坚雅《泰国华人社会：历史的分析》，许华等译，厦门大学出版社，2010，第324~332页。

通过，原因在于马尼拉中华商会的激烈反对。马尼拉中华商会成立以来，一直是菲华社会实际上的最高机构，建立"商总"势必影响到该商会的利益。商会提出了三项反对的理由。首先，菲律宾华侨超过20万人，散居在全国各地，不能以某一个地域的团体来代表，更不能实行自上而下的组织程序。相反，应该采取自下而上的方案。其次，作为民间组织，菲华社团不适用采取政府式的上下统属的方式来管理，这样不利于为华社谋取利益。再次，菲律宾华侨分散在全国各地，难以在短时间内聚集，其工作的效率值得怀疑。若是一味坚持社团的工作，也有损个人的事业。这些说法显然旨在维持马尼拉中华商会现有的地位，华社的分化显而易见。以杨启泰为代表的亲台势力则主张改革，二者形成了激烈的交锋。最终，在强大的外部压力下，马尼拉中华商会不得不放弃立场，同意建立新的全国性组织。但是，马尼拉中华商会与华社内部其他势力尤其是亲国民党派的分歧仍然存在。在商总抗争"零售业菲化案"失败之后，开始出现了"解散商总"的声音，在"米黍业菲化案"交涉失败，再次引起了华社的普遍不满，甚至有人建议将护侨的责任交于大使馆，并结束商总。纵观战后初期的华社，当局的政策和两岸政治立场的对立在不同的历史时期激化着华社的内部矛盾，而围绕华人社团的争斗则是其具体表现。

在缅甸，华侨社会也因为政治倾向不同而对立明显。1949年，李弥带领国民党残余部队进入缅甸地区，准备伺机反攻大陆。由于缅甸政府军的围剿，这股部队滞留在金三角地区，组建反共的"自卫队"。1973年，由于国民党军卷入了鸦片贸易，遭到国际舆论的声讨，奈温政府宣布将其解散，余部涌入缅北各大城市，这批华人成为"亲台派"的主体。此外，在缅甸南部的广大地区，多数的非军事性移民往往倾向于中国大陆政权。20世纪50年代，由于新中国政府极其重视缅甸方面的工作，造成了一时间"华侨社会满地红"的情景。1966年后，中国大陆开始"文革"，极左的政策蔓延至缅甸，导致了"6·26"事件的爆发。1967年6月26日，缅甸社会掀起了大规模的排华运动，华人的商店和住宅遭到打砸抢烧，"亲大陆派"势力受到沉重打击。此后，"亲台派"势力乘胜追击，基本控制了缅华社会。直到21世纪，缅华社会中的"亲大陆派"的势力才重新恢复，但是两派对峙的局面并没有得到根本转变，这种情况在当前缅华社会的华文教育领域表现得尤为明显。时至今日，在曼德勒的 7 所华文学校中，还是存在明显的对立局面。其中，明德学校、育才学校和孔教学校是典型的"亲台派"学校，云华师范学院、新世纪学校、昌华学校、福庆学校则是典型的"亲大陆派"学校。其中，孔教学校被称为曼德勒华文学校中的"白色堡垒"，是"亲台派"中的代表，而福庆学校则被认为是"红色堡垒"，是坚决倡导"亲大陆"的学校。两派学校用不同的教材，"亲台派"主张延续繁体字，"亲大陆派"主张用简体字。此外，在教学仪式，价值观念、留学意向等方面两派都持有鲜明的对立立场。

二 冷战后期侨社的内外冲突变化

20 世纪 60 年代末 70 年代初，美国的全球战略进行了重大调整，从越南脱身、在亚太地区收缩使得美国期望改善与中国的关系，以借助中国制衡苏联；中苏关系的破裂也促使中国改变思维模式、调整外交战略，通过发展与西方国家的关系以改变中国在国际舞台上相对孤立的局面。受此影响，20 世纪 70 年代后，中美关系正常化起步，中国与其他西方阵营国家的关系也相继改善，包括东南亚多国在内的原亲美国家也陆续与中国建交，改善了华侨华人在住在国的生存环境。

（一）外部冲突的缓解

20 世纪 70 年代以后，随着中苏关系的破裂和局部战争的爆发，中国政府在外交上开始尝试新的战略选择。一方面，以毛泽东为首的中共最高层决定加强与亚非拉民族国家的政治往来和政治互信；另一方面，中国政府加强了与西方国家的接触，并开启了中美关系正常化的进程。1972 年美国总统尼克松的访华被认为是中美关系的"破冰之旅"，两代中共主要领导人与美国高层频繁接触，进入了两国关系的"蜜月期"。

1. 政治层面的冲突

1972 年，中国官方开始向英法等国派遣留学生。1978 年，中国派遣赴美留学生 75 名。在经济活动方面，华侨华人开始涉及工业、农业、房地产和金融业等高层次经济领域。从 1977 年到 1987 年的 10 年间，美国华人拥有的企业数量增加了 286%，经济实力超越了日裔和韩裔，跃居少数族裔之首位。① 同时，华人开始更多涉足美国的政治选举。在华侨华人融合问题上，政治参与是重要的标志。"华人精英通过竞选和委任在各级政府和议会都有自己的代言人；华人参政团体长期从事选民教育，进行选民动员，增强了华人的凝聚力；普通华人公民的参政意识显著提高，积极参加各级选举和各种非选举政治活动。"② 华侨华人通过政治上的参选维护着自身的族群利益，也促进了美国主流社会更加开放和包容，推进各族群之间政治权利的平等。以骆家辉、赵小兰为代表的华裔政治领袖在华裔人士乃至于众多华社的支持之下成功跻身美国政坛的高层，甚至进入了美国总统的核心决策团队。

表 8-5　美国华人参政的代表性事件

时　间	代表人物	政治活动	备　注
1986 年 12 月	陈香梅、吴仙标、许卓云、杨振宁等 40 位著名学者	《华裔公民关于 1988 年大选政治宣言》，同时在美国十多个大城市的华裔社区公布	美国华人第一次组建全美华裔临时性超党派参政团体
2004 年 5 月	华盛顿州长骆家辉	发起"全国亚太裔领袖支持克里组织"	在支持克里的同时为亚裔争取更多的权益
2008 年	吴宗锦	发起成立南加州第一个精英型的临时性团体"美国华裔希拉里之友会"，呼吁华人支持希拉里	参与政治选举的同时为自身谋求政治权益，消弭族群之间的隔阂

资料来源：万晓宏：《当代美国华人政治参与研究（1965～2012）》，暨南大学出版社，2013，第 80 页。

2. 经济层面的冲突

随着战后的国际产业转移，东南亚各国都开始了推进工业化的政策。在 20 世纪五六十年代，东南亚工业化以进口替代为主。进入 70 年代，各国开始着力发展出口导向企业，纷纷放宽了对华商的限制，致使侨社与外部经济层面的冲突也得到了缓解。

---

① 万晓宏：《当代美国华人政治参与研究（1965～2012）》，暨南大学出版社，2013，第 80 页。

② 万晓宏：《当代美国华人政治参与研究（1965～2012）》，暨南大学出版社，2013，第 271 页。

在印度尼西亚，"'新秩序政府'改变了苏加诺政府排斥华人经济的政策，重视华人经济的积极作用，虽然仍有某些限制，但更重要的是充分利用"。① 1967 年，印度尼西亚政府颁布了《解决华人问题的基本政策》，明确规定要"利用华人资金和力量，参与印尼的经济建设"。② 与此同时，华商"响应政府号召，积极参与当地建设，关心社会慈善事业。华人企业家既已落地生根，成为民族经济的组成部分，他们如果要继续发展自己的视野，就应积极、主动地为当地的经济建设作出贡献。"③

在马来西亚，从 1971 年以后就开始实行"新经济政策"（也称"第一远景计划纲要"），目的在于"扶持马来民族和土著少数民族发展经济，实现'消除贫困、重组社会，建立一个公平合理、进步繁荣的社会的长远经济发展目标'"。该政策的具体目标是：将贫困率从 1970 年的 49.3%，减低到 1990 年的 16.7%。重组社会则要求职业和股权结构到 1990 年能反映人口结构。④ 在具体政策方面，政府设立国有垄断机构，通过财政扶植的方式形成垄断优势，廉价收购民营经济，达到发展土著经济的目的。通过垄断优势，马来特权阶层积累了巨额的财富。同时，在执行"新经济政策"的过程中，马来西亚政府对该政策进行了调整，从 20 世纪 80 年代开始，华人和国内其他民族一样，享有这些政策所提供的同等优惠，华人企业受到的限制有所放宽。进入 20 世纪 90 年代后，"马来西亚用'国家开发政策'（National Development Policy）取代'新经济政策'，并提出官民合作概念（Malaysia Incorporatea），希望民营企业承担经济发展的重任，强调各民族平等发展的原则"。⑤ 到 1990 年，马来西亚的股权制企业发展达到了较为成熟的状态。股份制公司的发展致使华人在经济层面上与马来人为代表的主流社会拥有了更多的共同利益，也成为族群间矛盾缓和的重要原因和显著标志。此外，20 世纪 70 年代之后马来西亚的反贫困政策的有效性也是族群关系缓和的关键。到 1990 年"新经济政

---

① 黄昆章：《印尼华侨华人史（1950~2004）》，广东高等教育出版社，2005，第 221 页。
② 郭梁：《华侨华人经济简史》，经济科学出版社，1998，第 203 页。
③ 黄昆章：《印尼华侨华人史（1950~2004）》，广东高等教育出版社，2005，第 227 页。
④ 马燕冰、张学刚、骆永昆：《列国志：马来西亚》，社会科学文献出版社，2011，第 242 页。
⑤ 郭梁：《华侨华人经济简史》，经济科学出版社，1998，第 203 页。

策"执行到期时,马来西亚各族群的贫困率都显著下降:就社会整体而言,贫困率由 1970 年的 49.3% 降至 1990 年的 15%;在农村,贫困率由58.7% 降至 19.3%;在城市,由 21.3% 降至 7.3%;具体到马来人、华人和印度人群体,其贫困率则分别由 65% 降至 20.8%,由 26% 降至 5.7%,由 39% 降至 8.0%。[①] 尤其是作为原住民和主体族群的马来人贫困率显著下降,在很大程度上维持着族群经济的平衡,避免了类似"5·13"事件的再度发生,保障了社会的安定。

(二)内部冲突的凸显

1971 年,中国成功恢复了在联合国的合法席位,并且成为联合国的常任理事国。与此同时,台湾国民党当局的代表被迫离开了联合国,这一事件对于海外华侨华人社会的发展也有着重要的推动意义。国际关系的变动对于海外华社来讲是一把"双刃剑":一方面,祖(籍)国与住在国的关系缓和极大改善了华社生存的外在环境,有利于多元认同的维系,在海外华侨华人融入主流社会的同时与祖籍国保持密切而频繁的交往,为华社的发展和族群利益的维系争取良好的外部环境;另一方面,由于"亲台势力"在华社中形成的大一统格局被打破,内在矛盾再次显现出来。随着大陆地区的华侨政策逐渐转向开放,并且给予了海外华侨诸多的优惠政策,越来越多的侨领开始倾向于大陆共产党政权,原有的侨社格局发生了变化。与此同时,华侨华人融入当地成为大势所趋,几代人不同程度的开始认同当地的政治、文化。基于不同的环境和利益诉求,华侨华人融合进程呈现了巨大的差异,这种差异事实上加剧了侨社内部的意见分歧。与此同时,随着中美关系的改善,中国与东南亚国家纷纷建立外交关系,华侨的生存环境得到了改善。

中菲建交之后,菲律宾亲大陆的社团较为活跃。菲律宾洪门进步党、竹林协义总团等组织复办,菲华联谊会和菲中了解协会等组织创立,并且率团访问大陆。中菲建交初期,亲大陆派在亲台派静止观望的情形下,表面上虽然几乎掌握了华社的文化体育活动,搞得有声有色,但并没有对华

---

① 林勇:《马来西亚华人与马来人经济地位变化比较研究(1957~2005)》,厦门大学出版社,2008,第 150 页。

社整合发挥多大作用。相反，不久后亲台派在看清了中国政府的态度，衡量局势，摸清了彼此的实力后，又纷纷出面活动，逐渐恢复了昔日的声势，并开始了与亲大陆派的争夺。在施振民看来，中国政治成为华人领袖争取地位与权柄的新手段，这种政治取向无形中又将菲华社会推回无从抉择的十字街头。中国政治一时阻塞了整合的道路。与此同时，利益纠纷也是菲华侨社内部冲突的重要因素。1985 年，商总理事长庄清泉接待大陆代表团，亲台派借机将攻击的矛头指向善举公所的经营问题，并试图控制公所。由于此前公所重新注册的过程中剥夺了 1800 位华侨分享义山收益的权利，而新任理事长姚荣辉对善举公所对义山的所有权提出质疑。双方的利益纠纷致使商总与马尼拉中华商会的矛盾激化。①

三　后冷战时期华社的内外冲突

1989～1991 年间，东欧剧变、苏联解体导致了社会主义阵营的瓦解，1947 年冷战开始以来所形成的两极对峙的格局终结，在国际关系领域里，意识形态不再是主导性因素，和平与发展成为后冷战时期的主题。受此影响，中国的对外关系进一步发展，两岸关系走向缓和，在海外华侨华人社会，内外冲突也渐趋缓和。

（一）政治冲突

冷战以后，尽管意识形态在华社的影响有所下降，但由于中国仍然处在国家分裂的状态，华社内部的政治冲突仍然存在。如，菲华商总内部在后冷战时期的冲突具有深刻的历史渊源，集中体现为保守派与开明派政治取向的差异。从政治认同的角度来看，二者都认同于当地，但是其程度有所不同。开明派对当地的认同程度较高，政治上倾向于当地；保守派对当地的认同程度不如开明派，也更加热衷于关注中国政治。20 世纪 90 年代，两派的矛盾集中体现在几次选举风波中。1993 年选举中，受总统拉莫斯劝说参选的陈永栽被台湾当局和保守派视为"不受欢迎的人"，推出董尚真参与竞选。后来，由于拉莫斯意识到华社的复杂，才力劝陈永栽放

---

① 有关中菲建交后菲华社会的内部冲突的相关内容参见朱东芹：《冲突与融合：菲华商联总会与战后菲华社会的发展》，厦门大学出版社，2005，第 150～159 页。

弃，使董尚真当选。在两岸关系上，商总开始持中立的立场，并于 1994 年组团访问大陆，在华社引起巨大反响。然而，这次大陆之行在成行之前却受到了铁杆亲台分子的极力阻挠。到 1995 年的竞选中，保守派与开明派的斗争更加激烈。尽管董尚真最终成功连任，但是保守派在此期间以缺席抵制董事会、通过媒体抨击等方式加以阻止，企图维持台湾方面对华社的控制。到 1997 年的选举，杨海章为首的开明派大获全胜，巩固了在华社的领导地位。两派的斗争最终以开明派的胜利而告终。

（二）经济冲突

1978 年中国实施"改革开放"以后，放开了国内居民的出境政策，引发了大陆居民移民海外的浪潮，这些人被称为"新移民"，目前有相当规模、实力和影响力，是我国侨务工作的重点。新移民的不断涌入，使海外华人社会结构发生了变化，然而，在注入新鲜血液的同时，新老移民之间的矛盾也凸显出来。以日本为例，在日本华侨社会，横滨中华街是最大的中华街，也被认为是世界上最干净、治安环境最好的中华街，但是，在日华人和港台、大陆游客的不断涌入，刺激着当地市场的发展，新华侨的店铺急剧增加，给老华侨造成了严重的冲击。以往的中餐馆是横滨华社的一大特色，然而，价格低廉的新移民餐馆抢占了大量的市场份额，尤其是大量的低消费人群自动流向了新华侨的店铺。此外，新移民餐馆提供的物美价廉的自助餐，也经常成为媒体讨论的话题，老华侨的传统餐饮行业受到了很大的冲击，其长期积累起来的品牌形象也受到了严重影响。对于突然形成巨大竞争优势的新华侨，老华侨往往表现出懊恼但却难以扭转这一现象，很多老店铺生意不景气，最终陷入倒闭破产的境地。同时，新华侨在组织经营上又不按照传统规矩办事，不加入当地社团，也引起了老华侨的不满，这些成为滋生华社内部矛盾的重要因素。

（三）文化冲突

新移民群体的膨胀在带给整个华侨社会新的社会资源的同时，也凸显出与老华侨之间的巨大差异。随着经济开放和思想解放所产生的个体意识的增加，新移民的个人价值观念与海外侨社的传统价值观念存在一定程度的差异。在新移民群体之间、新移民与老移民之间，普遍存在着价值观念等多种层面上的隔阂。

表 8 - 6   日本新老华侨的差异比较

	老华侨	新华侨
子女教育	对民族文化接受程度高	民族文化接受程度低
社团归属感	社团依存度高	社团依存度低
婚姻观	老华侨第二代国际通婚率与新侨第一代接近。	
"归化"观	老华侨第一代抵制入籍	新侨第一代已接受入籍
职业状况	个体经营为主	"被雇佣"形式为主
自我意识	第一代趋同，新侨第二代疏远中国传统文化较快	
"华人化"进程	"循序渐进"	"跃进式"

资料来源：朱慧玲：《中日关系正常化以来日本华侨华人社会的变迁》，厦门大学出版社，2003，第 89～96 页。

实际上，不仅在日本，在东南亚及其他地区同样存在新老移民之间的矛盾和隔阂，新移民的经济活动对于老一辈华人的经营活动带来冲击为主要原因。在东南亚国家，华人与新移民的矛盾主要表现在对新移民的歧视和排斥。华人由于较早来到住在国，经过长期的发展，经济上已有所成就，条件较好，政治上也已入籍当地，拥有一定的发言权，控制着华侨社会内部的组织资源。相反，新移民大都初来乍到，基本还处于事业的起步阶段，相当一部分人经济基础薄弱。在老华侨中，有的人瞧不起刚来的身无分文的新移民，这一情况也蔓延到了华人组织系统中，有的华人社团拒绝一些新移民加入。此外，也有少数新移民到东南亚后从事非法活动，如参与贩毒或抢劫绑架等活动，再加上带有种族歧视的媒体的炒作，当地的华人对新移民就带有偏见，加剧了新老华侨之间的芥蒂。"老华侨华人认为以前他们都是循规蹈矩，勤劳致富，而有些新移民想不劳而获，或想干非法的活动暴发，他们鄙视这些新移民，所以宗亲会和同乡会不让新移民参加，甚至把新移民排斥于华人社会之外。"[①]

---

① 曾少聪：《漂泊与根植：当代东南亚华人族群关系研究》，中国社会科学出版社，2004，第 190 页。

第三节 构建"和谐侨社"的理论阐释

"和"是保障人际交往及社会健康发展的重要因素，因此，中国传统文化推崇"和为贵"，在论及海外华侨华人社会的发展时，建设"和谐侨社"观点的提出既是对传统理念的发扬，也符合海外侨社发展的现实需求。

一 传统和谐思想的现代整合

在和谐侨社的构建中，华侨华人社团是重要的组成部分，原因有三：一是源于历史经验的维度，在华侨华人融入主流社会的过程之前，社团组织一直是维系族群认同和共同利益的组织资源；二是源于理论的维度，马克思将"自由民联合体"作为个人实现自我价值的组织基础；三是源于现实利益的维度，在"本土化"的过程中，社团仍然是华侨华人争取自身利益的重要途径。在民主选举制度较为成熟的国家它是华侨华人参政的实力来源。

（一）传统"和谐"思想

"和谐"思想渊源久远。远在中华文明的早期，和谐思想就已经深入文明的骨髓。以儒家为代表的中国传统文明形成了带有等级差异特征的和谐思想，千百年的中国历史长河中，和谐思想一脉相承，深刻影响着中国社会的历史变迁和周边睦邻关系。时至今日，传统的和谐思想在构建和谐侨社中仍然具有现实意义。

《礼记·礼运》中写道："大道之行也，天下为公。选贤与能，讲信修睦。故人不独亲其亲，不独子其子。使老有所终，壮有所用，幼有所长，鳏寡孤独废疾者，皆有所养。"先秦儒家通过个人层面的"克己守仁"实践"礼"的原则，并且推己及人，涉及个人与他人、邻里、同胞、集体之间的爱。由此，儒家通过"仁"和"礼"描绘了理想社会的蓝图，深入到了个体修身层面，并进而完成"齐家、治国、平天下"的人生理想和政治抱负。这种社会蓝图的勾勒方式以个体道德实践为途径，旨在建立人与外在世界"和谐"共存。董仲舒时期，人的外在环境被表述为天，董氏称："天，仁也。天覆育万物，既化而生之，有养而成之，事功无已，终而复始，举凡归之以奉人，察于天之意，无穷极之仁也。人之受命于天，取仁于天而仁也。"① 在这里，"仁"既是人与外在世界"和谐"状态的具体表述方式。到唐代，韩愈将董仲舒时期的外在的"天"的概念转化为内在于心的"道"。"道"事实上就是内在空间中的心性问题。通过对于内在心性的修养和磨炼，达到内在的和谐状态。在格物致知的基础上，才能修身齐家治国平天下。事实上，这种内在的转向顺应了佛教传入之后的哲理变化，重建了儒家作为正统意识形态的体系。由此建构和谐社会的路径方式对于宋明理学产生了重要的影响。宋朝时期，儒学对于佛教思想的吸收完成，杂糅道家的学说，形成了"三教合一"的趋势。沿袭着韩愈以来的内在化的倾向，宋明理学将心性问题发展到了巅峰，提出了"存天理，灭人欲"，将内在化的"理"作为统摄外在万事万物的基本原则。以"理"为基础，宋代新儒家将汉代以来的"三纲五常"也发挥到了极致。对于群臣、父子之间的和谐关系做出了现实秩序上的规定，也彰显了士人对于和谐社会构建的伦理职责。"五四"时期，以科学理性解构传统道德秩序，并在反对"旧道德"的同时提倡"新道德"，形成自由、民主、人权得到尊重和保障的现代社会秩序。科学理性对于中华文明的改造经历了两次实质性的跃进，一次是科学社会主义成为官方正统的意识形态，另一次是科学发展观的理念在意识形态中破茧而出。由此，科学理性成为构建现代中国秩序的基础，"可持续"思想被深入到社会建设和经济发展中，传统道德本位的和谐思想完成了向现代的蜕变过程。

（二）和谐社会与和谐侨社

"中国梦"的提出以和谐社会的蓝图为基础，是"和谐"思想从社会层面深入到国家民族的层面。习近平总书记在接受记者采访时曾经明确表示，"中国梦就是实现中华民族的伟大复兴。"事实上，"和谐侨社"比"中国梦"概念出现的更早。早在 2007 年的第四届世界华侨华人社团联

---

① （汉）董仲舒：《春秋繁露》，张世亮、钟肇鹏、周桂钿译注，中华书局，2012，第421页。

谊大会上，国务院侨办主任裘援平就首次提出以"和睦相融、合作共赢、团结友爱、充满活力"为内涵的和谐侨社理念。2014年是国务院侨办确定的"和谐侨社建设年"，在当年举办的第七届世界华侨华人联谊大会上，裘援平主任表示："中华民族伟大复兴是两岸四地和全球华人共同认可的目标，侨社内部团结和谐很重要。"同时，"海外侨社特别重视内部文明建设，尊重当地习俗、回馈社会、热心公益，自觉维护中国人的形象，这对中国软实力建设非常有利。"① 2015年8月8日，首个"和谐侨社建设论坛"在法国巴黎举办，国务院侨务办公室副主任谭天星出席。② 此次会议在具体实践的领域将和谐侨社的建设进行了系统阐释。

就族群概念来讲，华侨华人社会处在中华文明的边缘地带，华侨华人是广义中华民族的一部分，中华民族的复兴包含着华侨华人的发展。民族和谐是民族复兴的内在秩序，民族复兴是民族和谐的外在形式。从这个角度来讲，"和谐侨社"的构建是民族和谐的一部分，也是民族复兴的一部分。因此，"中国梦""和谐社会""和谐侨社"这些概念联系广泛、密不可分。

（三）和谐侨社与公平正义

公平正义是构建和谐社会和和谐侨社的重要内在价值，公平正义理念注入和谐侨社的关键在于保持理性的制度设计，并且保证个体的道德实践在理性的制度环境中运转。近代以来，科学理性对古老的中华文明构成了巨大的冲击。道德依旧是现代社会组织"群己权界"重要的判断依据，决定着组织系统中个体参与者的权利与义务，理性决定着组织系统的价值理念和存在合法性，规定着组织系统运转的基本原则。组织系统中的道德标准以价值理性为基础，道德的建构源自组织理念的完善和内在认同的达成。归根到底，组织内部的道德主义建立在理性主义的基础之上，尤其成为维护公平正义的重要原则。在具体表现方面，个体和小团体的道德行为的界定首先取决于对组织原则和章程的认同和遵守。当然，其前提在于组

① 《华侨华人社团联谊大会将聚焦和谐侨社，传播正能量》，中国新闻网，2014年6月3日，http://www.chinanews.com/zgqj/2014/06 – 03/6240013.shtml。
② 《首个海外"和谐侨社论坛"法国举办，谭天星出席》，中国新闻网，2015年8月8日，http://news.163.com/15/0808/12/B0GCTRG200014JB6.html。

织原则和章程体现了价值理性的原则，保障成员的内在价值的尊严和外在权利。这同样是组织团体良性运转机制的形成基础，也是"和谐"思想在制度公正层面的反映。休谟曾经认为，"从长远来看，每个人都将会从整个正义体系的稳定运作中获益"。① 尽管罗尔斯并不完全同意休谟对于制度正义的解释，但罗尔斯在制度正义的层面同样尊重制度正义的重要性，并且将制度正义的基础归于"公共理性"问题。在和谐侨社的构建中，保障所谓"公共理性"的关键在于对个体价值和文明多样性的保障两个方面。在个体价值的保障方面，传统社会的道德伦理秩序在于保障公共权力，个体价值和利益在集体主义的统摄之下。现代社会在"群己权界"的问题上发生了改变。集团主义本位随着理性的启蒙和新的道德形态的产生而让位于个人价值的彰显。在现代性的思潮之下，个人的价值追求和精神信仰的皈依得到了自由的保障，公共的事业也开始建立在个体成就的基础之上。正如托克维尔在《论美国的民主》中所言："在社团中，承认个人的独立，每个人就像在社会里一样，同时朝着一个目标前进，但并非都要循着同一条路走不可。没有人放弃自己的意志和理性，但要用自己的意志和理性去成就共同的事业。②"在文明多样性的保障方面，多元文明或文明多样性是促使人类可持续发展的重要途径。"和谐侨社"的理念以"和谐社会"和"和谐世界"为基础，是中国政府推动和平崛起战略，实现本国现代化宏伟目标，建立新型世界秩序的重要组成部分。所谓"和谐世界"的战略蓝图，其中要义就是要尊重各民族传统文化和保护世界文明的多样性。在"和谐侨社"的建设中，尊重不同民族、不同国家自身文化传统是彰显这一战略目的的重要手段。

二　和谐侨社与传统文化

民间文化交流是"和谐侨社"构建的重要内容。在中国人移民海外的早期，侨社基本上是中国本土社会结构的外延，从华侨组织到风俗习惯，基本上延续着中国的传统文化。中华传统文化是维系民间交往的

---

① 〔美〕约翰·罗尔斯：《正义论》，谢延光译，上海译文出版社，1991，第 153 页。
② 〔法〕托克维尔：《论美国的民主》上卷，董果良译，商务印书馆，2009，第 243 页。

纽带。

（一）传统文化传播

文化的传播，指的是传统文化在空间的层面上转移，并且对于其他文化系统中的族群产生一定的影响，增加本民族文化的话语权。文化传播对于一个国家和民族在国际舞台上增加政治话语，文化共识有着重要意义。从国家层面来讲，文化的传播改善国家的形象和政治地位；从海外华侨华人层面来讲，文化的传播有利于改善族群关系，减少文化隔阂，提高华人族群的社会地位。

中华民族的传统文明在历史上曾经对于周边民族政权产生了重要影响，并且以"滚雪球"的方式不断壮大。周边民族在吸收汉民族文化传统的同时，也将本民族的优质文化传播到汉民族的文明体系中，对于丰富发展汉文化起到了重要作用。与此同时，在对外文化交流的过程中，中华文化传播也取得了较为显著的成绩。周边的朝鲜、越南、琉球甚至是日本都在不断派遣"遣唐使"的过程中深受中华文明的影响，甚至对于本国的历史发展起到了重要的推动作用。以日本为例，唐朝时期的中日白川江战争使得日本朝野意识到了与中华文明之间的差距，从此派出了遣唐使和留学生，学习唐代的先进文化，发明了"冠位十二阶"的制度，实行"大化改新"，推动了日本文明的大踏步发展。直到近代以来，黄遵宪、周作人等旅日华人在日本的第一印象便是"一半是异域，一半是古昔"。可见，中国文化对于日本的影响之大。

时至今日，文化的传播无疑是国家与侨社的政策共识。事实上，在历史上侨社在传播中华文化方面也已做出了突出贡献。作为中国与所在国之间的文化纽带，一大批知识精英顺应现代化的大潮，将中国的文化赋予现代性的文化特质，形成了独树一帜的学说体系。以旅美华人为例，涌现了著名作家白先勇、现代新儒学的代表人物杜维明等，成为中华文化传播的佼佼者。同时，与各国"文化年"的举办增强了文化的传播力度和传播手段的多样化。在各国华人社区中，传统节日和传统风俗的保留同样是文化对外传播的重要渠道。时至今日，随着孔子学院的遍地开花，中国官方传播文化的力度空前加大。

（二）传统文化传承

文化的传承与传播不同，并非文化在空间上的转移，而是在时间上的继承关系。华侨华人在上百年的移民历史过程中，将传统文化一代代传承至今。在海外侨社"三宝"（华文社团、华文学校、华文媒体）中，华文学校和华文媒体一直是传承传播文化、维系族群认同的重要纽带。在传统华侨华人聚集地，华文学校和华文媒体呈现了衰微的趋势。突出表现在：资金匮乏、人才凋零、市场缩小。这一现象在东南亚地区尤为突出。侨校的基本生存和维系面临着严重的困境。同时，当地教师待遇普遍不高的现状也导致了优秀人才的溢出，汉语实用性的下降也影响着当地青少年学习的热情。

近年来，以国家"汉办"和"国侨办"为代表的官方机构逐渐开始通过委派"汉语教师志愿者"的方式对当地侨校人才匮乏的情况加以援助，起到了一定效果。同时，在华侨子弟回国求学问题上教育部门也给予了相应的政策优惠。这些措施对于改善当地教育环境，维系族群文化认同，起到了一定作用。但是，从整体上扭转这种趋势仍然任重道远。

总体来讲，随着中国的和平崛起和中国政府推动建立和谐世界，海外侨社所面临的外部环境有所改善。在世界经济全球化、亚太经济一体化的背景之下，更多的新移民进入当地侨社中，侨社面临着更多的合作机遇，给侨社内部的发展注入了新的活力。同时，新的历史条件下，和谐侨社的构建也面临着一定的问题，尤其是新老移民之间的融合与合作问题，与主流社会的往来和政治参与问题，在新的历史时期弘扬和传承中华民族的传统文化都是海外"和谐侨社"构建中面临的基本问题。

三　和谐侨社的困难与挑战

在侨社发展的历史上，基于政治立场和个体利益分歧所引发的内部矛盾是不能回避的。然而，在和谐侨社构建的历史背景之下，政治认同和利益分配已经不再是"零和博弈"，而是相互之间可以达成广泛共识的"共存共赢"的格局。其原因在于侨社内部在政治诉求和个人权益上拥有了更为广阔的合作基础。其原因有三个。

一是中国政府在推动祖国统一大业的过程中，已经取得了极为显著的效果。几年来，两岸经贸和人员往来不断加深，军事互信不断增强，政治对话的层次越来越高，两岸文化共识也在不断增加。在 21 世纪，完成祖国统一大业是难以抗拒的历史潮流。随着这一潮流的不断推进，两岸关系有效缓和，海外侨社因为政治认同分歧问题所引发的矛盾自然会呈现显著下降的趋势。

二是中国政府在推动国内和谐社会建设的同时也在推动着和谐世界的建设，加强与各国之间的友好交往和政治互信，深化共识和战略合作，维护世界局势的和谐有序状态。与各国，尤其是海外华侨华人聚集的国家保持着友好交往，与住在国政府一道共同保护海外华侨华人的生命和财产安全。同时，鼓励其融入住在国的主流社会，为当地的发展做出应有贡献，改善侨社发展的外部环境，极大减少侨社在融入当地过程中的摩擦和阻碍，增加其在政治倾向上的共识。

三是随着经济全球化的深度推进，海外华人面临着更多的机遇和挑战，在全球经济竞争的大背景下，更多的经济合作和技术合作无疑是侨社面临的重要课题。与此同时，由于中国国力的不断强大，华侨华人面临着良好的发展机遇，新生代华侨受到了良好的教育，加上广大的留学生群体，整体素质有所提高，受到当地国家领导人的重视。

总体来讲，在新的历史机遇的背景之下，侨社的和谐共赢存在着较好的历史条件，这是侨社谋求自身快速发展的外部基础。与此同时，由于经济全球化、区域集团化等宏观趋势的推动，也使得各方利益交错更加复杂和多变，对于侨社提出了新的机遇和挑战。

参考文献

一 中文文献

（一）古籍

（汉）班固：《汉书》，中华书局，1962。

（宋）朱彧：《萍洲可谈》，中华书局，1985。

（宋）李心传：《建炎以来系年要录》，上海古籍出版社，1992。

（明）郑若曾：《筹海图编》，中华书局，2007。

（明）顾炎武：《四部丛刊三编·史部·天下郡国利病书》（影印本），上海书店出版社，1935。

（清）张廷玉等撰《明史》，中华书局，1974。

（二）专著

蔡仁龙：《印尼华侨与华人概论》，（香港）南岛出版社，2000。

蔡文辉：《美国社会与美国华侨》，台北东大图书公司，1989。

曹云华、许梅、邓仕超：《东南亚华人的政治参与》，中国华侨出版社，2004。

潮龙起主编《侨务理论研究成果集萃》，暨南大学出版社，2014。

陈达：《南洋华侨与闽粤社会》，商务印书馆，2011。

陈嘉庚：《南侨回忆录》，南洋印刷社，1946。

陈里特：《欧洲华侨生活》，海外月刊社，1933。

陈烈甫：《东南亚的华侨华人与华裔》，正中书局，1979。

车文博主编《弗洛伊德文集》，长春出版社，2010。

崔贵强、古鸿廷合编《东南亚华人问题之研究》，新加坡教育出版社，1978。

戴超武：《美国移民政策和亚洲移民（1849～1996）》，中国社会科学出版社，1999。

邓永正：《东南亚与华侨华人研究文集》，（香港）天马出版有限公司，2011。

菲律宾华教中心：《新世纪华语教学序言》，（马尼拉）菲律宾华教中心，2000年。

傅衣凌：《明清时代商人及商业资本》，人民出版社，1956。

福建省地方志编纂委员会：《福建省志·公安志》，方志出版社，1997。

郭梁：《华侨华人经济简史》，经济科学出版社，1998。

黄滋生、何思兵：《菲律宾华侨史》，广东高等教育出版社，1987。

黄昆章：《印尼华侨华人史（1950～2004）》，广东高等教育出版社，2005。

暨南大学图书馆彭磷基华侨华人文献信息中心：《侨情综览2010》，暨南大学出版社，2010。

暨南大学图书馆彭磷基华侨华人文献信息中心：《侨情综览2011》，暨南大学出版社，2011。

暨南大学图书馆彭磷基华侨华人文献信息中心：《侨情综览2012》，暨南大学出版社，2012。

贾益民主编《华侨华人研究报告（2014）》，社会科学文献出版社，2014。

江宜桦：《自由主义、民族主义与国家认同》，扬智文化事业股份有限公司，1998。

李明欢：《欧洲华侨华人史》，中国华侨出版社，2002。

李其荣：《国际移民与海外华人研究续篇》，湖北人民出版社，2013。

李学民、黄昆章：《印尼华侨史》，广东高等教育出版社，1987。

梁英明：《战后东南亚华人社会变化研究》，昆仑出版社，2001。

廖建裕：《现阶段的印尼华族研究》，新加坡教育出版社，1978。

林远辉、张应龙：《新加坡马来西亚华侨史》，广东高等教育出版社，1991。

林勇：《马来西亚华人与马来人经济地位变化比较研究（1957～2005）》，厦门大学出版社，2008。

刘绪贻、韩铁、李存训：《战后美国史（1945～2000）》，人民出版社，2002。

龙登高：《跨越市场的障碍：海外华商在国家、制度与文化之间》，科学出版社，2007。

《青田华侨史》编撰委员会：《青田华侨史》，浙江人民出版社，2011。

丘立本：《从世界看华人》，（香港）南岛出版社，2000。

丘进主编《华侨华人研究报告（2011）》，社会科学文献出版社，2011。

丘进主编《华侨华人研究报告（2013）》，社会科学文献出版社，2013。

丘正欧：《苏哈托时代印尼排华史实》，中研院近代史研究所，2000。

泉州市公安局：《泉州·公安志》，泉州市公安局，2004。

阮西湖：《人类学研究探索：从"世界民族"学到都市人类学》，民族出版社，2002。

石沧金：《马来西亚华人社团研究》，暨南大学出版社，2005。

《世界侨情报告》编委会：《世界侨情报告2012～2013》，暨南大学出版社，2013。

施蛰存：《唐诗百话》，华东师范大学出版社，2001。

汤熙勇、颜妙幸主编《孙中山与海外华人论文集》，台北中心纪念馆、海外华人研究学会，2010。

万晓宏：《当代美国华人政治参与研究（1965～2012）》，暨南大学出版社，2013。

王望波：《2009年海外华侨华人概述》，世界知识出版社，2011。

王晓萍、刘宏：《欧洲华侨华人与当地社会关系：社会融合·经济发展·政治参与》，中山大学出版社，2011。

吴凤斌主编《东南亚华侨通史》，福建人民出版社，1993。

吴凤斌：《契约华工史》，江西人民出版社，1988。

吴建民：《外交与国际关系：吴建民的看法与思考》，中国人民大学出版社，2006。

吴前进：《国家关系中的华侨华人和华族》，新华出版社，2003。

杨汤城口述、丁身尊整理：《新西兰华侨史》，广东人民出版社，2001。

杨群熙、吴坤祥主编《海外潮人对潮汕教育事业贡献资料》，汕头历史文化研究中心，2005。

杨研：《地域主义与国家认同：民国初期省籍意识的政治文化分析》，天津人民出版社，2007。

曾少聪：《漂泊与根植：当代东南亚华人族群关系研究》，中国社会科学出版社，2004。

朱东芹：《冲突与融合：菲华商联总会与战后菲华社会的发展》，厦门大学出版社，2005。

周南京主编《世界华侨华人词典》，北京大学出版社，1993。

周南京：《风雨同舟：东南亚与华人问题》，中国华侨出版社，1995。

周南京：《华侨华人百科全书·法律条例政策卷》，中国华侨出版社，2000。

周平：《民族政治学导论》，中国社会科学出版社，2001。

庄国土等：《二战以后东南亚华族社会地位的变化》，厦门大学出版社，2003。

庄国土、刘文正：《东亚华人社会的形成和发展：华商网络、移民与一体化趋势》，厦门大学出版社，2009。

庄国土、陈华岳：《菲律宾华人通史》，厦门大学出版社，2012。

庄文成：《正经话》，菲律宾潮流出版社，2011。

（三）译著

〔法〕托克维尔：《论美国的民主》上卷，董果良译，商务印书馆，2009。

〔菲〕陈守国：《菲律宾500年的反华歧视》，施华谨译，世界日报、菲律宾华裔青年联合会，1989。

〔美〕安东尼·M.奥勒姆：《政治社会学导论——对政治实体的社会剖析》，董云虎、李云龙译，浙江人民出版社，1989。

〔美〕查尔斯·霍顿·库利：《人类本性与社会秩序》，包凡一、王源译，华夏出版社，1989，

〔美〕陈依范：《美国华人发展史》，殷志鹏、廖慈节译，（香港）三联书店，1984。

〔美〕格林斯坦、波尔斯比：《政治学手册精选》，商务印书馆，1996。

〔美〕约翰·罗尔斯：《正义论》，谢延光译，上海译文出版社，1991。

〔美〕孔飞力：《他者之中的华人：近代以来的移民》，李明欢译，江苏人民出版社，2016。

〔美〕塞缪尔·P.亨廷顿、琼·纳尔逊：《难以抉择——发展中国家的政治参与》，汪晓寿、吴志华、项继权译，华夏出版社，1989。

〔美〕塞缪尔·亨廷顿：《文明的冲突与世界秩序的重建》（第三版），新华出版社，2002。

〔美〕沈已尧：《海外排华百年史》，中国社会科学出版社，1985。

〔美〕施坚雅：《泰国华人社会：历史的分析》，许华等译，厦门大学出版社，2010。

〔美〕威廉·F.斯通：《政治心理学》，黑龙江人民出版社，1987。

〔美〕周敏：《唐人街：深具社会经济潜质的华人社区》，鲍霭斌译，商务印书馆，1995。

〔加〕李胜生：《加拿大的华人和华人社会》，宗力译，香港三联书店，1992。

〔日〕李国卿：《华侨资本的形成和发展》，郭梁等译，福建人民出版社，1985。

〔日〕蒲岛郁夫：《政治参与》，解莉莉译，经济日报出版社，1989。

〔日〕松浦章：《明清时代东亚海域的文化交流》，郑洁西等译，江苏人民出版社，2009。

〔意〕马可·波罗：《马可·波罗游记》，梁生智译，中国文史出版

社，1998。

〔英〕安东尼·吉登斯：《现代性的后果》，田禾译，译林出版社，2011。

（四）学术论文

阿南：《泰国的民主化：从抗议示威到新宪法》，《二十一世纪》2000年8月号。

曹云华：《从族际通婚看泰国华人与当地民族的关系》，《东南亚研究》2001年第2期。

曹云华：《试论菲律宾华人与当地民族的关系》，《东南亚研究》2001年第5期。

蔡林海：《华商网络的起源》，《社会科学》2000年第3期。

程希：《关于全球化时代留学人员地位和作用的若干思考》，《中国发展》2002年第1期。

陈琼渊、胡越云：《东南亚华人与中国侨务公共外交：文化政治的视角》，〔马〕《南方大学报》2014年第2卷。

陈肖英：《南非中国新移民面临的困境及原因探析》，《华侨华人历史研究》2012年第2期。

陈衍德：《论华族——从世界史与民族史的角度所作的探讨》，《世界民族》2001年第2期。

陈奕平：《当代美国亚裔参政问题分析》，《世界历史》2005年第4期。

陈颖：《美国纽约华人家庭语言认同的代际差异》，《八桂侨刊》2014年第4期。

陈振民、李东云：《"政治参与"概念辨析》，《东南学术》2008年第4期。

代帆：《近三十年中国人移民菲律宾原因探析》，《华侨华人历史研究》2010年第1期。

戴一峰：《"网络"话语与环中国海华商网络的文化解读》，《学术月刊》2010年第11期。

段晓蕊：《在美华人参政影响因素分析》，《八桂侨刊》2013年第

4 期。

　　郭梁：《战后东南亚华侨华人认同研究的共识与分歧》，《福建学刊》1992 年第 1 期。

　　郭梁：《改革开放以来华侨华人经济研究评介》，《福建学刊》1995 年第 2 期。

　　郭玉聪：《经济全球化浪潮下的中国新移民》，《当代亚太》2004 年第 9 期。

　　郝洪梅、高伟浓：《新加坡双语教育政策下的华文处境》，《东南亚纵横》2004 年第 10 期。

　　河部利夫：《东南亚华侨社会研究》，《东南亚研究》1980 年第 2 期。

　　黄昆章：《论印尼华裔政党与参政》，《东南亚纵横》2004 第 5 期。

　　黄润龙、鲍思顿、刘凌：《近十年我国大陆海外新移民》，《人口与经济》1998 年第 1 期。

　　黄松赞：《论战后新加坡华人自立求存的新道路》，《华侨华人历史研究》1993 年第 2 期。

　　黄英湖：《海外闽商的网络资源及其发掘利用》，《福建论坛》（人社版）2011 年第 11 期。

　　江白潮：《对泰国华侨华人现状的探讨》，《东南亚》1991 年第 2 期。

　　鞠玉华：《日本新华侨华人状况及未来发展走向论析》，《世界民族》2006 年第 2 期。

　　鞠玉华：《海外新华侨华人子女文化传承状况论析：以日本新华侨华人子女为中心》，《东南亚研究》2013。

　　李爱慧：《一部大视野之作：孔飞力〈他者之中的华人：近代以来的移民〉评介》，《华侨华人历史研究》2009 年第 2 期。

　　李国梁：《东南亚华人企业集团的发展道路》，《闽商文化研究》2011 年第 1 期。

　　李明欢：《欧盟国家移民政策与中国新移民》，《厦门大学学报》（哲社版）2001 年第 4 期。

　　李明欢：《20 世纪西方国际移民理论》，《厦门大学学报》（哲社版）2004 年第 4 期。

李明欢：《"侨乡社会资本"解读：以福建当代跨境移民潮为例》，《华侨华人历史研究》2005 年第 2 期。

李明欢：《欧洲华人社会剖析：人口、经济、地位和分化》，《世界民族》2009 年第 5 期。

粟明鲜：《战后东南亚的民族主义思潮与排华》，《东南亚研究》1987 年第 4 期。

李其荣、傅义朝：《从旁观者到参与者——美国华人政治角色的变化》，《中南民族学院学报》（哲社版）1998 年第 2 期。

李振宏：《新中国成立 60 年来的民族定义研究》，《民族研究》2009 年第 5 期。

梁英明：《印度尼西亚华人与祖籍国关系及其民族融合问题：历史与现实》，《华侨华人历史研究》2010 年第 4 期。

廖小健：《马来西亚马华两族关系的几个发展阶段》，《东南亚研究》2003 年第 3 期。

廖小健：《战后各国华侨、华人政策比较研究》，《史学月刊》2004 年第 3 期。

林国阳：《西班牙排华问题——以浙江籍青田新移民为例》，硕士学位论文，暨南大学，2014。

刘宏、侯佳奇：《当代英国华人社会与政治参与：以 2010 年大选为中心》，《南洋问题研究》2010 年第 4 期。

刘宏：《新加坡中华总商会与亚洲华商网络的制度化》，《历史研究》2000 年第 1 期。

刘华坤：《日本新华人社会适应状况研究——以存在问题为中心》，硕士学位论文，暨南大学，2012。

刘权：《华商网络研究现状及其分析》，《暨南学报》（人社版）2004 年第 2 期。

刘云：《海外中国留学人员和华人学者的分布情况及其特点》，《科技导报》2001 年第 11 期。

龙登高：《论海外华商网络》，《学术研究》1998 年第 5 期。

龙登高：《"海外华商经营管理的探索"近十余年来的学术述评与研

究展望》，《华侨华人历史研究》2002 年第 3 期。

罗爱玲：《国际移民的经济与政治影响》，博士学位论文，上海社会科学院，2013 年。

罗柳宁：《族群研究综述》，《西南民族大学学报》（人社版）2004 年第 4 期。

纳日碧力戈：《全球场景下的"族群"对话》，《世界民族》2001 年第 1 期。

纳日碧力戈：《问难"族群"》，《广西民族学院学报》（哲社版）2003 年第 1 期。

聂德宁：《明清海外贸易史与海外华商贸易网络研究的新探索》，（荷兰）包乐史：《"巴达维亚华人与中荷贸易"评介》，《中国社会经济史研究》2000 年第 3 期。

马戎：《试论"族群"意识》，《西北民族研究》2003 年第 3 期。

孟樊：《后现代的认同政治》，扬智文化事业股份有限公司，2001，第 16～17 页。

〔 〕帕特里克·J. 孔奇：《政治参与概念如何形成定义》，《国外政治学》1989 年第 4 期。

潘少红：《二战后泰国华人参政历程及原因分析》，《东南亚纵横》2004 年第 3 期。

庞中英：《族群、种族和民族》，《欧洲》1996 年第 6 期。

彭家礼：《十九世纪开发西方殖民地的华工》，《世界历史》1980 年第 1 期。

祁进玉：《国内近百年来民族和族群研究评述》，《广西民族研究》2005 年第 2 期。

饶尚东：《东南亚华人认同转变的若干观察》，载《落地生根：海外华人问题研究文集》，诗巫砂罗越华族文化协会，1995。

沙翎：《浅谈多元文化政策对加拿大华人社会的影响》，《八桂侨史》1993 年第 2 期。

孙九霞：《试论族群与族群认同》，《中山大学学报》（社科版）1998 年第 2 期。

苏文菁：《闽商发展史·总序》，《闽商文化研究》2013 年第 1 期。

万晓宏：《当代加拿大华人精英参政模型分析》，《华侨华人历史研究》2012 年第 9 期。

王付兵：《福建新移民问题初探》，载《南洋问题研究》200 年第 4 期。

王赓武：《东南亚华人认同问题的研究》，《南洋资料译丛》1986 年第 4 期。

王虎：《东南亚华人的政治社会化——泰国和马来西亚的对比分析》，《八桂侨刊》2007 年第 2 期。

王望波：《东南亚华人社会政治地位的需现状和发展趋势》，《南洋问题研究》2000 年第 3 期。

吴金平：《对美、加华裔新生代特点的社会调查及分析》，《世界民族》2004 年第 6 期。

吴婷、汪炜：《加拿大华人参政的制约因素》，《八桂侨刊》2013 年第 1 期。

韦红：《20 世纪 90 年代以来马来西亚民族政治的变化》，《世界民族》2002 年第 1 期。

温北炎：《关于印尼华人融入当地主流社会的问卷调查》，《东南亚研究》2002 年第 2 期。

温北炎：《印尼华人融入当地主流社会的现状、挑战和发展趋势》，《东南亚研究》2008 年第 4 期。

谢剑：《东南亚华人的认同问题：对 R. J. Coughling 双重认同理论的再思考》，《台湾东南亚学刊》2006 年第 3 卷第 2 期。

谢俊润：《新西兰华人政治参与研究》，硕士学位论文，暨南大学，2013，第 20 ~ 38 页。

徐长恩：《二战后至 1970 年代末新加坡华文教育衰落原因》，《八桂侨刊》2009 年第 1 期。

许梅：《泰国华人政治认同的转变——动因分析》，《东南亚研究》2002 年第 6 期。

徐淑华：《17 ~ 18 世纪中国海贸中浙商和闽商的角色比较》，《思想战线》2012 年第 3 期。

严毛新：《从代际更替的角度看潜在的新生代浙商培育》，《浙江工商大学学报》2012 年第 7 期。

叶兴建：《马来西亚华商研究》，博士学位论文，厦门大学，2007。

易文明：《20 世纪 70 年代以来澳大利亚华人参政研究》，硕士学位论文，暨南大学，2012。

俞云平、杨晋涛：《马来西亚华裔新生代的"祖籍记忆"初探》，《南洋问题研究》2006 年第 3 期。

袁晓春：《海上丝绸之路上的明清福建商人》，《福建文博》2015 年第 1 期。

张侃：《从月港到十字门——漳州海商严启盛再研究》，《闽台文化研究》2013 年第 1 期。

张利军：《国内外关于政治参与内涵的辨析》，《国外理论动态》2014 年第 2 期。

张秋生：《澳大利亚华人社会的现状与前途》，《世界民族》1999 年第 2 期。

张锐：《中国商人的西班牙之殇》，《华人时刊》2004 年第 11 期。

张维华：《明代私人海外贸易发展的过程》，载《明代海外贸易简论》，上海学生生活出版社，1995。

张秀明：《国际移民体系中的中国大陆移民：也谈新移民问题》，《华侨华人历史研究》2001 年第 1 期。

张应龙：《马来西亚独立前的华人橡胶种植业》，载暨南大学华侨研究所《华侨史论文集》第 4 辑，1984。

张禹东：《海外华商网络的构成与特征》，《社会科学》2006 年第 3 期。

赵红英：《试论中国大陆新移民的特征——北美与欧洲的比较》，《八桂侨刊》2001 年第 3 期。

曾少聪：《美国华人新移民与华人社会》，《世界民族》2005 年第 6 期。

周大鸣：《论族群与族群关系》，《广西民族学院学报》（哲社版）

2001 第 2 期。

周南京：《论华菲融合》，《华侨华人历史研究》1991 年第 4 期。

周艳玲：《印尼棉兰华人参政浅析——以 2010 年棉兰市长选举为例》，《东南亚研究》2010 年第 5 期。

朱东芹：《中国侨务公共外交：对象与目标探析》，《国际论坛》2016 年第 3 期。

朱慧玲：《欧洲华侨华人社会的现状及其特点》，《华侨华人历史研究》1999 年第 4 期。

朱柳：《加拿大华人参政新篇章》，《侨务工作研究》1997 年第 4 期。

庄国土：《论东南亚的华族》，《世界民族》2002 年第 3 期。

庄国土：《东亚华商网络的发展趋势：以海外华资在中国大陆的投资为例》，《当代亚太》2006 年第 1 期。

庄国土：《近 30 年来的中国海外移民：以福州移民为例》，《世界民族》2006 年第 3 期。

庄国土：《世界华侨华人数量和分布的历史变化》，《世界历史》2011 年第 5 期。

庄国土、张晶盈：《中国新移民的类型和分布》，《社会科学》2012 年第 12 期。

二 英文文献

（一）专著

Abner Cohen, *Custom and Politics In Urban Africa: A Study of Hausa Migrants in Yoruba Towns.* Routledge, 2003.

Barth, F., *Ethnic groups and boundaries: The Social Organization of Culture Difference*, Long Grove, Illinois: Waveland Press, 1998.

Chan Keok Bun and Tong Chee Kiong, *Rethinking Assimilation and Ethnicity: The Chinese in Thailand*, *The Chinese Diaspora*, Singapore: Time Academic Press, 1988.

Edmund Terence Gomez, *Chinese Business in Malaysia: Accumulation, Ascendance, Accommodation*, London: Curzon Press, 1999.

International Organization for Migration, *World Migration Report 2013*: *Migrant Well – being and Development*, Switzerland: International Organization for Migration, 2013.

Goldin, Ian, and Kenneth A. Reinert, *Globalization for Development*: *trade*, *finance*, *Aid*, *Migration*, *and Policy*, World Bank Publications, 2006.

Jay Taylor, *China and Southeast Asia*, Lightning Source Inc. , 2005.

John Sydenham Funival, *Colonial Policy and Practice*: *A Comparative Study of Burma and Netherlands India*, New York: New York University Press, 1956.

Lucian w. Pye, *Asian Power and Politics*: *The Cultural Dimension of Authority*, New York: Harvard University Press, 1985.

Nicholas J. Cull, *Public Diplomacy*: *Seven Lessons for Its Future from Its Past*, *Place Branding and Public Diplomacy*, London: Palgrave Macmillan, 2010.

Pei – te Lien, M. Margaret Conway and Janelle Wong, *The Politics of Asian Americans*: *Diversity & Community*, New York: Rutledge, 2004.

(二) 论文

Duara, P. , "De–constructing the Chinese nation", *The Australian Journal of Chinese Affairs*, 1993: 2 – 9.

Pei–teLien, "Behind the numbers: Studying the Political Attitudes and Behavior of Chinese Americans" (lecture presented at Peking University, Beijing, China, March 2004), p. 17.

Harrell, S. , "From Ethnic Group to Minzu (and back again?)" . Yi Identity in the People's Republic, Second International Conference on Yi–Studies, Trier, Germany, 1998: 19 – 23.

Urzua, Raul, "International migration, social science, and public policy", *International Social Science Journal* 52. 165 (2000): 421 – 429.

Tapinos, Georges, and Ana de Rugy. , "The macroeconomic impact of immigration: Review of the literature published since the mid–1970s", *Trends in International Migration* 期 (1993): 157 – 177.

Simon, Julian L. , "Immigrants, taxes, and welfare in the United States", *Population and Development Review* 期 (1984): 55 – 69.

David Fitzgerald, "Locating the National and Local in Transnationalism", University of California, Los Angeles, Presented at the UCLA Second Annual Interdisciplinary Conference on Race, Ethnicity, and Immigration, May 28, 2002.

M. W. Peng et al., "Treasures in the China House: A review of management and organizational research on Greater China", *Journal of Business Research*, 2001 (52).

Alejandro Pores, Luis E. Guarnizo and Patricia Landolt, "The study of transnationalism: pitfalls and promise of an emergent research field", *Ethnic and Racial Studies*, Vol. 22, No. 2, 1999.

Steve Vertovec, "Conceiving and researching transnationalism", *Ethnic and Racial Study*, Vol. 22, No. 2, 1999.

后 记

本书是华侨大学所承担的财政部重大项目"华侨华人与中国梦研究"的子课题"海外华侨华人社会发展研究"的最终成果。各章执笔人分别为：前言、第一章、第二章、第四章、第五章由朱东芹博士撰写；第三章、第六章、第七章由胡越云博士撰写；第八章由孙达硕士撰写。

两年前，我们接受贾益民校长的委托，开始了本课题的研究工作。从拟定框架，到收集资料再到开始写作，大家都积极投入；从拿出初稿，到几次讨论又几易其稿，大家都付出不少心力。如今，这份沉甸甸的终稿摆在面前，我也思绪万千。

首先，感谢贾益民校长，出于信任将这项重要的工作交给我们这些年轻人。本书的作者主要为华侨大学华侨华人研究院的青年学者，年龄三四十岁，以往虽然各自承担过不少课题，但参与全校协作攻关的重大项目，尚属首次，深感责任重大。今天，任务完成了，除了感谢，我们内心更有几分忐忑，不知这份成果是否能让校长和我们的读者满意，能否对政府决策有所裨益。

其次，感谢华侨华人与中国梦研究课题组的其他同人和相关人士。在本书写作期间，由社科处牵头组织了三次研讨会，大课题组的主要成员全部参加，围绕子课题选题及写作问题展开讨论，提出建议。在会上，我们听取了其他同人的有关意见，受益匪浅；还听取了社会科学文献出版社谢寿光社长的意见，颇受启发。在此，一并致以谢意。

再次，感谢本项目的参与者。除了三位撰稿人之外，在本课题的资料收集、整理及初稿的写作过程中，也有本人的几位硕士研究生参与，他们是敖梦玲、王青松、马博冕、高跃，谢谢他们对本书的付出。

书稿即将付梓，作为著者，我们感到些许轻松，然而，并未能全然卸去压力，我们深知，囿于能力及时间，书稿难言完美，尚有疏漏不足，凡此种种，只能抱憾，留待方家来日指正。

朱东芹

华侨大学华侨华人研究院

2017 年 5 月 1 日

图书在版编目（CIP）数据

多元视角下的海外华侨华人社会发展 / 朱东芹，胡
越云，孙达著. -- 北京：社会科学文献出版社，
2018.5
（华侨华人与中国梦研究）
ISBN 978 - 7 - 5201 - 1987 - 0

Ⅰ.①多…　Ⅱ.①朱…②胡…③孙…　Ⅲ.①华侨状
况 - 研究 - 世界②华人 - 研究 - 世界　Ⅳ.①D634.31

中国版本图书馆 CIP 数据核字（2017）第 314554 号

· 华侨华人与中国梦研究 ·

多元视角下的海外华侨华人社会发展

著　　者／朱东芹　胡越云　孙　达

出 版 人／谢寿光
项目统筹／王　绯
责任编辑／张建中　王　蕾

出　　版／社会科学文献出版社 · 社会政法分社（010）59367156
　　　　　地址：北京市北三环中路甲 29 号院华龙大厦　邮编：100029
　　　　　网址：www. ssap. com. cn
发　　行／市场营销中心（010）59367081　59367018
印　　装／三河市龙林印务有限公司

规　　格／开　本：787mm × 1092mm　1/16
　　　　　印　张：19.5　字　数：307 千字
版　　次／2018 年 5 月第 1 版　2018 年 5 月第 1 次印刷
书　　号／ISBN 978 - 7 - 5201 - 1987 - 0
定　　价／89.00 元

本书如有印装质量问题，请与读者服务中心（010 - 59367028）联系